REISEABENTEUER
DUMONT

SÖREN KITTEL

INSEL-
HOPPING
INDONESIEN

IN EINEM LAND OHNE ZEIT

Gestaltung: Herburg Weiland, München
Umschlagfoto: Alain Schroeder/hemis/laif (vorne), Sören Kittel (hinten)
Umschlagkarte: Sören Kittel, Gerald Konopik, DuMont Reisekartografie
Fotos und Karten innen: Sören Kittel
Printed in Poland
ISBN 978-3-7701-6636-7

www.dumontreise.de

Für Tomma

Inhalt

Kapitel 1

Bernds Traum von der Insel

Maila
Größe: ungefähr 1000 m^2
Einwohner: 1 (sowie 2 Katzen und 1 Schlange)
Danke: *danke*

Ich denke, das muss eine Wolke sein, die sich vor die Sterne geschoben hat. So eine längliche Wolke, die quer über den Himmel reicht. Quer über den gesamten sichtbaren Himmel. Bernds Stimme ist ganz klar in der Dunkelheit zu hören, als er sagt: »Ich dachte auch erst, das sei eine Wolke, aber das ist keine Wolke, Mann, das ist die Milchstraße.« Auch daran gewöhne man sich, fügt er an, hier draußen. Wie an die Einsamkeit, an das Schnarren und Schnalzen und Rascheln aus dem Miniwald seiner Insel. Aber das Beste seien all die Sterne am Himmel. Vorher hätte er nur Kassiopeia und den Kleinen und Großen Wagen gekannt.

Aber hier draußen auf seiner Insel sehe man auch den Krebs, die Fische – und dieser helle Punkt, nicht weit vom Mond entfernt, das müsse der Saturn sein. Ich kann im Dunkeln hören, wie Bernd lächelt. Es ist die Art, wie er spricht, er klingt so zutiefst zufrieden. Er sagt: »Weißt du, in der Nacht ist es hier eigentlich am allergeilsten.«

Ich hatte von Bernd zum ersten Mal gehört, als ich drei Monate zuvor in meinem Fitnessstudio in Berlin auf dem Bauch lag. Das Studio hat wie so viele hier einen exzentrischen Namen, Urban Gladiators, und alle sprechen einander mit Vornamen an und klatschen sich nach dem Training ab, als wären sie coole Kids. Neben mir lag Alex auf dem Bauch. Wir machten beide den »Skorpion«. Eine Dehnübung, bei der man das rechte Bein zum linken Arm bewegt, ohne die Schultern anzuheben. Ich erzählte ihm von meinem Plan, nach Indonesien zu fahren, um ein Buch zu schreiben. Er sagte: »Ach, Indonesien ... Ich glaube, ein Freund von mir hat sich da gerade eine Insel gekauft, den solltest du besuchen.« Ich kannte Alex schon drei Jahre, und wir hatten fast ausschließlich über Muskelkrämpfe und Duschbad-Duftrichtungen geredet, Locker-Room-Talk unter Männern eben. Aber dann tauschten wir Kontakte aus, und sein Kumpel Bernd antwortete noch am gleichen Tag.

Bernd ist 39 Jahre alt und kommt eigentlich aus Süddeutschland. Er schrieb mir, dass er die Insel, auf der er wohnt, nicht gekauft, sondern nur gemietet habe. Eigentlich seien es sogar zwei Inseln, zwischen denen er mit einem kleinen Boot in zehn Minuten hin- und herfahren könne. 7000 Euro habe er bezahlt, für 30 Jahre. »Das sind umgerechnet rund 250 Euro pro Jahr, oder 20 Euro im Monat«, rechnete er vor. Dafür dürfe er mit den Inseln machen, was er wolle. »Ich will hier Ökotourismus im kleinen Stil aufbauen.« Um den Indonesiern zu zeigen, dass es auch anders gehe, als großen chinesischen Unternehmen dabei zuzusehen, wie sie eine Insel nach der anderen mit riesigen Resorts verschandeln.

»Aber die wenigsten hier machen ja ihre Arbeit gern oder haben überhaupt irgendeine Leidenschaft.« Per Mail diskutierten wir über Korruption und darüber, wie kolonial die Idee sei, »denen zu zeigen, wie es geht.«

Natürlich kamen wir auch auf mein Lieblingsthema, wenn es um Indonesien geht: den Umgang mit Zeit. In Sumatra ist eigentlich alles »Gummizeit«. Gummizeit ist ein Begriff, den jeder kennen sollte, der sich länger in Indonesien aufhält. Oder noch besser *Jam Karet*, wie er auf Indonesisch heißt, und am allerbesten gedehnt gesprochen: *Jam Kaaaaaaret.* Das sagen die Einheimischen immer dann, wenn irgendetwas länger braucht als geplant. Und das ist fast immer der Fall. Bernd schrieb: »Wenn Indonesier sagen: ›Einen Moment noch‹, sag ich immer: ›Nein, auf keinen Fall eine Gummistunde!‹«

Ich habe hingegen gelernt, in Indonesien einfach zu warten. In Deutschland ist es mir auch komplett unverständlich, warum man sich nicht an eine vorher verabredete Zeit halten kann. Aber hier ist es eben so: Busse fahren ab, wann sie wollen, Fähren fallen aus, Boote stehen vier Stunden länger am Kai, als es im Zeitplan steht. Diese Zeit, die dann abläuft, ist die Gummizeit. Wenn man es positiv auslegen möchte, könnte man auch sagen: Indonesier sind sehr duldsam.

Meine erste Erfahrung mit der Gummizeit habe ich bereits auf dem Weg zu Bernd gemacht. Eigentlich hatte ich gedacht, es würde länger dauern, bis Indonesien mich in dieses Zeitloch fallen lässt. Nachdem der Flug Berlin–Singapur reibungslos verlaufen und ich zwei weitere Flugstunden später schon in Medan gelandet war, schlief ich zunächst meinen Jetlag weg. Medan war im Lebaran-Fieber – Lebaran ist der wohl größte Feiertag des Landes, das Ende des muslimischen Fastenmonats. Das ist aber kein Fest, bei dem man als Tourist viel zu sehen bekommt. Es ist ein Tag für die Familie, ähnlich wie Weihnachten bei uns. Kinder, Eltern und Großeltern kommen zusammen und essen gemeinsam.

Ich hatte mich in ein kleines Hotel eingemietet, das ich besser nicht erwähne. Das Getrappel der Ratten vor der Zimmertür erinnerte mich daran, dass ich in Großstädten immer in eine gute Unterkunft investieren sollte. Aber ich konnte schlafen und verließ das Zimmer nur für kurze Stadtbesuche.

Am dritten Tag dann begann die Gummistunde morgens um vier Uhr. Ich hatte Medan verlassen und saß mitten auf Sumatra in einem Straßenrestaurant fest. Ich hatte eine Fahrt zur Westküste gebucht, um dort das Boot zu den Pulau Banyak zu nehmen, wo Bernds Mietinseln liegen. *Pulau Banyak* heißt »Viele Inseln« – passender lässt sich dieses Gebiet nicht beschreiben. Doch statt mich bis zum Hafen zu bringen, bat man mich mitten in der Nacht weit vor dem vereinbarten Ziel aus dem Auto. Auf einem großen Schild stand der Name des Ortes, der auch für mich mit meinen ganz passablen Indonesisch-Kenntnissen kompliziert klang: Penanggalan-Subulussalam. Ein Mann, der am Straßenrand saß und rauchte, sagte: »Hier müsste gleich ein Auto vorbeikommen, das dich zum Hafen bringt.« Da war es, das Signalwort: »gleich«. Jeden Augenblick, nur noch einen Moment.

Ich schwitzte. Um mich herum saßen mehrere Männer und tranken Kaffee. Ich atmete tief aus und lehnte mich auf dem Plastikstuhl, auf den ich mich gesetzt hatte, nach hinten. Ich dachte: Jetzt geht es los. Und: Habe ich da wirklich Lust drauf? Dann begann ich, genauer hinzuhören. Aus einem Wald hinter mir kamen die Geräusche, die nur der Dschungel hervorbringen kann: Kreischen, Zirpen, Fauchen. Die älteren Männer diskutierten darüber, wann das Auto kommen würde, das mir versprochen worden war. Ein paar Minuten später erklang von irgendwoher mitten in der Einöde der Muezzin mit dem muslimischen Morgengruß. Ich lächelte vor mich hin. Und ich dachte: Ja genau, jetzt geht es los, und es könnte nicht besser sein.

Die Minuten dehnten sich fast spürbar aus, ich bestellte einen Kaffee und noch einen zweiten und schaute mir das Eis am Stiel in der Kühltruhe an. Das Milcheis hatte abenteuerliche Formen angenommen. Und mir fiel ein, dass Stromausfälle hier sehr häufig sind. Mein bester Freund in Deutschland ist Arzt. Als wir einmal zusammen Indonesien bereisten, sagte er unentwegt einen Satz mit einem deutschen Wort, das so gar nicht in dieses Land hineinpassen wollte: »Denk an die Kühlkette!« Wenn Milcheis nicht durchgängig gekühlt wird, vermehren sich Bakterien, von denen ich hier nicht einmal träumen wollte. Also: »Kühlkette!« Und ich beschloss: lieber noch einen dritten Kaffee. Das Kaffeepulver setzt sich hier nie so ganz ab, sodass immer etwas davon im Mund zurückbleibt. Willkommen in Indonesien.

Ich gehöre in Berlin nicht gerade zu den geduldigen Menschen. Ich kann Stadtbewohner unter fünfzig Jahren, die auf der Rolltreppe stehen bleiben, schlicht nicht verstehen. Haben die nichts zu tun? Aber wenn ich in Indonesien bin, machen mir diese Zwangspausen nichts aus. Hier weiß ich, dass die Welt sich nicht danach sehnt, möglichst effektive, kurze Wege zu finden. Hier laufen die Dinge nach einem Plan, der sich mir entweder nicht erschließt oder den es schlicht nicht gibt.

Es würde sicher bald weitergehen. Ich saß ja erst ... eine Stunde und zwanzig Minuten. Ein neues Geräusch mischte sich in den Klangteppich. Ein Hahn krähte. Nach einer weiteren halben Stunde ging dann auf einmal alles ganz schnell: Ein Kleintransporter hielt an, in dem genau noch ein Platz frei war. Ich stieg ein und legte meinen Kopf auf meine Reisetasche. Eineinhalb ruckelige Stunden später kam ich am Hafen von Singkil an.

Dort gab es mehr Kaffee, es war inzwischen fast acht Uhr. Einige Männer, die in einer kleinen Hütte am Kai beisammen saßen, freuten sich über den Besuch aus Berlin und überreichten mir einen bunten Strauß an einander widersprechenden Angaben dazu, wann das nächste Boot in Richtung der Inseln fahren würde: »Gerade eben hat eines abgelegt. Da war noch Platz.« – »Jetzt gleich müsste ein Boot kommen, aber das ist schon voll.« –

»In drei Stunden wollte ein Freund von mir los, der nimmt dich mit.« – »Heute fährt kein Boot mehr.«

Ich lächelte und legte mich auf eine Bank, bis es wie aus Eimern zu gießen begann. Als ich Bernd per Handynachricht die Situation schilderte, schickte er mir einen Smiley von seiner Insel und bot an, er könne mir jemanden mit einem Speedboat schicken. Ich entschied mich dafür, zu warten, denn das ist eigentlich immer die beste Wahl.

Nur eine Stunde später saß ich auf einem Holzboot inmitten von Süßigkeiten, die nur zu Lebaran ausgeteilt werden: Kekse, in Schokolade gedippt oder mit einem Marmeladenklecks in der Mitte, sowie Teigrollen aus Blätterteig. Ich gesellte mich zu einer kleinen Reisegruppe, zwei Indonesiern und einer Französin, die abseits der lauten Chinesen – die über die zusätzlichen Fahrgäste gnädig hinwegblickten – auf einer Decke saßen. Wir redeten. Die Indonesier waren aus Jakarta gekommen, die Französin gab in Malaysia Tangounterricht. Die dreistündige Überfahrt, für die wir nur etwa drei Euro bezahlten, verging wie im Flug.

Auf der Insel Tuangku lernte ich meine neuen Reisebegleiter besser kennen. Der eine Indonesier, Liong, lebte auf Sumatra, der zweite, Pajas, in Jakarta. Die Französin Nina war wie ich allein unterwegs. Mit einem kleineren Boot ging es für uns alle von Tuangku nahtlos weiter auf die wirklich kleine Insel Sikandang. Dort würde Bernd mich abholen.

Sikandang lässt sich in einem einstündigen Spaziergang umrunden. In der Mitte ist dichter Wald, der wegen der Tiere gemieden werden sollte. Wir hielten uns daran, der Strand beschäftigte uns ohnehin genug, ich hatte lange nicht mehr einen so friedlichen Ort gesehen und war begeistert.

Das Mobiltelefon zeigte immerhin am Strand Internetverbindung an, Bernd schrieb, er werde am nächsten Tag kommen. Also blieb ich über Nacht. Die Strandhütten waren auf einfache Stelzen gebaut. Ich saß auf der Veranda und schloss die Augen.

Elvis – der indonesische Betreiber des Resorts hieß wirklich so – kam vorbei, brachte eine Kokosnuss mit einem Strohhalm und sagte, dass es in zwei Stunden Abendessen gebe. Drei Mahlzeiten waren bei den umgerechnet 12 Euro pro Tag mit inbegriffen. Hier hätte ich es lange aushalten können, hier war Gummizeit die einzig richtige Zeitrechnung. Der Abend endete mit einem Kartenspiel, dessen Regeln genau für den Zeitraum des Inselaufenthalts in meinem Kopf blieben.

Am nächsten Morgen kam Bernd. Elvis kannte ihn, und die beiden tauschten Neuigkeiten aus. Es sei ungewöhnlich ruhig für den Beginn der Saison, sagte Elvis. Bernd berichtete, dass er eine Woche lang Besuch auf seiner Insel gehabt habe. Eine Gruppe von Batak – eine Volksgruppe Nordsumatras – sei vorbeigekommen, und jeder habe sich ein Projekt auf der Insel gesucht. Einer habe die Küche aufgebaut, ein Zweiter an der Hütte gearbeitet, und die Dritte habe einen kleinen Garten angelegt. »Es ist unglaublich hier«, erzählte Bernd anerkennend, »du lässt irgendwo einen Strauchsamen fallen und, boom, ein paar Tage später musst du den Strauch zurückschneiden, weil er sich sonst zu sehr ausbreitet.« Dann zeigte er eine Verletzung am Arm. Leider würde das Klima auch dafür sorgen, dass Wunden langsamer heilen. Die Schramme wäre in Deutschland schon längst zugewachsen.

Bernd war mir von Anfang an sympathisch. Ein echter Träumer, oder besser: ein richtiger Einsiedler. Den Kopf hatte er rasiert und sich dafür einen langen Bart stehen lassen. In Berlins Hipster-Cafés hätte das genauso gut gepasst wie auf eine einsame Insel. Vielleicht war er etwas zu dünn, das feuchte, löchrige T-Shirt stand ihm jedenfalls vom Körper ab. In Jakarta wäre er so an der Tür einiger Restaurants abgewiesen worden. Aber weiter entfernt von der Hauptstadt hätte dieses Fleckchen hier nicht sein können. Elvis und er tauschten sich noch über die aktuellen Wasserpreise auf der Hauptinsel aus, und dann schoben wir das Boot zurück ins Wasser und stiegen ein.

Auf der Überfahrt zu seiner Insel zeigte Bernd auf eine andere Insel und machte ein Zeichen wie »Das ist die Insel, die ich vorhin meinte«, denn der Motor war zu laut für ein Gespräch. Vor der Abfahrt von Sikandang hatte er erzählt, wir würden an weiteren Inseln vorbeifahren, die noch »zu vermieten« seien. Bei einer davon sei »die Hälfte der Insel für 9000 Euro für 30 Jahre zu haben.« Die Insel war sehr groß, und vom Boot aus war nur ein sehr langer, komplett leerer Strand zu erkennen, dahinter krumme Palmen, manche so weit in Richtung Wasser gebogen, dass man Sorge um sie hatte. Für einen Moment war da der Gedanke: Was wäre, wenn man dort leben würde? Jeden Morgen zum Rauschen der Brandung aufstehen, jeden Abend die Sonne fotoreif untergehen und die Sterne aufleuchten sehen. Die Tage mit Büchern und dem Handy verbringen. Und fast gleichzeitig die Frage: wozu? Mir kam einer der unzähligen Einsame-Insel-Cartoons aus dem *New Yorker* in Erinnerung: Ein Einsiedler sitzt auf seiner Insel unter der einzigen Palme, und in seiner Gedankenblase steht: »Ich kann es nicht erwarten, allen zu Hause zu erzählen, dass ich eine eigene Insel habe.«

Dabei wäre das sogar möglich. Selbst als wir den Strand von Bernds Insel ansteuerten, hatte ich noch vollen Empfang auf meinem Mobiltelefon – wie übrigens häufig in Indonesien. Der Netzausbau im Meer vor Sumatra ist allemal besser als der zwischen Zwickau und Bautzen.

Kurz bevor wir am Strand anlegen konnten, hörte ich ein lautes Krachen, gefolgt von Bernds Fluchen. »Ich glaube, ich bin in eine Koralle gefahren.« Das Wasser ist hier so flach, dass es nur bis zum Oberschenkel reicht. Offenbar verbergen sich unter der Oberfläche aber dennoch immer wieder spitze Steine und Korallen. Bernd nahm das Paddel und meinte, wir würden später untersuchen, ob etwas kaputt sei. Ich nahm meine Tasche und ging mit einem mulmigen Gefühl von Bord. An Tag vier meiner Reise durch Indonesien befand ich mich an dem am weitesten von menschlicher Zivilisation entfernten Ort, und der Motor des einzigen Bootes war vielleicht nicht mehr zu gebrauchen. Aber ein anderer Teil von mir meinte, das würde sich schon ergeben: Jetzt bin ich erst mal, wo ich bin.

Ich deponiere meine Tasche in der einzigen Hütte der Insel, die vielmehr ein mit einer Plane überdachter Verschlag ist. Vor diesem Holzbau befindet sich eine Feuerstelle, rundum stehen ein Tisch und eine Bank, ein paar Meter weiter ist eine »Küchenzeile« aufgebaut. Das Prinzip »offene Küche« erreicht auf dieser Insel ein ganz neues Level. Sie ist notdürftig von einem Baum überdacht, der Gasherd und die Arbeitsfläche sind ebenfalls sehr improvisiert: ein Tisch mit Kochfläche, darüber unzureichend eine Plane befestigt. An einem Ast hängen mehrere Fertignudelsuppen, und unter der Küchenzeile liegen verschiedene Gemüsesorten, alle nicht mehr ganz frisch. Bernd öffnet eine Instant-Packung. Ihr Inhalt ist verschimmelt.

Fünf Meter daneben steht ein Fernseher auf einem umgestürzten Baum. Eigentlich nur die Fernsehröhre. Bernd hat sie gefunden und gedacht, dass sie doch ein schönes Kunstobjekt abgebe, hier draußen. Am Strand ist eine Hängematte zwischen den Bäumen aufgespannt, eine weitere hängt im Verschlag über meiner Tasche.

Zwei Katzen schleichen zur Begrüßung um mich herum. »Das sind Wladimir und Angela«, sagt Bernd. Er erzählt, dass er hier mehrere Monate mit einem russischen Ehepaar zusammengelebt habe. Der Mann habe Katzen gewollt, weil die sich selbst beschäftigen und ihre Nahrung suchen könnten. Sie holten vom Festland zwei Katzen auf die Insel und gaben ihnen die Vornamen der Staatsoberhäupter ihrer beider Länder. Angela war leider irgendwann verschwunden, eine weitere Katze wurde geholt. »Aber ich habe der Neuen noch keinen eigenen Namen gegeben, vielleicht heißt sie einfach auch weiterhin Angela.« Eigentlich habe Bernd sich einen Affen zulegen wollen. Der würde durch die

Bäume springen, und er könnte ihn trainieren. »Aber die Art und Weise, wie Tiere hier in den Wäldern gejagt, verkauft und gequält werden, ist zu furchtbar, das kann ich nicht unterstützen.« Und wer sollte sich um das Tier kümmern, wenn er einmal für mehrere Tage in die Stadt fahren müsste?

Außer diesen beiden Tieren lebe noch eine Schlange auf der Insel. »Sie ist grau«, sagt Bernd, mehr wisse er nicht über sie, auch nicht, ob sie giftig sei. »Aber sehr schüchtern.« Habe ich schon erwähnt, dass ich Schlangen hasse – und gleichzeitig fasziniert bin, wenn sie auftauchen? Als Kind habe ich immer unter meinem Bett nachgeschaut, ob da auch keine Schlange ist. Hier würde ich also allabendlich den Bereich unter meiner Hängematte (und vielleicht auch darin?) inspizieren müssen, ob sich dort ein graues Reptil aufhält ...

Bernd sieht nach dem Boot. Ich setze mich auf die Bank und frage, wo ich etwas zu trinken finde. Bernd ruft, ich solle in eine der Kisten neben der Gäste-Hängematte schauen, da sei Zitronenlimo drin. Mehr brauche er nicht als Limo und Wasser. Wasser nehme er aber nur zum Kochen.

Dann kommt er mit der zerstörten Schiffsschraube vorbei: »Das wird dauern, die zu ersetzen.« Ich frage höflich, ob ich helfen könne, und füge hinzu, dass ich leider keine Ahnung von Motoren und Booten, geschweige denn von Schiffsschrauben habe. Bernd hat sich das handwerkliche Wissen hier draußen mühsam antrainiert.

Eigentlich habe er schon immer weg von Deutschland gewollt, sagt Bernd, weit weg. Er findet, dass die Deutschen gar nicht wüssten, wie gut es ihnen gehe, und trotz all des Wohlstands immer im Stress seien. Sie begeben sich in ein Rattenrennen, das sie nach und nach kaputtmache. »Wir haben doch alles, Essen, Medizin und einen Raum zum Schlafen.« Ihm ging es auf die Nerven, dass die ganz Schlauen plötzlich vegan leben wollten. »Das sind doch Luxusdiskussionen, die wir uns nur erlauben können, weil es woanders auf der Welt diesen Luxus nicht gibt.«

In den letzten Jahren in Deutschland hat Bernd vor allem bei Start-ups in Karlsruhe und Hamburg gearbeitet. Er entwickelte Spiele für Mobiltelefone, in denen man Welten erschaffen, gegen fremde Mächte Kriege gewinnen, mit Zaubersprüchen den Drachen besiegen kann. Dann kam er nach Berlin und wurde Talent-Betreuer für YouTube, kümmerte sich um die Menschen, die einen eigenen Videokanal haben und dafür bezahlt werden, sich vor der Kamera zu schminken oder Einkaufstipps zu geben. Weil das Hauptquartier von YouTube in San Francisco sitzt, arbeitete er oft abends und nachts. Dadurch traf er immer seltener Freunde, da das Kino-Kneipen-Leben nun mal meist zu diesen Zeiten stattfindet. Man kann fast sagen, er lebte schon damals auf einer Insel, nur eben im Stadtteil Lichtenberg in Berlin. Für ihn war klar, dass er das nicht lange mitmachen wollte, das halbe Leben im Büro, dann nach Hause und die restliche Zeit mit Computerspielen verbringen. Seine Arbeitsenergie immer wieder aufladen, nur damit jemand anderes, der einmal eine gute Idee hatte, noch reicher wird. Bernd wollte selbst eine gute Idee haben.

Im Jahr 2017 nahm er sich eine Auszeit. Er wollte das Abenteuer nicht mehr am Bildschirm erleben, sondern am eigenen Körper, und machte sich auf die Reise.

Unterwegs entdeckte er immer wieder Orte, die ihn begeisterten, zum Beispiel kleine Inseln vor Kambodscha, auf denen US-Hippies ihren Lebensabend verbrachten. Und dann die Pulau Banyak in Indonesien, wo alles zu passen schien. Ein Brite erzählte Bernd, dass man hier einige Inseln mieten könne, für sehr wenig Geld. Er fand die Insel Maila, oval, mit einem kleinen Mischwald darauf und Palmen, die wie grüne Cocktail-Schirmchen herausragten. Bei einer Art Insel-Versammlung stellte Bernd sich den gewählten Vertretern von Pulau Banyak vor und musste darlegen, was er mit »seinen« Inseln vorhabe. Er überzeugte sie schließlich davon, dass sein »Ökotourismus« funktionieren könne. Das ungewöhnlichste Airbnb am Ende der Welt.

In dem ich jetzt zu Besuch bin. Inzwischen ist es dunkel geworden, wir sitzen auf der Bank, jeder ein Bier in der Hand, das ich mitgebracht habe, und Bernd erzählt, während er etwas genervt die Katzen von den Tellern mit den restlichen Nudeln wegschiebt, von seinen Problemen hier. »Weißt du, sie wollen einfach ständig Geld von mir, vor allem die Muslime. Sie leihen sich etwas, und wenn ich es zurückfordere, sind sie schlecht gelaunt. Wenn ich ihnen aber nichts leihe, beenden sie nicht selten beleidigt das Gespräch.« Einmal habe er mit seinem Boot das Boot eines Indonesiers berührt. Sie hätten sich die Stelle gemeinsam angeschaut, außer einer kleinen Schramme war nichts zu entdecken. »Trotzdem präsentierte mir der Mann ein paar Wochen später eine Rechnung über zweihundert Euro.« Dass das Boot auf dem Papier dazu noch einen anderen Namen hatte als das Boot, mit dem er kollidiert war, ließ der Mann nicht gelten. Es kam zum Streit, den Bernd nicht richtig führen konnte, weil er kaum Indonesisch spricht.

Ich bekomme den Eindruck, dass es für ihn mitunter unglaublich schwierig sein muss, hier zu überleben. Nur wenige Indonesier sprechen ein konversationssicheres Englisch. Und noch weniger verstehen es, wenn jemand aus dem Westen plötzlich kein Geld mehr hat. Außerdem ist es in diesem Land absolut ungewöhnlich, gern allein zu sein. Ich bin auf meinen Reisen häufig mitleidig gefragt worden, warum ich keine Freunde habe. Dass man manchmal das Auf-sich-gestellt-Sein genießt, dieser Gedanke existiert in Indonesien nicht. Wenn ich in Jakarta meinen Freunden erzähle, dass ich am nächsten Tag in den Zoo oder in eine Shopping Mall gehen wolle, sagt sofort jemand: »Ich komme mit, sonst bist du so allein.« Das könnte daher kommen, dass vor allem Java so dicht besiedelt ist. 170 Millionen Menschen leben allein auf dieser Insel. Ein Sprichwort lautet: »Wenn du auf

Java etwas tust, dann schaut immer jemand zu.« Und das kann man fast wörtlich nehmen. Indonesier haben das in eine Tugend umgewandelt – sie begleiten einander im Alltag, wann immer es geht.

Bernd sucht auch eine Partnerin. Er hat schon verschiedene Frauen kennengelernt. »Sie waren immer sehr hübsch«, sagt er, »aber eben etwas jung, so Anfang 20, und sie konnten so gut wie nie Englisch.« Außerdem hatten die Gespräche mit den Vätern, die ihre Töchter vorführten, eine seltsame Stimmung. Sie redeten vom Brautpreis, und es klang für Bernd immer nach einem Kauf. Er würde lieber jemanden in seinem Alter treffen, mit dem er abends eine Serie auf seinem Mobiltelefon anschauen kann. Das tut er gern. Als er einmal in Medan war, blieb er extra etwas länger, um die letzte Folge *Game of Thrones* noch auf einem großen Bildschirm im Hotel sehen zu können. Damals hatten sie erste Hütten auf seiner Insel gebaut. Als er nach Maila zurückkam, war ein Teil dieser Hütten abgebrannt, Bernd hat sie nicht wieder aufgebaut. »Ich weiß bis heute nicht, wer es war, vielleicht einige Fischer von den umliegenden Inseln.« Die seien oft sehr reserviert, wenn er sie treffe.

Mehr und mehr kommt heraus, wie dieses ideale Leben auf der Insel auch seine Tücken hat. Klar, es gebe Tage, da mache er nichts, weil es in Strömen regnet. Er liege dann unter einer Plane in der Hängematte und spiele auf dem Laptop *Baldur's Gate* oder *World of Warcraft*. Aber wenn die Sonne so scheint wie heute, dann baue er aus einer Fernsehröhre eine Lampe oder schnitze ein Muster in eine Bank. Es gebe immer etwas zu tun auf der Insel. Auch manche seiner Besucher haben etwas Selbstgebautes hinterlassen, wie einen Stuhl oder eine Halterung für die Klobürste in einem Busch. Ja, eine Toilette hat er im Westflügel der Insel auch installiert, ein klassisches indonesisches Hockklo.

Gegen zehn Uhr abends legt Bernd Technomusik auf. Über den Tag hat eine Solaranlage den Generator mit Strom versorgt.

Der reicht bei gutem Wetter für die ganze Nacht. Wir sitzen im Schein einer kleinen Lampe, die im Baum hängt. Es riecht süßlich, Bernd hat sich einen Joint angezündet. Er weiß, dass Kiffen im Land verboten ist. Aber das hier ist seine Insel, was soll schon passieren. Er bekommt es über eine Quelle auf dem Festland. »Sie nennen es Medizin, damit es keiner merkt.« Mir geht durch den Kopf, dass *obat* nicht nur Medizin, sondern auch einfach Drogen bedeutet. Die Feinheiten der Sprache kennt Bernd ganz offensichtlich noch nicht.

Er sagt, dass er manchmal tagelang niemanden sehe. Dann spreche er mit Angela und Wladimir. »Am liebsten wäre es mir, die Menschen würden denken, das hier sei eine Geisterinsel.« Er, der einzige Geist auf dieser Insel, das sei doch eine schöne Vorstellung. Die Technomusik erinnere ihn an die Zeit in den Clubs in Berlin-Friedrichshain. »Schön war es da.« Aber hier sei es noch besser. »In Europa war mir immer langweilig«, sagt er, »hier ist es das nie.«

Wir schweigen eine Weile, und es ist vollkommen still. Schließlich frage ich, was jetzt mit dem Motor sei. Bernd sagt: »Vergiss den Motor, geh zum Strand und schau nach oben.« Es sind nur drei Meter, aber wenn man erst einmal angefangen hat, auf einer kleinen Insel weit draußen im Meer in den Sternenhimmel zu schauen, will man ganz lange nichts anderes mehr tun.

Kapitel 2

Der letzte Missionar

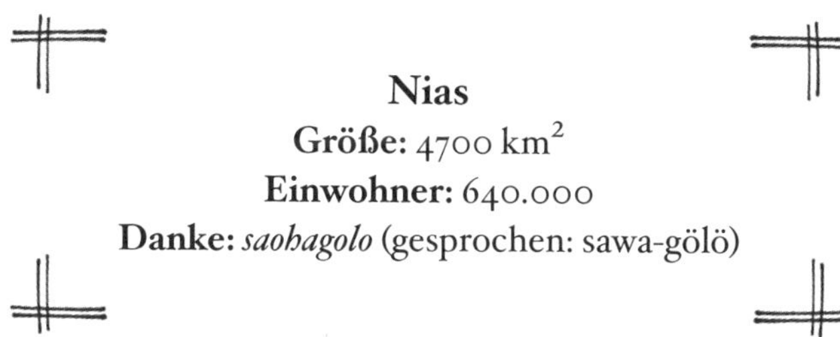

Nias
Größe: 4700 km^2
Einwohner: 640.000
Danke: *saohagolo* (gesprochen: sawa-gölö)

Das Bier schmeckt schal. Ich habe nur einen Höflichkeitsschluck getrunken und die 1-Liter-Flasche dann dem Mann auf dem Boot zurückgegeben. Es ist immerhin erst elf Uhr morgens, an einem Sonntag. Die fünf Männer sind gekommen, um mit Bernd zu feiern. Sie stammen ursprünglich von der Insel Nias, die etwas weiter südlich liegt. Dort seien alle Christen, und am Sonntag tränken sie immer ein Bier, sagt der Mann. Er nimmt einen letzten Schluck und wirft die Flasche ins flache Wasser, wo sie noch etwas hin und her schaukelt.

Bernd und ich schauen uns an. Aber wir sagen nichts. Es wundert mich, dass das Umweltbewusstsein der Indonesier in den vergangenen Jahren so wenige Fortschritte gemacht hat. Dabei merken doch schon jetzt alle Inselbewohner, welche Auswirkungen ihr jahrzehntelanger Umgang mit dem Müll hat. Viele Strände müssen fast täglich gesäubert werden, Taucher finden auf dem Meeresboden Müll von den 1960er-Jahren bis heute, und der Ruf der Hauptstadt Jakarta als »im Müll erstickend« hat sich weltweit herumgesprochen.

Doch diese fünf Indonesier würdigen die wegschwimmende Flasche keines Blickes. Sie kümmern sich um Bernds Motorschraube. Nach einer Stunde ist diese tatsächlich repariert, und Bernd kann mich am frühen Nachmittag zurück auf die Insel Sikandang bringen. Der Motor ist nach wie vor so laut, dass wir nicht reden können. Ich überlege für einen Moment, wie gut es sich anfühlen muss, inmitten dieses freundlich glitzernden Wassers einen Ort zu haben, an dem man sein eigenes Reich aufbauen kann. Bernd zeigt auf eine Regenwolke am Horizont und wiegt den Kopf hin und her. Er wird wohl nicht länger auf der Insel Sikandang bleiben können.

Als wir den Strand von Sikandang erreichen, sehe ich von Weitem mehrere Menschen, die ihr Mobiltelefon in die Höhe halten. Im Gegensatz zu Bernds Insel Maila ist diese Insel ein fast vollständiges Funkloch. Elvis, den wir bei der Ankunft treffen, sagt uns aber: »Wenn ihr dort an die Spitze des Strandes geht, könnt ihr sogar per Video telefonieren.«

Für mich ist das wichtig, weil ich vor meiner Abreise mit meiner dreijährigen Tochter etwas verabredet habe: Einmal in der Woche, jeden Samstag um elf Uhr, rufe ich sie an. Die erste Videokonferenz mit ihr funktioniert perfekt. Ich stehe am Ufer, hinter mir Palmen, um mich herum nur Strand. »So wie diese Insel hier gibt es in Indonesien gaaaanz viele«, sage ich. Dann zeige ich ihr Bernd, den Inselbewohner, und sein kleines Boot, aber nichts davon beeindruckt sie. Viel lieber möchte sie mir vom Kindergarten erzählen, wo sie gerade ein neues Lied gelernt haben. Ich merke schon jetzt, dass genau diese Anrufe mir helfen werden, nicht zu vergessen, dass sich die Welt zu Hause auch und vor allem ganz anders weiterdreht.

Die jungen Menschen, die sich mit mir das schwache Signal hier am Strand teilen, stellen sich als Tschechen heraus. Sie arbeiten bei einer NGO auf Sikandang, die mit fast zwanzig Freiwilligen hier ständig vor Ort ist, und bleiben jeweils für mindestens zwei Monate. Jeden Morgen schwärmen sie auf die umliegenden Inseln aus und sammeln Müll. Der zwanzigjährige Zwei-Meter-Mann, mit dem ich rede, stammt aus Brno und lebt seit zwei Monaten hier. Er wolle nächstes Jahr wiederkommen. Ihm gefalle diese Einsamkeit, und als er hört, dass sich unweit von hier ein Deutscher eine ganze Insel gemietet hat, bekommt auch er diesen verträumten Blick – wie jeder, dem ich davon erzähle.

Als wir am Abend in einer größeren Gruppe zusammensitzen, reden wir über die vielen Inseln, die wir kennen, reale und fiktive: die *Schatzinsel*, die Inseln von *The Beach* und *Robinson Crusoe* oder *Skull Island*, wo King Kong wütet. Elvis, in dessen Ferienhütte ich wieder übernachte, sagt, letztlich wolle auch er immer auf »seiner« Insel sein. Sikandang sei aber klein, und nicht immer seien alle Hütten wie jetzt ausgebucht. Er sei oft allein.

»Das dachte ich mir«, sagt Nina, die Französin, die auch noch auf der Insel ist, mit rollenden Augen ganz leise, sodass nur ich es hören kann. Und mir fällt wieder ein, wie sie mir erzählt hat, dass Elvis ein paarmal zu häufig seine Hand auf ihren Oberschenkel oder ihren Arm gelegt hat. Das war ihr unangenehm, auch deswegen möchte sie so bald wie möglich abreisen.

Elvis erzählt uns dann noch, dass er bereits im Gefängnis war. Er hatte Marihuana hinter seinem Haus angebaut, nur zwei Pflanzen – aber genug, um über ein Jahr hinter Gittern zu landen. Ich mag ihn trotzdem, seine leicht verschrobene Art, seine von Salzwasser und Alkohol gegerbte Haut und seine fast schon aufdringliche Art, die wahrscheinlich von der Einsamkeit herrührt. Aber weil Indonesien generell als sicheres Reiseland für allein reisende Frauen gilt, macht er mir auch bewusst, dass solche Frauen schnell ihre Grenzen aufzeigen müssen.

Ich mache mir kurz Sorgen um Bernd, denke an sein Gras, das er auf der Insel hat, aber da ruft auch schon jemand zum Abendessen: Fisch mit Reisnudeln und Gemüse. Später schlendern Freunde von Elvis vorbei. Sie haben Tuak dabei, den lokalen Schnaps aus dem Saft der Palmen. Gemischt mit Sprite ertrage man auch das, hat Bernd gesagt. Tuak ist hochprozentig, meist über 40 Prozent. Indonesier zünden gern einen Tropfen an, auf dem Tisch, und feiern dann den Moment, in dem die Flamme hochschlägt. Es wird ein langer Abend, an dem ich einige weitere nette Leute kennenlerne: zum einen die Niederländerin Ghazal und ihren Freund Fauzi, die mehrere Jahre gespart haben, um sich diese Reise leisten zu können. Seit vier Monaten sind sie unterwegs. Ein Ende ist vorerst nicht in Sicht. Wenn das Geld knapp werden sollte, wollen sie weiter nach Australien reisen und dort auf Farmen arbeiten. Auch mit Nina rede ich an diesem Abend lange. Sie wohnt eigentlich in Kuala Lumpur und gibt dort Tanzunterricht, aber sie fühlt, dass es nach zwei Jahren Zeit ist, heimzukehren nach Lyon. Vorher will sie zusammen mit Ghazal und Fauzi noch ein paar neue Inseln erkunden.

Nina kannte niemanden, als sie nach Indonesien kam. Und genau wie es ihr damals erging, ergeht es mir heute: Ich habe auf dieser Inselgruppe auf einen Schlag gleich mehrere neue Freunde gewonnen. Da ich keinen fixen Plan habe, außer auf irgendeinem Weg von hier Richtung Norden, an die Spitze von Aceh auf Sumatra zu reisen, horche ich auf, als die drei von der Insel Nias sprechen. Südlich gelegen, ein bisschen größer als Mallorca, bis vor hundert Jahren noch von Kopfjägern besiedelt, dann von deutschen Missionaren zum Christentum bekehrt. Sie fragen, ob ich mitwill, und ich bin sofort dabei. Elvis sagt, es gäbe schon am kommenden Tag eine Fähre dorthin. Wir müssten morgen früh zurück nach Singkil und könnten von dort mit dem Nachtschiff nach Gunungsitoli auf Nias.

Ghazal und Fauzi haben schon mehrere solcher Fahrten hinter sich, und ihnen graut davor. Mir fällt auf, dass ich schon seit einer Ewigkeit kein solches Schiff mehr genutzt habe. Als ich dann vor der Fähre stehe, kommen die Erinnerungen zurück. Ich war gerade zwanzig geworden und hatte ein Jahr Indonesischkurs hinter mir. Erich-Dieter Krause war mein Lehrer, er hat das Langenscheidt-Sprachlehrbuch geschrieben und war eine Institution in diesem Fach. Der Kurs in Leipzig war klein, zu fünft saßen wir zweimal in der Woche zusammen, und gleich in der ersten Stunde erklärte uns Herr Krause, dass Indonesisch nur ein Fünftel des deutschen Wortschatzes habe. Viele Worte werden zusammengesetzt: *mata* (das Auge) und *hari* (der Tag) ergeben »das Auge des Tages« – *matahari* gleich »die Sonne«.

Ich wusste damals wenig über Indonesien, nur dass es weit weg ist und aus Inseln besteht.

Im Sommer 1999 flogen wir zu dritt nach Bali und reisten mit genau dieser Art von Schiffen weiter über Lombok und Sumbawa bis nach Flores. Diese großen schwimmenden Metallbunker funktionierten im Grunde immer gleich: Nach unten kamen die Autos und Schwertransporter, die Bananenstauden und Melonenberge, im stickigen Zwischendeck waren auf meterlangen Liegen die Familien untergebracht, und oben an Deck saßen meist Männergruppen, rauchten und spielten Karten. Westliche Reisende wie wir hielten sich auch häufig an Deck auf, auch wenn da meist viel zu laut indonesischer Pop gespielt wurde und einem der Zigarettenqualm mit Nelkengeruch ins Gesicht wehte.

Offenbar hat sich seitdem nur wenig geändert, denn auch dieses Mal gehen wir vier zielstrebig an den Bananenstauden vorbei auf das Oberdeck und suchen uns einen Platz. Die Fahrt soll bis zum nächsten Morgen dauern, und wir richten uns eine Ecke des Schiffes so ein, dass wir dort schlafen können. Ghazal hängt ihre Hängematte zwischen zwei Metallsäulen und teilt sich mit Nina den Platz. Wir schauen uns den Sonnenuntergang an, und als es dunkel wird, ziehen wir uns auf unsere Schlafstätte auf dem Boden neben der Hängematte zurück. Es ist eine unruhige Überfahrt, das Schiff schaukelt zum Teil stark, zum Zigarettenrauch gesellt sich ein seltsamer Geruch aus einem der großen Rohre, das neben der Hängematte aus dem Boden ragt – zum Schlafen kommen wir so nicht, es ist eher ein Dösen.

Etwas gerädert erreichen wir die Insel Nias. Wir setzen uns in ein kleines Café an der Hauptstraße, um uns anschließend eine Unterkunft für die Nacht zu suchen. Keiner meiner Reisegefährten zweifelt daran, dass uns das innerhalb von Minuten gelingen wird. Und sie liegen richtig, ein paar Hundert Meter die Straße hinunter werden Fauzi und ich fündig. Ein Homestay, also eine Privatunterkunft, mit dem Namen »Wonderful Nias« hat zwei Zimmer für umgerechnet jeweils zehn Euro frei. Die Zimmer sind sauber, und wir dürfen den Fernseher im Wohnzimmer des Paares mitnutzen. Die Unterkunft wird von Hemin und ihrem Mann geleitet, die auch alles über die Insel zu wissen scheinen. Hemin selbst stammt aus Medan und hat sich hier mit ihrem einheimischen Mann ein Zuhause geschaffen. Als wir einziehen, werden wir von ihrer Hündin begrüßt, die nur deshalb so lautstark bellt, weil sie ihre vier kleinen Welpen beschützen muss.

Nachdem jeder von uns seinen Lieblingswelpen gewählt hat, erkunden wir die Umgebung um die Hauptstraße herum. Ich laufe allein in Richtung des Museums, das auf der Karte angezeigt wird: Museum Pusaka Nias – »Das Museum des Erbes von Nias«. Meine Reisegefährten haben schon genug indonesische Museen gesehen und wenig Interesse an weiteren staubigen Statuen. Dabei hat der Ort erstaunliche Bewertungen im Internet, unter anderem fällt der Satz: »Es ist das einzige Museum in Indonesien, das seinen Namen verdient.« Das wundert und reizt mich. Denn Indonesien ist wahrlich nicht für gut geführte Museen berühmt. Ich habe meine Magisterarbeit über indonesische Museen geschrieben und dafür einst vierzehn Museen auf Java und Bali besucht.

Außerdem habe ich sechs Wochen ein Praktikum im größten Museum des Landes absolviert. Das Museum Nasional ist das vielleicht wichtigste Museum Indonesiens, aber trotz mehrerer Renovierungen ein eher trostloser Ort inmitten der tosenden Hauptstadt Jakarta. Nur vereinzelt verirren sich Touristen in das auch bei Tag dunkle Gebäude.

Als ich das Museum Pusaka Nias betrete, merke ich sofort, dass hier Ordnung geschaffen und vor allem gehalten wurde. Die Statuen sind nicht verstaubt, die Erklärungen zweisprachig und ausführlich, außerdem hat jeder Raum einen eindeutigen Schwerpunkt wie »Religiöse Objekte« oder »Dinge des täglichen Bedarfs«. Auch die Geschichte der Kolonisierung und Missionierung dieser Insel ist bis ins Detail dokumentiert.

Als ich die Ticketverkäuferin auf Indonesisch anspreche, dass ich sehr erstaunt sei, antwortet sie in fließendem Englisch: »Ja, das sagen viele. Dieses Museum ist besonders, aber es wurde auch nicht von einem Indonesier eingerichtet, sondern von einem Deutschen. Oh, da vorn ist er!«

So treffe ich Pater Johannes. Der 79 Jahre alte Kapuzinermönch läuft gerade quer über den Hof, vorbei an einem Denkmal für das große Erdbeben vom März 2005, bei dem fast tausend Menschen auf Nias starben. Das Denkmal besteht aus einem mehrere Meter hohen Gewirr von Draht – und dem kleinen, verbogenen Fahrrad eines Mädchens. Die elfjährige Theresia hat die Katastrophe nicht überlebt.

Der Pater erinnert sich, dass dieses Erdbeben vielen auf der Insel wie ein Weltuntergang vorkam. »Die Einheimischen dachten damals, dass die Insel komplett im Meer verschwinden wird«, erzählt er. »Ich bin damals mit einem Schild zum Hafen gegangen, auf das ich in der Sprache der Nias geschrieben hatte: Die Insel geht nicht unter, geht nach Hause und glaubt an Gott und nicht an Gerüchte!« Er hat das Schild für den Fall aufgehoben, dass er es noch einmal brauchen sollte. Denn er wird hier nicht mehr weggehen. »Ich bleibe hier, bis ich sterbe.« Nach Deutschland fährt er nur noch alle drei Jahre, um seine Freunde und seine Familie zu treffen. »Und ich schaue im Hofbräuhaus in München vorbei, weil die uns auch regelmäßig eine Summe spenden.«

Mein Bild von Missionaren war eines von Menschen, die mit der Bibel im Gepäck weltweit unterwegs sind und Kulturen zerstören. Dieser Johannes Maria Hämmerle, so sein bürgerlicher Name, passt nicht in dieses Bild. Zu begeistert ist dieser freundliche Herr von »seiner« Insel und ihren Einwohnern. Der gebürtige Schwabe kam im Jahr 1971 aus dem kleinen Ort Hausach in Baden-Württemberg zum ersten Mal nach Nias. Er hat seitdem in verschiedenen Teilen der Insel gewohnt. Inspiriert wurde er von einem Onkel, der ebenfalls Mönch und Missionar in China war. Das Fernweh wurde bei ihm früh geweckt. Dass es ihn ausgerechnet auf eine kleine Insel vor Sumatra verschlagen würde, auf der er schließlich fast fünfzig Jahre bleiben würde, hätte er wohl damals nicht gedacht. Er kam als einer von wenigen deutschen Katholiken in diese Gegend, zu einer Zeit, in der der Großteil der Insel bereits christianisiert war – wenn auch protestantisch.

Wir laufen zum Café des Museums am Ufer und bestellen uns einen Wassermelonensaft. Nur ein paar Meter von uns entfernt baden Kinder in einem Becken, das künstlich am Meeresufer angelegt wurde. Eltern sitzen davor und schauen zu. Hier wird deutlich, was der Pater alles mit seinen Spenden umsetzen konnte. Das Museum, dieses Restaurant und der gesamte ausgebaute kleine Steinstrand davor – all das hat er mit Geld aus Deutschland aufgebaut. Eine alte Freundin aus Hausach zum Beispiel hat ihm ihre Wohnung vermacht. Der Erlös aus dem Verkauf floss in dieses Projekt.

Dann erzählt Pater Johannes, wie diese Insel in den 1970er-Jahren aussah, als er zum ersten Mal hierherkam. Es habe damals noch keine Straße gegeben, die die einzelnen Städte der Insel verband. Nur über das Meer konnte man von einer zur anderen gelangen. Und nein, seine Aufgabe sei es nie gewesen, die lokale Kultur zu zerstören – auch wenn er wisse, dass das für andere Missionare durchaus gegolten habe. Als er ankam, habe er erlebt, dass die Missionare den Einheimischen verboten, den Gong zu schlagen, weil es als heidnisch galt. Er hingegen führte das Schlagen des Gongs wieder ein, um zum Gottesdienst zu rufen.

»Das war zunächst selbst für die Einheimischen ungewöhnlich«, sagt er, »sie schauten sich richtig um, als sie den Gong hörten, um zu sehen, wer sich diesen Frevel erlaubte.« Je mehr er von der Nias-Kultur kennenlernte, desto mehr wollte er davon für die Nachwelt erhalten beziehungsweise wiederbeleben. »Bis auf die Kopfjagd und den Sklavenhandel«, sagt er. »Für beides war Nias nämlich bis ins 19. Jahrhundert bekannt gewesen.« Es hieß, dass jeder heiratswillige Mann so viele Frauen ehelichen dürfe, wie er Köpfe von gegnerischen Stämmen erbeutet habe. Wenn bei diesen Überfällen Waisen entstanden, wurden diese auf anderen Inseln als Sklaven angeboten. Selbst bis in das heutige Jakarta verbreitete sich die Kunde: »In Nias werden Menschen verkauft.«

Frühe Missionare beschrieben die Menschen auf Sumatra und Nias mitunter als »verdorbenes« Volk, das mit den europäischen Gästen nicht zimperlich umgehe. Die ersten Ankömmlinge, eine Gruppe französischer Geistlicher, fielen allesamt einem Giftanschlag der Einheimischen zum Opfer. Im 17. Jahrhundert kamen die Niederländer nach Nias, vor allem wegen des Kautschuks, der auf der Insel wuchs und den sie nach Europa verkauften. Sie wussten, dass die Missionierung nicht ihre stärkste Seite war, und überließen in vielen Teilen Indonesiens das religiöse Feld den Deutschen. Niederländer und Deutsche blieben die einzigen Europäer, die hier über Jahrhunderte tätig waren. Dabei verstanden sie sich soweit ganz gut – bis der Zweite Weltkrieg ausbrach.

Auch dieser Zeit hat Pater Johannes in der Ausstellung einen eigenen Raum gewidmet. Wenn er davon erzählt, wird plötzlich klar, wie sehr dieser Weltkrieg selbst kleine Inseln im Indischen Ozean veränderte. »Mit dem Tag des Überfalls der Nazis auf die Niederlande«, sagt Pater Johannes, »wurden alle Deutschen in Indonesien gefangen genommen.« Hier waren die Niederländer in der Überzahl und kehrten auf den Inseln die Machtverhältnisse um. Die meisten deutschen Männer wurden als Kriegsgefangene in ein Camp auf Nord-Sumatra geschafft. Frauen und Kinder wurden in Lagern auf Java festgehalten. Als Japan Südostasien einnahm, wurden die Gefangenen mit Schiffen nach Sri Lanka gebracht – doch der Letzte dieser Gefangenentransporte wurde im Jahr 1942 von Japanern attackiert, die die *Van Imhoff* bombardierten. Die 62 Holländer an Bord konnten sich mit Beibooten retten, wollten die übrigen Rettungsboote aber nicht den deutschen Feinden überlassen und zerstörten sie. Die meisten der Gefangenen ertranken und wurden von Haien gefressen, die von den vielen durch die Bomben getöteten Fische angelockt wurden. Pater Johannes erzählt, dass das niederländische Fernsehen aus diesem Fall eine spannende Dokumentation gemacht habe.

Dann sagt der Pater leider, er habe genug geredet und jetzt noch einen Telefontermin mit einer deutschen Nonne, die auf den Batu-Inseln wohne. Sie sei fast so lange hier auf den Inseln wie er und sie tauschten sich regelmäßig aus.

Als er langsam die Treppe zu seiner Wohnung im Obergeschoss eines Nachbaus einer Original-Nias-Unterkunft hinaufläuft, fällt mein Blick auf die Statuen, die rings um das Haus stehen. Jede der Figuren hat einen großen, deutlich abstehenden Penis. Im Interview haben wir zwischen Indonesisch, Englisch und Deutsch gewechselt, auch weil immer mal wieder Kollegen des Museums hinzutraten und etwas beitragen wollten. Auf Deutsch rufe ich ihm nun noch eine letzte Frage zu: »Was ist eigentlich mit all den Penissen, hat Sie das nie gestört?« Der Pater grinst und sagt: »Nee, na ja, ich sag mal, daran gewöhnt man sich. Tschüss!«

Als ich aus dem Museum trete, warten dort schon Nina, Ghazal und Fauzi. Dank unserer Gastgeber von »Wonderful Nias« haben sie nicht nur weiter ausgiebig mit Hundewelpen kuscheln können, sondern auch zwei Motorräder gemietet. Somit sind wir ab sofort mobil unterwegs. Da ich noch nicht selbst fahren möchte, vertraue ich Ninas Fahrkünsten, die das Linksfahren schon von ihrer Zeit in Malaysia gewohnt ist. Unsere Gastgeber finden es hingegen seltsam, dass sich ein Mann nach hinten setzt, während die Frau fährt. Sie sagen: »Seid vorsichtig. Wenn ihr im Süden der Insel unterwegs seid, solltet ihr besser wechseln.« Sie erzählen, dass in dieser Region die Einheimischen aggressiv reagieren könnten, wenn sie sehen, dass ein Mann einer Frau folgt. Süd-Niaser seien anders als Nord-Niaser – dass selbst auf so kleinen Inseln derart große Unterschiede herrschen!

Doch wir kümmern uns zunächst nicht um diese ideologische Grenze zwischen Nord und Süd. Zu viert fahren wir in den nächsten drei Tagen quer über die Insel, schauen uns auch die Strände im Süden an – zum Baden sind die Wellen zu beeindruckend und zum Surfen meine Kenntnisse noch zu schlecht. Wir spielen Billard mit brasilianischen Surfer-Dudes, stehen auf dem Leuchtturm an der Nordküste und stoßen auf ein Monument, das für eine Frucht erbaut wurde: die Durian. *Durian* heißt auf Deutsch »Stinkfrucht« – manche finden sie köstlich, andere widerlich – und wird offenbar in Nias derart verehrt, dass sie ein Denkmal verdient.

Das Fahren über die Insel gestaltet sich erstaunlich problemlos. Die Straßen haben zwar ein deutliches Schlaglochproblem, aber Nina navigiert sicher um die Löcher herum. Als doch der Hinterreifen aufgibt, müssen wir nur hundert Meter bis zur nächsten Werkstatt laufen, und zehn Minuten später ist der Reifen geflickt. Kosten: umgerechnet drei Euro.

Als abenteuerlich erweist sich nur die Reise zum bekanntesten Dorf der Insel: Bawomataluo. Der Name bedeutet »Sonnenhügel«, und wer dort hinfahren und sich nicht verfahren möchte, sollte nicht Google, sondern den Hinweisen der Einheimischen vertrauen. In unserem Fall ist es ein freundlicher Herr, der sich vor Lachen ausschüttet, als wir ihm sagen, wo wir hinwollen. »Ihr seid völlig falsch«, sagt er, »aber ich bin Pfarrer und habe Zeit. Ich bringe euch hin.« Tatsächlich trägt er einen schwarzen Anzug und lächelt uns immer wieder an, während er auf seinem Moped durch die kurvigen Straßen düst. Dafür muss er sich umdrehen, was uns jedes Mal ein wenig Angst macht – dann hebt er auch noch eine Hand vom Lenker und winkt. Erst als wir ankommen, fragt er uns, warum eigentlich die Frau fährt und ich hinten sitze. Um dann hinzuzufügen: »Aber macht euch keine Sorgen, die Menschen hier sind lustige Ausländer gewöhnt.« Bevor er uns in Bawomataluo zurücklässt, lacht er noch einmal sein ansteckendes Lachen und ruft: *»Orang gilaaaa!«* – »Machts gut, ihr Verrückten!«

Um Bawomataluo zu erreichen, muss man eine lange Treppe hinaufsteigen, die etwas an die Treppe im Film *Joker* erinnert, nur dass diese Treppe nicht in New York, sondern mitten im Wald liegt. Oben angekommen umfängt uns dörfliche Vorabendstimmung: Kinder laufen herum, Frauen sitzen vor ihren Häusern auf der Veranda, Männer rufen uns zu, dass sie uns durchs Dorf führen werden. Wir bezahlen in einem kleinen Häuschen die 1,30 Euro Eintritt und betreten einen langen Steinweg, der wie ein T geformt ist. An der Stelle, wo sich die beiden Straßen treffen, steht das älteste Haus von Nias: das Haus des Königs Laowo. Das Dach ist größer als das der anderen Häuser, doch ebenfalls aus verrostetem Wellblech. Das Dorf spart auf ein Ziegeldach, aber mit den Rostflecken hat es auch jetzt fast so etwas wie royale Patina. Wir schauen uns das Königshaus an und sprechen mit einem Mitglied der Königsfamilie, das offensichtlich zu viel getrunken hat. Der Mann zeigt uns das Innere des Haupthauses. Es ist voller Rindsköpfe, die an ein Fest erinnern, das zu Ehren des Königs gefeiert wurde. Doch die Macht des Königs ging mit der

Gründung der Republik Indonesien zu Ende, heute hat er nicht einmal mehr repräsentative Aufgaben. Das Haus ist nur noch ein Museum und soll von einer Zeit erzählen, als die hierarchischen Strukturen ganz klar waren. Wenn sie jetzt für die Renovierung sparen, dann tun sie das, um den Tourismus weiter anzukurbeln, sagt uns unser betrunkener Spontan-Guide.

So wie auch die kostümierten Einheimischen vor dem Haus vor allem Unterhaltungswert haben, obwohl sie etwas sehr Rituelles tun. Für den Festpreis von 150.000 Rupiah (rund neun Euro) springen sie auf Kommando über einen Stein, der rund 1,80 Meter hoch ist. Das Springen der jungen Männer von Nias ist vielfach auf YouTube zu sehen. Wenn es im Rahmen eines Rituals passiert, dann markiert es den Übergang vom Leben eines Jungen ins Mannesalter. Der Stein wird dann mit Spitzen versehen, damit die Mutprobe noch schwieriger ist. Traditionell, so erklärt uns der Guide, mussten die Kopfjäger von Nias früher Dorfmauern überspringen, um an die Köpfe des gegnerischen Stammes zu gelangen. Heute haben diese Sprünge nur symbolischen Charakter.

Wir haben Glück. Gerade als wir gehen wollen und kurz bevor die Sonne untergeht, bezahlt ein indonesischer Tourist aus Jakarta einen der verkleideten Einheimischen. Alle starren auf ihn, als er Anlauf nimmt und auf den massiven Stein zurennt. Er stößt sich ab – und überspringt die Höhe beinahe mühelos. Im Anschluss machen alle ein Selfie mit ihm.

Als wir wieder zu unseren Mopeds laufen, läutet im Hintergrund die Kirchturmglocke. Einer der Männer an der Treppe fragt uns, woher wir kommen. Als er »Deutschland« hört, lächelt er und sagt: »Wisst ihr, dass wir euch einen Buchstaben zu verdanken haben?« Ich frage ihn, was er meint, und er zeigt auf sein T-Shirt. Darauf steht der Name dieses Dorfes, aber mit einem kleinen Unterschied: »Bawömataluo«. »Das Ö«, erklärt er, »gibt es im Indonesischen nicht als Buchstaben.« Auf Nias wird ohnehin nicht so viel Wert auf Geschriebenes gelegt: »Bei uns wird

Geschichte vor allem mündlich überliefert«, sagt der Mann. »Das Prinzip nennen wir ›böwö ni'orisi‹«. Die Sprache der Niaser habe aber einen Laut, der dem deutschen Ö sehr ähnlich sei. Er kommt auch im »Danke« vor: *saohagolo*. Gesprochen klingt es wie »sawagölö«. Vor allem T-Shirt-Bedrucker haben das Ö für sich entdeckt – in kleinen Läden kann man es als Aufdruck immer wieder sehen. Ich kaufe mir auch ein T-Shirt, ein hellblaues, das mich die ganze Reise begleiten wird. Es zeigt einen Jungen, der bei Sonnenuntergang über einen Stein springt, darunter steht: »Tanö Niha«. So nennen Einheimische ihre Insel.

Später im Hotel schaue ich die niederländische Dokumentation *De Ondergang van de Van Imhoff* an. Der Film ist beeindruckend selbstkritisch und hat völlig zu Recht auf Festivals im Jahr 2017 mehrere Preise gewonnen. Er erzählt, wie die niederländische Regierung nach Kriegsende versuchte, die Geschichtsschreibung dahingehend zu beeinflussen, dass der niederländischen Marine im Jahr 1942 keine Fehler zugewiesen wurden. Die Kinder und Enkel der betroffenen Niederländer und Deutschen erzählen dagegen aus ihrer Sicht, was sie vom Untergang des Schiffes wissen. Dazu zeigt der Film Archivmaterial, und man erfährt, dass selbst niederländische Journalisten, die in den 1970er-Jahren über dieses Kriegsverbrechen berichten wollten, von ihrer Regierung daran gehindert wurden. Es sollte nie herauskommen, dass zum Beispiel ein deutscher Jude, der aus Nazi-Deutschland nach Nias geflohen und während ihres Untergangs auf der *Van Imhoff* war, sich auf ein Floß retten konnte und von einem weiteren niederländischen Schiff auf hoher See aufgegriffen wurde. Die Seeleute fragten: »Bist du Niederländer?« Er verneinte und wurde seinem Schicksal überlassen. Ein Deutscher, der überlebt und von den Ereignissen berichtet hatte, wurde von der deutschen Regierung für verrückt erklärt, weil seine Behauptungen den deutsch-niederländischen Beziehungen hätten schaden können. Die wenigen Überlebenden retteten sich übrigens an das 55 Seemeilen entfernte Ufer von Nias und wurden von Einheimischen versorgt und bis Kriegsende versteckt. Der Film endet mit der Einstellung, wie die Enkelin des Kapitäns der *Van Imhoff* einen Blumenstrauß auf dem Denkmal in Deutschland niederlegt. »Für die 411 Opfer des Untergangs«. Es ist Winter und sie hockt auf einem Friedhof in Deutschland und weint.

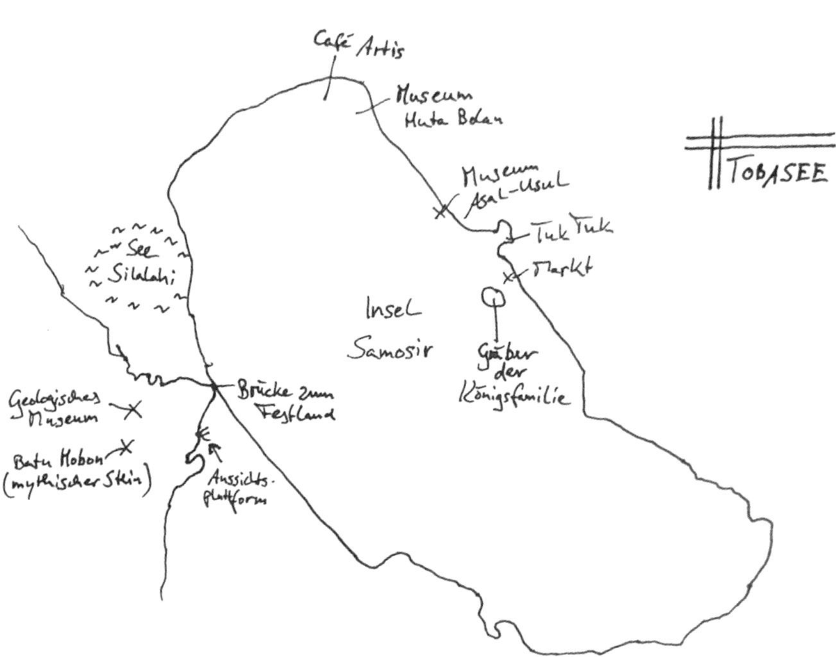
Café Artis
Museum Huta Bolon
Museum Asal-Usul
Tuk Tuk
Markt
TOBASEE
See Sidihoni
Insel Samosir
Gräber der Königsfamilie
Brücke zum Festland
Geologisches Museum
Batu Hobon (mythischer Stein)
Aussichts-plattform

Kapitel 3

Wo der See deinen Namen trägt

Samosir
Größe: 630 km^2
Einwohner: 95.000
Danke: *mauliate*

Nach halbstündigem Warten bin ich zurück in meiner Hütte am See Toba. Ich bin nicht schlecht gelaunt, auch wenn die Mücken nach wie vor schwirren und stechen, als wollten sie mir heimzahlen, dass ich mich die ganze Nacht vor ihnen unter einem Moskitonetz versteckt habe. Weil das Netz orangefarben ist und der Vollmond durch das offene Fenster hereinleuchtete, hat es die ganze Nacht um mich herum unwirklich geglänzt. Ich bin ziemlich entspannt, obwohl ich offenbar gerade versetzt werde. Um elf Uhr sollte Hotman Sidabutar kommen, jetzt ist es bereits halb zwölf, und er hat sich noch nicht gemeldet. Ich will aber keine stressige SMS schicken. Stress passt irgendwie nicht zu diesem Ort.

Die Insel Samosir, eine Vulkaninsel mitten im See Toba im Norden Sumatras ist neben Bali für viele Indonesier eines der schönsten Ausflugsziele. Die Insel ist ungefähr so groß wie Ibiza und entstand vor rund sieben Millionen Jahren durch eine Eruption, die den Vulkanboden emporhob und zu einer Insel formte. Die Explosion war so stark, dass Wissenschaftler sie heute als weltweit stärkste Vulkanexplosion der vergangenen 25 Millionen Jahre bezeichnen. Die Temperatur auf dem gesamten Planeten soll infolgedessen um mehrere Grad gesunken sein, und die Folgen für die Ausbreitung der Menschheit waren immens, so die Experten. Zu jener Zeit lebten neben dem *Homo sapiens* noch der *Homo erectus* und der *Homo floresiensis* auf unserem Planeten, die jedoch wegen der Vulkanexplosion an diesem See ausstarben. Es überlebte nur der Homo sapiens in Afrika – obwohl auch dessen Zahl durch den Ausbruch dezimiert wurde. Man kann also sagen, dass wegen einer Explosion an dieser Stelle vor sieben Millionen Jahren alle Menschen auf der Erde vom afrikanischen Homo sapiens abstammen.

Ich bin am See Toba, dem größten des Landes, um den Ursprüngen eines meiner besten Freunde aus Deutschland nachzugehen. Wenn er seinen Namen zu Indonesiern sagt, denken sie sofort an diesen See, seine brachiale Entstehungsgeschichte, an Mücken und die schönen Häuser der Batak. Wenn er sich Deutschen vorstellt, sagen sie oft: »Wie bitte?«

Mein Freund heißt Pablo Silalahi. Si-La-La-Hi. Das ist eigentlich nicht schwer auszusprechen, zumindest leichter als Hotmans Nachname Sidabutar, aber trotzdem wurde Pablo in der Schule gehänselt, selbst in der Universität nannten ihn einige »Schilaki«, weil das angeblich einfacher auszusprechen war. Sein Vater ist ein Batak von der Insel Samosir, seine Mutter Deutsche, Pablo wurde in Frankfurt geboren. Wir lernten uns bei der Studentenzeitung in Berlin kennen – und so wie ich einst in Dresden vor dem Haus der Presse stand und wusste, ich werde Journalist, hat er in Mainz-Lerchenberg vor dem ZDF-Sendezentrum gestanden. Er wollte immer zum ZDF oder zur ARD, kannte schon als Jugendlicher sämtliche Namen von Moderatoren seit den 1960ern. Irgendwann hießen diese Journalisten mit Nachnamen Jobatey, Hayali und Zamperoni. Für ihn war das ein Zeichen, dass auch er es schaffen kann. Heute steht bei der Nachrichtensendung *Heute* am Ende mancher Beiträge unten rechts der indonesische Name Silalahi.

Auf den ersten Blick wirkt Samosir wenig spektakulär. Es ist eine Insel, die sich auch über eine kleine Brücke vom Festland erreichen lässt. Die meisten Touristen kommen aber wie ich mit einem Boot aus Parapat nach Tuktuk. Der Hafen von Parapat strahlt eine angenehme Geschäftigkeit aus. Die Boote füllen sich schnell. Dennoch sagt eine Frau, die köstliche Saté-Spieße an einem Stand verkauft, dass der starke Einbruch des Tourismus hier noch immer zu spüren sei. Der Tsunami, der im Dezember 2004 den Norden Sumatras erschütterte und Hunderttausende Tote forderte, sorgte auch für einen massiven Einbruch der Besucherzahlen, die sich bis heute nicht wieder normalisiert haben.

Das Besondere von Samosir entfaltet sich für mich erst, als ich jetzt auf Hotman warte, während es langsam zwölf Uhr wird. Ausgerechnet dieser Ort, das Zentrum einer zurückliegenden Katastrophe, strahlt eine atemberaubende Stille aus. Wenn ich von der Veranda meiner hübschen Batak-Hütte auf das Wasser schaue, sehe ich am anderen Ende des Sees grüne Hügellandschaften, gesprenkelt mit einer Architektur, die sich offenbar vom See hat inspirieren lassen: Die Häuser der Batak sehen von Weitem aus wie Fischerboote, die an Land gespült wurden. Die Dächer sind jeweils links und rechts spitz nach oben geneigt – und sie stehen alle gleich ausgerichtet entlang des Weges.

Ich bin auch ein bisschen froh über die geschenkte Zeit. Sie gibt mir die Möglichkeit, durch die Reisebibliothek meiner Unterkunft zu blättern. Ich entdecke ein Buch, das wie kein zweites das Bild von Indonesien in der – zumeist weiblichen – westlichen Welt verändert hat: *Eat Pray Love* von Elisabeth Gilbert. Es ist die Reise einer US-Amerikanerin Mitte dreißig von Italien über Indien bis nach Indonesien. Mit einer fröhlichen Naivität gesegnet, begibt sie sich in die für sie exotisch anmutende Welt und landet am Ende – in den Armen eines Mannes. Es gibt einen gleichnamigen Film mit Julia Roberts, und selbst dieser tollen Schauspielerin gelingt es nicht, die Person und ihren Herzschmerz interessanter, mit etwas mehr Tiefe zu gestalten. Die meisten Indonesier, die ich dazu befragt habe, mögen den Film ebenfalls nicht, aber aus anderen Gründen: Er habe dafür gesorgt, dass ihr Land von einsamen Frauen mittleren Alters regelrecht belagert werde.

Während ich die ersten Kapitel lese, fällt mir auf, dass die Autorin – wie viele Reisejournalisten – eine persönliche Krise, nämlich ihre traumatische Scheidung, als Ausgangspunkt nutzt, um aufzubrechen und die Welt zu entdecken. Dem Schreiben meines ersten Reisebuches über Südkorea *An guten Tagen siehst du den Norden* ging eine Trennung nach neunjähriger Beziehung voraus – auch sie war letztlich die Voraussetzung für die im Buch dokumentierten eineinhalb Jahre in Südkorea. Auch der große Paul Theroux reiste mit einem Boot über die Inseln der Südsee, weil er eine Trennung verarbeiten musste. Und erst jetzt hier am Seeufer fällt mir auf, dass auch diese Reise wieder ein Aufbruch in eine neue ungewisse Lebensphase ist.

Es ist keine Krise wie bei meiner letzten Reise – ich bin mit deutlich besserer Laune ins Flugzeug gestiegen. Aber doch fühlte ich beim Abflug die Erleichterung, mein altes Leben für vier Monate hinter mir lassen zu können. Ich hatte einen Job als Reporter aufgegeben, für den ich drei Jahre lang in Krisengebiete gefahren war: Ich hatte die Rohingya in ihren Lagern in

Bangladesch besucht, war für einen Text über den Drogenkrieg in Manila in die Slums der Millionenstadt gefahren und hatte Dörfer im Nordirak besucht, wo die Menschen ihre vom Krieg zerstörten Häuser langsam wieder aufbauen. In der Zeit bin ich in Orte geflogen, an denen gerade Anschläge passiert waren: Nizza, Manchester, London und Ägypten, aber auch Ansbach und Würzburg. Selbst meine Heimatstadt Berlin war auf dem Weihnachtsmarkt vom Terror heimgesucht worden. Ich merkte, dass ich auf eine seltsame Art abstumpfte.

Dann traf die Zeitungskrise auch mein Reporterressort, und das Wort »Sparzwänge« wurde in immer neuen Versionen in berufliche Gespräche eingebaut. Ich nahm die erste und zugleich verlockende Abzweigung, die sich mir bot: die Reise für dieses Buch. Vier Monate in Indonesien sind mehr als eine fantastische Begründung, um große Veränderungen im Leben zu rechtfertigen.

Jetzt sollte ich mich aber doch mal bei Hotman melden. Gegen halb eins schreibe ich ihm eine Kurznachricht, denn eineinhalb Stunden sind selbst für Indonesier eine nennenswerte Verspätung. Ghazal und Fauzi haben ihn als zuverlässigen Mann beschrieben, der ihnen in wenigen Tagen praktisch ganz Samosir nähergebracht habe. Er sei zwar kein professioneller Reiseführer, habe aber großen Spaß daran, Gästen die Gräber und pittoresken Bauten dieser Insel zu zeigen. Und er sei so eine Art Kulturerklärer der Batak.

Während Ghazal und Fauzi in Nias geblieben sind und gemeinsam mit Nina noch weiter den Süden der Insel erkunden, bin ich in eine kleine Propellermaschine gestiegen, die einmal pro Woche für rund fünfzig Euro von Nias direkt zum See Toba fliegt. Alle sechzehn Sitzplätze waren besetzt, und wir landeten auf einem Miniflughafen nicht weit vom See entfernt. Die Empfehlung für die Pension auf Samosir kam von Nina: das Liberta in Tuktuk. Die Häuser sind aus Holz und haben jene Dachform, die in deutschen Reiseführern auch gern »Zipfelmütze« genannt wird. Das Essen ist zwar in sämtlichen benachbarten Hotels besser, aber hier gibt es einen Hundewelpen. Und der hat bei meiner Ankunft so laut gequiekt, dass ich ihm seitdem einfach häufig beim Welterkunden zuschauen muss.

Hotman schreibt zurück, dass er bald sein Haus verlassen werde. Er müsse dann nur noch seine Frau zum Markt bringen. Der sei aber nicht weit vom Liberta entfernt. Ich nutze die Zeit und lasse mir vom Inhaber der Unterkunft noch erklären, wie das Moped funktioniert, weil ich seit mehreren Jahren nicht mehr selbst gefahren bin. Dazu kommt der Linksverkehr. Indonesiens Linksverkehr geht auf die immerhin 350 Jahre niederländischer Kolonialherrschaft zurück. In den Niederlanden fuhr man bis zu den Napoleon-Kriegen auch links. Die ehemaligen Kolonien haben das bis heute beibehalten. Doch die gute Nachricht lautet: Im indonesischen Verkehr – vor allem außerhalb der Städte – kommt jeder damit schnell zurecht. Das Prinzip der gegenseitigen Rücksichtnahme ist hier in die Kultur eingeschrieben und macht es einem leicht. Selten habe ich defensivere Autofahrer erlebt als auf diesen Inseln – sie winken sich beim Fahren immer wieder zu, nicken, lächeln und lassen dem anderen im Zweifelsfall die Vorfahrt. Trotzdem werde ich bei meinen ersten Strecken noch laut vor mich hinsprechen: links, links, links …

Zwei Stunden nach der verabredeten Zeit kommt Hotman endlich an. Wir trinken indonesischen Schwarztee und reden über seine Heimat und ihre Eigennamen. Hotman ist ein schüchterner, sehr sanfter Mann, dem man nie irgendetwas wird übel nehmen können. Er spricht genug Englisch, um zu wissen, dass er mit seinem Vornamen in vielen westlichen Ländern wohl gehänselt würde. Dabei erklärt er mir gleich zu Beginn, dass sein Name vom Batak-Wort für »gleichmäßig« komme: *hotma*. Überhaupt ist Mäßigkeit etwas, für das die Batak im ganzen Land bekannt sind. Ehrlichkeit und Zuverlässigkeit sind Markenzeichen in dieser Region. »Wenn ein Batak etwas sagt, dann hat das Hand und Fuß«, erklärt

Hotman. »Kein Wunder, dass viele Rechtsanwälte in Indonesien aus dem Volk der Batak kommen.« Einer der bekanntesten unter ihnen sei ein Batak mit einem klingenden zweiten Vornamen, der Weltläufigkeit vorgaukelt: Hotman Paris Hutapea.

Zusammen klicken wir uns durch YouTube-Videos und den Instagram-Account von Hotman Paris. Für Nicht-Indonesier muss es unfreiwillig komisch und aus der Zeit gefallen wirken: Da lässt sich ein Mann in seinen Sechzigern in teuren Anzügen, mit Sonnenbrille und vielen goldenen Ringen an den Fingern dabei filmen, wie er sich mit jungen Frauen umgibt, in teuren Cabriolets sitzt oder auf dem Rücken von Elefanten posiert und winkt. Hin und wieder sieht man ihn auch vor Gericht streiten, dort ruft er häufig dazwischen und wirkt vor allem sehr theatralisch. Hotman Paris wurde einmal für die New York Times porträtiert, weil er als einer der reichsten und bekanntesten Anwälte in Jakarta gilt. In dem Bericht wird er mit folgendem Satz zitiert: »Wenn ich sagen würde, ich sei ein sauberer Anwalt, dann wäre ich ein Heuchler.« Es kann also kein Zufall sein, dass genau diese Gegend, Nord-Sumatra, als die »mit Abstand« korrupteste des ganzen Inselreiches gilt. Das hat eine Untersuchung von Transparency International ergeben. Diesen Gegensatz, dass die Batak als »integer« gelten, ihre Heimat aber als korrupt bekannt ist, muss man aushalten, wie viele indonesische Widersprüche.

Doch der Stolz aller Batak sei, so Hotman weiter, kein Rechtsanwalt, sondern Radja Nainggolan. Dieser Fußballer, den wirklich alle Indonesier kennen, spiele seit über zehn Jahren in der belgischen Nationalmannschaft und noch länger schon in der italienischen Profi-Liga. Dort sei auch seine Zwillingsschwester Riana sehr erfolgreich im Frauenfußball. Hotman lächelt, als wir über Radja und Riana sprechen. Obwohl beide in Belgien geboren sind und nur ihr Vater Batak ist, nehmen sich viele Indonesier die Zwillinge zum Vorbild. Indonesier im ganzen Land spielen Fußball, schauen die Serie A auf ihren Smartphones und träumen davon, dass eines Tages ihr Heimatland einmal die Fußballweltmeisterschaft austragen wird. »Wir müssen nur noch besser spielen lernen«, sagt Hotman.

Auch Radja war oft hier am See Toba. Als er gefragt wurde, ob er sich vorstellen könne, in Indonesien zu leben, sagte er: »Ja, auf Bali oder in Jakarta.« Hotman hingegen ist froh, wenn er nicht in der Hauptstadt oder auf der beliebten Ferieninsel sein muss. »Hier auf Samosir ist für mich alles mit Geschichten angefüllt«, sagt er. Das beginne bereits bei den Nachnamen. »Wenn ich den Nachnamen eines Batak höre, dann weiß ich schon viel über ihn.« Der Nachname erzähle vom Ursprungsort der Familie auf der Insel – und damit auch von gewonnenen und verlorenen Stammeskriegen. Denn als besonders maßvoll beim Einsatz von Gewalt galten die Batak nie. Schon Marco Polo, der auf einer seiner Weltreisen bis zu diesem See kam, berichtete von Kannibalen, die das Blut ihrer Gegner tranken und Teile des Körpers aßen. »Mit Salz und Limetten« ist nicht das seltsamste Detail in seinen Aufzeichnungen.

Nachnamen werden bei den Batak streng über die väterliche Linie vererbt. Frauen tragen auch nach der Hochzeit weiter den Nachnamen, den sie von ihrem Vater bekommen haben – allerdings mit dem Zusatz *Boru*, was so viel wie »Tochter von« bedeutet. Dass alles über die Vaterfolge vererbt wird, unterscheidet die Batak im Übrigen stark von der Ethnie der Minangkabau, die nur einige Autostunden südlich von hier lebt. Ich werde es leider nicht schaffen, auf dieser Reise dort hinzufahren. Vor rund zehn Jahren war ich aber einmal dort und erfuhr, dass es in Indonesien ein Volk gibt, bei dem die Frauen nicht nur über das Haus bestimmen, sondern sämtliche Besitztümer über die Mütter an die Töchter vererbt werden. Sogar Polyandrie, also die Ehe einer Frau mit mehreren Männern, gab es früher. Das ist der Grund, warum die traditionellen Häuser oft Anbauten zur Seite bekommen: Die Männer haben ihre eigenen Schlafstätten. Die Frau bewohnt das Zentrum.

Ja, die Minangkabau, sagt Hotman, über die könne er viel erzählen. Aber ich befrage ihn lieber zu meinem Freund Pablo. Beim Wort Silalahi gehen sofort beide seiner Augenbrauen nach oben. »Der Name ist bekannt hier«, sagt er. »Zum einen gibt es eine deutsche Bäckerei, die so heißt, außerdem wird ein Teil des Sees Silalahi genannt.« Ich erkläre Hotman, dass ich unbedingt dorthin möchte, aber er sagt, dass es dafür heute schon zu spät sei. »Wir waren ja auch früher verabredet«, verkneife ich mir zu sagen und singe leise: *Mungkin nanti* – »vielleicht später«. Es ist der Titel eines der größten indonesischen Popsongs.

Mittlerweile ist es tatsächlich Nachmittag. Bislang haben wir nur geredet, aber ich will noch etwas sehen. Hotman zeigt mir den Weg zum Markt, wo er seine Frau abholen muss, und wir verabreden uns für den kommenden Tag, morgens um zehn. Er ruft mir noch zu, dass er pünktlich sein werde. Ich fahre ebenfalls zum Markt und setze mich in ein Café, an dessen Wand auf Indonesisch steht: »Als Gott Samosir geschaffen hat, muss er gelächelt haben.« Der Inhaber schenkt mir einen Kaffee aufs Haus aus und fragt, ob ich schon die Pilze probiert habe. Ich frage, was er genau meint, und er erzählt von den *Magic Mushrooms*, die auf Samosir überall verkauft werden. Ausgerechnet das Land, das einen ziemlich harten Kampf gegen Drogen führt, verkauft psychogene Pilze an Touristen?

Am nächsten Tag fahren Hotman und ich ohne Verzögerung pünktlich los und umrunden Samosir einmal komplett. Unterwegs zeigt mein persönlicher Reiseführer mir die Gräber seiner Urahnen, der Sidabutars, die zu seinem nicht verborgen bleibenden Stolz einst die Könige dieser Insel waren. Das Grab der Sidabutars ist tatsächlich sehr aufwendig gestaltet, und obwohl die Statuen ringsherum weit über hundert Jahre alt sein sollen, erinnern sie mich zum Teil an den Film *Blade Runner*: Die Köpfe sind so gestaltet, dass sich die Haare wie Helme über die Köpfe legen. Es erweckt fast den Eindruck, als wäre Art déco hier, am Ufer dieses Sees, erfunden worden.

Was ich an diesem einen Tag an Wissen über die Batak anhäufe, ist so viel, dass ich es kaum in einem einzigen Text wiedergeben kann. Hier die wichtigsten Eckpunkte:

1. Alle Batak gehen auf die inzestuöse Beziehung zweieiiger Zwillinge zurück, die von Göttern auf einem Hügel auf Samosir abgelegt wurden *(long story short)*.
2. Ein Sprichwort der Batak besagt, dass siebzehn Kinder ideal seien. Deshalb hat der indonesische Staat Schilder aufgestellt mit der Losung »Zwei Kinder sind genug«. (Das hatte ich vor Jahren bereits im Indonesisch-Unterricht gelernt, aber bei meiner damaligen Reise nirgends im Land Schilder gesehen. Hier stehen sie noch reichlich herum.)
3. Schwiegereltern dürfen bei den Batak nicht angesehen werden. Wenn ein Batak-Mann mit seiner Schwiegermutter spricht, muss er zur Wand schauen. Das soll Konflikte vermeiden.
4. Unter vielen Hauseingängen im Land der Batak liegen Plazentas vergraben. Das soll den Kindern einen guten Start ins Leben geben – und sie immer daran erinnern, wo sie herkommen.
5. Nord-Sumatra war für die Niederländer stets ein problematischer Teil ihrer Kolonie – auch die Batak weigerten sich standhaft, ihre Kultur zu ändern oder anzupassen. Es gab bis ins 20. Jahrhundert hinein viele Kämpfe.
6. Die Gräber der Batak sind über die gesamte Insel Samosir verteilt, und die Größe eines Familiengrabes repräsentiert deren heutigen Status in der Gesellschaft.
7. Stirbt ein Batak in einer Großstadt wie Medan oder Jakarta, können die Verwandten so lange nicht gut schlafen, bis sie die Umbettung der Gebeine in das Familiengrab organisiert haben.
8. Die »frischen« Gebeine werden unter die anderen Gebeine gelegt. Der Status der Ahnen steigt somit mit jedem weiteren Toten. Da die Gräber überirdisch als Grabstätten angelegt

sind, muss man dafür nicht graben, sondern nur die sehr aufwendig gestalteten Grüfte öffnen.

9. Die Eingänge der Batak-Hütten sind so niedrig, damit sich jeder Gast beim Hereinkommen verbeugen muss.

Hotman erzählt außerdem den ganzen Tag Geschichten von dieser Insel, die einst aus dem Boden des Sees emporstieg. »Die Gegend, in der deine Hütte steht, tauchte übrigens erst vor rund 8000 Jahren aus dem Wasser auf.«

Wir verlassen kurz die Insel Samosir über die Brücke zum Festland und fahren auf den Hügel gleich gegenüber. Von dort hat man einen großartigen Blick auf die Insel. Anschließend zeigt Hotman mir Reste von Sedimenten vom Grund des Sees, die diese Entstehungsgeschichte bestätigen, und einen Stein, in dessen Innern der »Schatz der Batak« verborgen liegt. Er ist vielleicht fünf Meter breit und vier Meter hoch. Ein Steindeckel liegt massiv und schwer darauf. Durch einen Zauber kann niemand den Deckel anheben. »Die Niederländer haben sogar versucht, ihn wegzusprengen«, sagt Hotman und weist auf die Risse am Stein, »aber der Schatz liegt noch immer hier drin.«

Wir fahren zusammen mit dem Moped die erstaunlich schlaglochfreie Straße am Ufer entlang, und immer wieder deutet Hotman auf Gräber. Er führt mich auch in das modernste Museum der Insel. Als die Museumsangestellten bemerken, dass Besucher kommen, werden sie ganz aufgeregt. Hektisch laufen sie durch die Räume und stellen die Fernsehgeräte und die Lampen in allen Vitrinen an. Das Museum sei noch neu, sagen sie, deshalb wissen nur wenige Touristen davon. So wenige, dass ich von einem Angestellten mit Spiegelreflexkamera dabei fotografiert werde, wie ich interessiert die Schautafeln betrachte.

Ich habe ja bereits über Indonesiens schwierige Beziehung zu Museen erzählt. Dieses Museum ist zumindest *state of the art*. Es dokumentiert den Vulkanausbruch, der geologisch betrachtet so wichtig ist, dass er eigentlich ein eigenes Kapitel verdient hätte.

Das Museum Geopark Kaldera Toba ist auf jeden Fall den Umweg wert. Es ist so hoch in den Hügel gesetzt, dass der Blick von dort in die Landschaft unvergesslich ist. Das satte Grün der Hügel mit den »Zipfelmützen« hier und da – das können sie wirklich gut, die Batak.

Auf dem Rückweg zur Insel zeigt mir Hotman dann noch ein weiteres altes Gebäude, das offenbar einer hochgestellten Person gehörte. Als wir eintreffen, schieben Einheimische eine lebensgroße Holzpuppe davor. Einer von ihnen verschwindet dann dahinter, und plötzlich hebt die Puppe ihre Arme und Beine, gestikuliert und öffnet den Mund. Die verschiedenen Körperteile sind mit Stangen verbunden und können auf diese Weise bewegt werden.

Diese Puppen, sagt Hotman, gebe es nur bei den Batak. Aber wenn man sich nach ihrem Ursprung erkundigt, hört man unterschiedliche Geschichten. Hotman meint, die Tradition gehe auf einen König zurück, der seinen verstorbenen Sohn so vermisste, dass seine Untertanen ihm eine Freude machen wollten, indem sie eine Puppe herstellten, die die Kleider des Toten trug und sich bewegen ließ. Später las ich in einem Museum, dass die Puppen ursprünglich für Familien hergestellt wurden, die selbst keine Nachkommen zeugen konnten. Sie sind in ganz Samosir verbreitet. Genealogie ist so wichtig in Indonesien, dass Konzepte wie Adoption nicht bekannt sind. Jeder hat einen Vorfahren und einen Nachfahren. Die Vorfahren beschützen die Nachfahren. Was aber, wenn die Geister der Vorfahren dieser wichtigen Aufgabe nicht nachkommen können? Für diese Fälle gibt es die Puppen, sie sollen die rastlosen Seelen beruhigen.

Ich habe in Deutschland immer mal wieder Adlige kennengelernt. Ich dachte lange, Deutschlands Adel sei eine Gruppe von Menschen, die zu jung mit zu viel Geld in Berührung gekommen sind, aber über Gespräche habe ich gelernt, dass vor allem ihr Verständnis von Familie ein besonderes ist, eines, das ich so erst hier bei den Batak erneut gefunden habe: Jeder Mensch ist nur ein Glied in der langen Kette von Ahnen, die versuchen, nach bestimmten Prinzipien zu leben. Ihre guten und schlechten Taten werden weitererzählt, zum Teil über Jahrhunderte hinweg. Über deinen Nachnamen trägst du zum Überleben deiner Sippe bei und hast damit auch Verantwortung für alle anderen mit dem gleichen Namen. In Deutschland, wo Nachnamen häufig mit Berufen oder Herkunftsorten zu tun haben und sich deshalb stark ähneln, ist das Gefühl, zu einer »Sippe« zu gehören, für deren Ruf man bis über den Tod hinaus verantwortlich ist, verwaschen. Meine Großfamilie trifft sich alle drei Jahre auf der Insel Usedom. Wir mieten eine gesamte Jugendherberge und über die Hälfte der Angereisten heißt Kittel. Aber hier bei den Batak trägt jeder Nachname ein Stück des Sees oder der Insel in sich, zumindest aber ein beeindruckendes mehrstöckiges Familiengrab.

Das Beste hat sich Hotman für den Schluss unseres Ausflugs aufgehoben. Wir laufen zu einem Steg und stehen direkt am Wasser. »Das hier ist der See Silalahi«, sagt er. Er zeigt auf einen Bereich, der sich in keiner Weise von den anderen Teilen des Sees unterscheidet. Die orangefarbene Sonne spiegelt sich darin, ein Fischer fährt langsam, leise, ohne Motor, an uns vorbei. »Der Name Silalahi«, sagt er, »der hat hier Gewicht.« Indonesier verstehen sofort: Das ist ein Batak. Und das bedeutet: Seine Verwandten sind Christen, untereinander gut vernetzt, und mit ihnen ist nicht zu spaßen, sicherlich haben sie einen Anwalt in der Familie. Auf einer Internetseite steht, dass es rund 70.000 Menschen weltweit gibt, die diesen Namen tragen, die meisten leben in Indonesien und davon fast alle hier am See Toba. Nur 70 von ihnen sind in die USA ausgewandert. Laut Statistik verdienen diese Silalahis 25 Prozent mehr als der Durchschnittsamerikaner. In Deutschland leben laut der Liste nur elf Menschen mit diesem Namen. Wenn es hart auf hart kommt, können sie alle immer hierher zurückkehren – an diese Stelle des Sees, der ihren Namen trägt.

Kapitel 4

Denken an die Große Welle

Weh
Größe: 150 km^2
Einwohner: 25.000
Danke: *teurimong geunaseh*

Harry fährt viel zu schnell, er überholt, hupt und winkt den anderen Autos zu. Es macht ihm offenbar Spaß, mal so richtig unter Zeitdruck durch seine Heimatstadt Banda Aceh zu fahren. »Du hättest dich schneller entscheiden sollen«, ruft er mir zu. Und er hat recht. Aber wenn ich an einem Flughafen ankomme und sofort von drei Taxifahrern angesprochen werde, von denen mir auch noch einer mehrere Meter folgt, dann löst das bei mir eine Protestreaktion aus: Ich bleibe einfach stumm stehen und sondiere erst einmal die Lage. »Du hast zu lange gewartet«, sagt Harry, »deswegen müssen wir uns so beeilen.« Er ist sich nicht ganz sicher bezüglich der Abfahrtszeiten, aber »jetzt so gegen Nachmittag« müsste das letzte Schiff ablegen, das mich nach Sabang auf der Insel Weh (das H wird mitgesprochen oder besser: gehaucht) bringen kann.

Als wir kurze Zeit später am Hafen ankommen, höre ich das tiefe Horn des Schiffes. Wir fahren auf den Parkplatz, und schon von dort kann ich sehen: Der Zaun zum Steg ist geschlossen, die Fähre setzt sich gerade langsam in Bewegung. »Tuuuuuuuut.« Mein Fahrer reagiert so, wie es Indonesier oft tun, wenn etwas Unangenehmes passiert ist. Er sagt nicht: »Ich hab es doch gewusst« oder »So ein Mist«. Stattdessen lacht er und meint: »Ach, es gibt Schlimmeres«. Und dann: »Hunger?«

Diese Leichtigkeit der Indonesier betrifft nicht nur ihren Umgang mit Zeit, sie ist auch in Bezug auf Katastrophen zu spüren. Und natürlich haben sie im Grunde recht: Es gibt wirklich Schlimmeres. Harry weiß, dass auch ich in diesem Augenblick an das »Schlimme« denke, das hier vor über fünfzehn Jahren passiert ist: Der Tsunami (so lautet das japanische Wort für »Hafenwelle«), ausgelöst durch ein Erdbeben im Indischen Ozean, kostete rund 150.000 Menschen in dieser Provinz das Leben, davon 25.000 allein in der Hauptstadt Banda Aceh. Ich weiß noch, wie weit weg es sich anfühlte, als ich 2004 hörte, was hier geschah. Obwohl ich damals schon Freunde hatte, die in Jakarta lebten, und schon selbst verschiedene Inseln besucht hatte – Aceh war mir immer seltsam fremd geblieben.

Aceh ist eine besondere Region Indonesiens, die auch für Einheimische nicht unbedingt als beispielhaft für ihr Land oder als besonders besuchenswert gilt. Hier erreichte der Islam schon kurz nach Mohammeds Tod die Ufer. Im 7. Jahrhundert nach Christus kamen die ersten Muslime an den Küsten Nord-Sumatras an und islamisierten von dort aus die Völker der Inseln. Aceh wurde deshalb oft die »Veranda Mekkas« genannt. Schon immer wurde der Islam hier sehr streng ausgelegt, Nichtmuslime werden in der Provinz bis heute diskriminiert. Zudem galten die Acehnesen schon früh als sehr unabhängig und eigenwillig. Die niederländischen Kolonialherren haben in der Region viel Widerstand erfahren. Heute ist die Gegend von Korruption gebeutelt, der Anbau von Marihuana weit verbreitet. Es kam zu Veruntreuung von Hilfsgeldern, und erst 2018 ist der Gouverneur wegen Korruption inhaftiert worden. Zudem ist die Provinz von Urwäldern durchzogen und unwegsam, entsprechend war Aceh lange Zeit touristisch wenig erschlossen.

Aber Harry sagt, dass inzwischen alles anders sei. Seitdem die NGOs zum Helfen nach der Katastrophe hier waren, haben sich die Einwohner an viele fremde Menschen um sie herum gewöhnt und damit auch an Touristen. Auf der Fahrt zurück in die Innenstadt überlege ich, was Harrys persönliche Geschichte sein könnte. Ich frage nach, aber er winkt ab. Es seien viele gestorben, aber das sei lange her. Er empfiehlt mir lieber Hotels und sagt, er werde mit mir am nächsten Tag eine Tour durch die Stadt machen, bevor er mich zum Hafen fährt. In der Nähe einer Moschee lässt er mich aus dem Auto. »Es ist wie ein Wunder«, sagt Harry, »sie ist eines der wenigen Gebäude in Banda Aceh, das nicht einstürzte.« Damals flüchteten sich die Menschen in diese Moschee und übernachteten dort wochenlang gemeinsam, auch Harry fand für ein paar Tage Zuflucht. »In all dem Schrecken war es eine Zeit, in der die Menschen trotzdem füreinander da waren.«

Und so kommt es, dass ich nicht wie geplant an meinem ersten Abend in Aceh auf der Insel Weh am Strand sitze, sondern auf dem Vorplatz der größten Moschee der Provinz stehe. Sie ist wirklich beeindruckend. Zahlreiche Menschengruppen hocken auf dem kühlenden Stein des Platzes, sie essen und trinken und reden. Die Art, wie sie mir zuwinken und mich ansprechen, hat etwas sehr Offenes. Ich bleibe fast eine Stunde, sehe den Mond aufgehen, rede mit einer jungen Familie, die mir Tee anbietet. »Wohin wollen Sie?«, ist immer die erste Frage, spätestens bei »Wo ist Ihre Ehefrau?« versuche ich, das Thema auf den Lebenslauf des Gegenübers zu lenken. Gerade hier in Aceh sollte ich mich besser mit Details über meine Berliner Lebensführung zurückhalten.

Aber ist dies nicht etwas, das mir auf meiner ganzen Reise immer wieder begegnen wird? Die Frage danach, wer ich bin, woher ich komme und wie ich lebe. Immer wieder haben mir Freunde erklärt, Indonesier wollen ihr Gegenüber einordnen. Sie stellen diese Fragen aber auch aus einer Art Sorge, sie wollen wissen, ob es einem gut geht. Und zu einem Mann mittleren Alters gehören eben eine Frau und eine Familie. Aber zum Glück sind die Bewohner Acehs, die ich treffe, gerade voller Geschichten über ihre eigenen wechselvollen Lebensläufe, und so vergeht der Abend wie im Flug.

Die Nacht verbringe ich in einem Hotel namens Arabia, es ist mit 35 Euro pro Nacht eines der teureren in der Gegend, aber gleich nebenan ist ein Markt, von dem mir Harry erzählt hat. Er sagte, wenn ich hier zum ersten Mal sei, müsse ich unbedingt *Sate Matang* probieren, das gebe es so an keinem anderen Ort. *Saté* oder *Satay*, wie es auch manchmal geschrieben wird, sind Fleischspieße, die im ganzen Land mit unterschiedlichen Soßen gegessen werden. Es ist so etwas wie die indonesische Currywurst. An jeder Ecke steht jemand und wedelt den Rauch und Geruch von den gegrillten Spießen umher. In abgelegenen Gegenden werden auch schon mal Hühnerherzen aufgespießt, in Hipster-Stadtvierteln gibt es sie mit Tofu, aber der Klassiker mit Rindfleisch funktioniert überall. Die Soße besteht mal mehr aus Erdnuss, mal mehr aus Chili oder Knoblauch, aber sie ist immer so dick, dass sich das Eintunken wirklich lohnt.

Hier in Banda Aceh werden mir zum Abendessen fünfzehn Spieße vorgesetzt, und ich tunke den ersten gespannt in die Soße. Sie schmeckt großartig, nicht zu scharf, dafür aber sehr nach Erdnuss und ... Weihnachten? Ich frage den Koch, was in der Soße sei, und er zählt auf: Zimt, Pfeffer, Kardamom, Nelke und noch etwas, was ich nicht verstehe. Er beschreibt das Gewürz, und mithilfe von Übersetzungsprogramm und Wikipedia finden wir heraus: Sternanis. Mit diesem Geschmack im Mund laufe ich zurück zum Hotel und schreibe Harry, dass ich morgen erst das Boot am Nachmittag nehmen werde und vorher gern noch einen Tag mit ihm in Banda Aceh verbringe.

Das Hotelzimmer ist sauber, im Fernsehen läuft Deutsche Welle. Nach gerade einmal zwanzig Minuten passt mir das alles aber nicht mehr. Ich beschließe, einen Spaziergang zu machen, schließlich ist es Samstagabend. Das Wochenende in Indonesien gleicht dem in Europa – und ist im Ramadan immer noch ein Grund mehr zu feiern. Ich laufe breite Straßen entlang und komme an einen großen Markt. Dort findet ein Volksfest statt, das sich im Grunde von einem Rummel oder einer Kirmes in Deutschland nur wenig unterscheidet. Abgesehen davon, dass niemand Alkohol trinkt und einige der Spiele für uns ungewöhnlich sind. Viele scheinen das Fischen zu imitieren: Ich versuche, mit einer Angel ganz behutsam eine Dose auf einem Brett abzustellen – und scheitere auch beim fünften Versuch unter großem Gejohle der Umstehenden. Nebenan beugen sich Kinder und Eltern laut rufend über ein Plastikbecken mit Plastikfischen. Auch hier wird geangelt, genauso wie am Becken daneben, in dem echte Fische schwimmen. Bis weit nach elf Uhr ist der Platz voll. Von irgendwoher dröhnt indonesische Livemusik, und ich posiere für sehr viele Gemeinschaftsfotos mit Fremden, die Freunde sein wollen.

Irgendwann sitze ich mit einigen jungen Acehnesen zusammen. Einer der jungen Männer, Andy, trägt Uniform. »Keine Sorge, ich bin kein Religionspolizist«, sagt er, als ich misstrauisch frage, für wen er arbeite. Mir fällt ein, dass die Grenzen zwischen Militär und Polizei hier sehr fließend sind. Nachdem der Diktator Suharto im Jahr 1966 die Führung übernommen hatte, erhielt das Militär nicht nur Sicherungsfunktionen nach außen hin, sondern auch nach innen. Die Doktrin hieß *Dwifungsi*, »zwei Funktionen«.

Andy zückt sein Mobiltelefon und zeigt mir, wie er neben einem Panzer steht und den Daumen nach oben streckt. Er ist wirklich ausnehmend gut gelaunt.

Wir reden über das Leben im Ramadan, und ich erzähle von den abgedunkelten Geschäften, die ich am Flughafen gesehen habe. Aber Andy merkt gleich an, dass es selbst in Aceh Restaurants gebe, die während des Ramadan tagsüber geöffnet hätten. »Auch wir hier leben nicht hinter dem Mond«, sagt er. »Im Gegenteil, wir sind Ausländer sogar mehr gewöhnt als andere Indonesier.« Er sagt, im Volksmund sehe man Aceh als Abkürzung an für Araber, Chinesen, Europäer, Hindus: A.C.E.H. »Immer wieder haben wir uns damit arrangiert, dass andere hier leben wollen.«

Während wir grellgrüne Zuckerwatte essen, erzähle ich ihm von den Videos, die ich gesehen habe, von Auspeitschungen auf dem großen Markt in Banda Aceh. »Ja, die gibt es«, sagt er, »aber da geht doch kaum jemand hin.« Wer wolle schon sehen, wie andere leiden, da seien Acehnesen genau wie andere Menschen auch. Er selbst habe eine illegale Beziehung, sagt er, mit einer Frau, die verheiratet ist. »Wenn das rauskommt, bin ich selbst auf dem Block, aber so ist das Leben!« Andy ist 27 Jahre alt und hatte Glück beim Tsunami. Seine Eltern konnten sich retten, und selbst ihr Haus konnten sie später, als sich das Wasser zurückgezogen hatte, wieder beziehen.

Wir reden noch den ganzen Abend über das Leben in Aceh, und immer wieder habe ich das Gefühl, dass ich tatsächlich ein negativeres Bild von Aceh habe als er. Das Schlimmste seien nicht die Schläge, sagt er. »Erst neulich wurden zwei 18-Jährige hier in der Stadt vor einer Moschee ausgepeitscht, weil sie einander umarmt hatten.« Das wirklich Furchtbare daran war, dass die Bestrafung öffentlich stattfand und die Videos dann noch wochenlang in den sozialen Netzwerken kursierten. Der gerade neu gewählte Bürgermeister sorge aber zumindest in der Hauptstadt für einen frischen Wind und wolle auch diese Bilder aus dem

Alltag verschwinden lassen. »Ich habe ihm deshalb meine Stimme gegeben«, sagt Andy.

Am nächsten Morgen klingelt um zehn nach zehn mein Telefon im Hotelzimmer. Ein gewisser Harry warte auf mich. Dieses Mal bin ich zu spät, zehn Minuten. Ich vertraue darauf, dass Harry schon wissen wird, wo wir tagsüber noch etwas zu essen bekommen, werfe alles in meine Tasche und renne die Treppen hinunter.

Im Auto erzählt Harry mir dann doch seine Geschichte von der Katastrophe. Er tut das mit einer sehr distanzierten Art, sodass es mir fast vorkommt, als betreffe sie einen entfernten Bekannten von ihm. Immer wieder winkt er ab und sagt, dass es alles schon so lange her sei. Als ich frage, wen er verloren habe, damals am Morgen des 26. Dezember 2004, beginnt er mit der Hand aufzuzählen: »Meine Frau, meine Mutter, meine jüngere Schwester mit ihrer Familie. Kinder hatte ich damals nicht.« Er selbst habe zu der Zeit als Bauarbeiter gejobbt und war schon auf dem Weg zur Baustelle. Das war sein Glück. Nur weil er schon so früh unterwegs gewesen sei, in Richtung Inland, habe er überlebt. Als er zurückkam, habe er nichts mehr gehabt.

Dann passiert etwas Seltsames: Harry lacht sehr laut. Und zeigt mir sein Mobiltelefon. Auf dem Startbildschirm hat er einen weltbekannten Spruch in etwas abgewandelter Form: *Keep calm and eat sate*. Genau. Ich sehe das als ein Zeichen, das Thema zu wechseln – zumindest so gut es eben geht, wenn man den Plan hat, sämtliche Gedenkorte des Tsunamis abzufahren. Man kann im Internet Touren buchen, aber jemand wie Harry kennt auch alle Orte, und für umgerechnet fünfzehn Euro fährt er mich den ganzen Tag durch seine Stadt und nimmt mich mit auf eine Reise in die Zeit, in der hier rein gar nichts in Ordnung war. Er sagt, er fahre oft nach Pulau Weh, schon allein, um nicht immer erinnert zu werden, an die Zeit vor der Welle. Die Insel blieb weitgehend intakt. Inseln bieten für eine große Welle nicht viel Angriffsfläche, die Welle teilt sich – nur wenn sie auf Festland trifft, kann das Wasser nicht ausweichen und trifft mit voller Wucht das Land.

Zuerst besuchen wir das Tsunami-Museum. Es ist ein beeindruckender Bau, der von außen an ein Schiff erinnert und direkt gegenüber des Tsunami-Erinnerungsparks steht. An beiden Orten wird der ganzen Welt für die Hilfe gedankt. Auch wenn inzwischen klar ist, dass damals Millionen von Spendengeldern in undurchsichtigen Kanälen verschwanden, so ist ebenfalls sichtbar, wie zügig die Stadt wieder aufgebaut wurde, wie neu alles aussieht. Das Museum erzählt die Geschichte von diesem Wiederaufbau, aber auch vom Schock der großen Welle, zeigt Fotos von der Zerstörung, eine Miniaturnachbildung der Stadt vor und nach der Katastrophe. Auch das Lieblingsmedium indonesischer Museen findet sich: das Diorama. In einem Schaukasten wird mit rund zwanzig Zentimeter großen Puppen das Unglück nachgestellt. Hier wird unter anderem deutlich: Die Welle hatte die gleiche Höhe wie eine Kokospalme, 25 Meter.

Anschließend führt mich Harry durch den Erinnerungspark. Deutschland wird dort mit einem eigenen Stein gedankt, etwa hüfthoch liegt er zwischen dem für Frankreich und dem für Griechenland, unter der schwarz-rot-goldenen Flagge steht auf Deutsch darauf: Danke.

Nicht weit vom Park gibt es ein Restaurant, das von außen geschlossen aussieht. Aber als wir zum Hintereingang gehen, ist dort ein großes Büfett aufgebaut, mit Fisch- und Hühnchengerichten. »Chinesen sind hier meist Christen«, sagt Harry, »sie dürfen auch während des Ramadan tagsüber Speisen anbieten.« Er setzt sich etwas abseits hin und wartet, bis ich gegessen habe.

Und schon sind wir auf dem Weg zur nächsten Sehenswürdigkeit – einem Schiff, das auf mehreren Häusern gelandet ist. Auf dem Weg dorthin will Harry über die Entwicklung der Stadt reden, über all die neuen Hotels und Malls, die seit der Katastrophe gebaut wurden. Und auch all die Moscheen. Noch kann ich das

Thema also nicht wechseln. »Wie sah die Stadt damals aus?«, frage ich ihn. »Es war alles zerstört, an dieser Straße, auf der wir jetzt fahren, zum Beispiel gab es keine Häuser mehr.« Es sei alles von Wasser überschwemmt worden. Auch Harry hat sein Haus verloren. »Es passierte ja früh morgens«, sagt er, »plötzlich war überall Wasser und Schlamm.« Er habe beim Gehen zu seiner Frau gesagt: »Bis später«, und nie wieder etwas von ihr gehört. Er weiß auch nicht, in welchem Grab sie liegt. »Sie muss in einem der Massengräber sein.« Massengräber? »Später«, sagt Harry. Dann stehen wir vor dem Schiff. Es befindet sich tatsächlich inmitten eines kleinen Wohnviertels und liegt auf dem Dach eines Hauses, so, als könne es jederzeit weiterfahren, wenn das Wasser nur hoch genug reichte.

Nächster Gedenkort: Am Eingang zu einem Tanker, der mitten in die Stadt gespült wurde, steht ein Mann, der Bücher verkauft. Der Park, der um das Schiff, das heute ein Museum ist, entstand, ist geschlossen. Aber auch von hier kann ich erkennen, dass es unglaubliche Wassermassen gewesen sein müssen, die das Schiff so weit in die Innenstadt brachten. Der Händler spricht so schnell, dass ich ihn kaum verstehe, er preist ein Buch an, das »alles« über den Tsunami enthalte. Ganz selbstbewusst sagt er, dass dieses Buch in seiner Hand 100.000 Rupiah koste, umgerechnet sind das sieben Euro. Es hat die Größe einer Broschüre und weniger als 100 Seiten. Ich schaue zu Harry: so viel? Meint er nicht 10.000? Der Mann sagt, das sei das Hauptwerk über die Katastrophe. »Es ist ein Bestseller«, fügt er stolz an. »Es beinhaltet Augenzeugenberichte und auch Theorien dazu, wie das Unglück wirklich entstanden ist.« Ich frage ihn: »Was heißt ›wirklich entstanden‹?« Im Grunde hat er mich aber schon überzeugt. Ich frage zwar noch, welche Menschen denn Zweifel an der Version haben, dass der Tsunami durch ein Seebeben entstanden ist, doch er sagt nur: »Lies selbst, 100.000 Rupiah.«

Dazu eine kurze Erklärung: Der 100.000-Rupiah-Schein ist rot und meistens sehr glatt – im Gegensatz zu den anderen Geldscheinen, die sich in der Tasche deshalb schnell zu einer kleinen Kugel ballen. Auf diesem Schein sind die Gründerväter der Republik Indonesien abgebildet: Präsident Sukarno und Vizepräsident Hatta. Die beiden haben nicht nur die Unabhängigkeit des Landes von den Niederländern erreicht, sondern die rund 17.000 Inseln auch durch die ersten turbulenten zwanzig Jahre geführt. Im Laufe meiner Reise erlebe ich immer wieder, dass Indonesier verzweifelt die Arme nach oben reißen, wenn ich mit diesem Schein bezahlen will, weil sie beim besten Willen darauf nicht rausgeben können. Und das bei einem Wert von sieben Euro. Dieser Schein ist eines der sichtbaren Zeichen der letzten Finanzkrise in Asien von 1997. Damals verloren auf dem ganzen Kontinent die Währungen an Wert, die indonesische Rupiah hat sich davon nie wieder erholt. Ich gebe dem Mann einen meiner roten Scheine, mein Mittagessen beim Chinesen hat ein Viertel davon gekostet.

Als die Sonne sich gegen vier Uhr langsam neigt, stehe ich am ersten Massengrab meines Lebens. Es ist furchtbar und gleichzeitig sehr friedlich. Der Wind weht über das Gras, mitten auf dem Platz steht eine Welle aus Stein, ein etwas verwittertes Denkmal. Harry bleibt am Eingang stehen. Ihm gefällt der Ort nicht. Seine Frau könnte hier liegen. Er sagt: »Sie haben damals die Leichen in vier Schichten aufeinanderstapeln müssen, so viele waren es.« Ich laufe allein über die große Anlage, die sich kaum von einem Park in Deutschland unterscheidet. Der einzige sichtbare Unterschied sind die vereinzelten Schilder, auf denen auf Indonesisch steht: »Erwachsenen-Gräber«. Weiter hinten, auf einer kleinen Wiese, steht das Schild für »Kinder-Gräber«. Sonst ist niemand hier. Draußen vor dem Zaun brummt die Stadt, ein Muezzin ruft laut. Ich warte, bis er den Ruf zum Gebet beendet. Dann rast Harry ein zweites Mal mit mir zum Fährhafen.

Dieses Mal erreichen wir das Schiff mehr als rechtzeitig, es ist zwar schon nach fünf Uhr, aber heute fährt es wohl etwas später ab. Ab sechs wird es dunkel im ganzen Land, wegen der Nähe zum Äquator verschiebt sich die Zeit des Sonnenuntergangs im ganzen Jahr nur um Minuten. In der Schlange sage ich dreimal »Nein danke« zu angebotenen Zigaretten – dieses Land raucht eindeutig zu viel. Ich kaufe ein Ticket und bin nur drei Stunden später auf der kleinen Insel Weh, wo ich von Harrys bestem Freund erwartet werde. Auch eine Unterkunft ist bereits für mich organisiert. »Nora« heißt der Homestay, und ich könne dort auch ein Moped mieten. Die Inhaberin Nora selbst ist gerade nicht da, aber dafür kann ich noch einen Rabatt aushandeln. Ihre Vertretung ist eine Frau, die sich während des gesamten Gespräches freut, dass es mal wieder jemand bis zu ihr geschafft hat. Auf dem Weg wurden mir mindestens fünf andere Homestays angeboten. Drei Nächte mit Frühstück kosten hier weniger als eine Nacht im Arabia in Banda Aceh. Die Hütte ist einfach, aber bietet das Wichtigste: ständiges Wellenrauschen als Geräuschkulisse. Die Stelzenhütten wurden in ungefähr fünf bis zehn Metern Abstand zum Wasser aufgebaut. Abends gibt es Strom vor allem in der Haupthütte, einer Art Restaurant, in dem man lesen und mit anderen Reisenden reden kann. Der Koch, ein etwa zwanzig Jahre alter lockiger Indonesier, kommt zu mir und raunt: »Wenn du Bier trinken willst, bestell Apfelsaft, dann wissen wir Bescheid.« Ich frage ihn, was passiert, wenn ich wirklich Apfelsaft möchte. Er antwortet: »Wir haben keinen Apfelsaft.«

Ich glaube, so funktioniert es in vielen Regionen von Aceh. Gestern Abend in Banda Aceh habe ich gesehen, wie bei einem fliegenden Händler in der Innenstadt Motorradfahrer hielten und sich Flaschen kauften, die in Tüten eingewickelt waren. Diese Händler heißen übrigens *kaki lima*, wörtlich »Fünfbeinige«, weil der Wagen zwei Räder und ein Standbein hat – zusammen mit denen des Fahrers macht das fünf »Beine«. Sie verkaufen Essen oder Getränke und in Aceh eben auch eine klare Flüssigkeit in Plastikflaschen, »die fröhlich macht«, wie einer mir erklärte. Ich denke an Stockhiebe und an Massengräber und bestelle an diesem Abend besser keinen »Apfelsaft«.

Dafür schaue ich mir das neu erworbene Buch etwas genauer an. Es ist mitnichten ein »Standardwerk« über den Tsunami, sondern eher ein Büchlein, das versucht, dem Trauma mittels verschiedener teils abenteuerlicher Theorien einen Sinn zu geben. So behaupten darin Geistliche, dass entweder die Amerikaner hinter der Katastrophe stecken (»Eine Bombe könnte die große Welle verursacht haben«) oder dass Gott die Sünder bestrafen wollte. Und so ergeben auch plötzlich die vielen Nachrichten aus Aceh der vergangenen Jahre einen Sinn. Die Angst, mit der Fundamentalisten gern arbeiten, hatte nun eine reale Katastrophe zum Vorbild. Die radikalen Prediger nutzten sie und schrieben es auch in diesem Buch: »Seht, was passiert, wenn ihr nicht der Scharia folgt!«

Das Ungewöhnliche hier ist dabei nicht, dass alte Männer beschließen, generell moderne Dinge zu verbieten – das tun sie überall in der Welt: Karaoke, Kinos und sogar einzelne Videospiele –, sondern dass beispielsweise Motorradfahren in einigen Gegenden von Aceh für Frauen verboten ist, weil es ihre weiblichen Kurven während der Fahrt betont. Wenn es nicht so ernst wäre, müsste man lächeln: Das unterstellte große sexuelle Verlangen der Männer zwingt Frauen zur Verschleierung. Auch Vollverschleierung habe ich in den Straßen gesehen. Erst vor wenigen Monaten gab es in Indonesien und außerhalb davon große Aufruhr, als ein schwules Paar in Aceh mit 83 Stockhieben bestraft wurde, zeitgleich mit einem Hetero-Pärchen, das außerehelichen Sex praktiziert hatte. In westlichen Zeitungen war dann oft im Unterton eine Enttäuschung herauszuhören – dass die Milliarden, die damals in den Wiederaufbau flossen, nicht zu dem erwünschten Ergebnis geführt haben: einer wirklichen Modernisierung. Ich muss an Bernd denken, der auch immer wieder an der konservativen Kultur um ihn herum verzweifelt.

Am nächsten Morgen miete ich mir ein Moped und beginne, die Insel Weh zu erkunden. Es gibt kleine pittoreske Cafés direkt am Strand, in Sabang gibt es Viertel, deren Häuser kunterbunt angemalt sind, es gibt Affen, die sich dem Moped einfach in den Weg legen und fauchen, wenn man ihnen zu nahe kommt. Und vor allem gibt es tolle Tauchgelegenheiten, die noch dazu günstiger sind als sonst irgendwo im Land. Doch meinen Tauchschein werde ich erst auf Komodo machen.

Kurz vor Sonnenuntergang an meinem ersten Tag auf dieser wirklich angenehmen Insel finde ich nahe der Stadt Sabang den Ort, an dem jetzt der offizielle Teil meiner Reise beginnt. Der Ort liegt nur ein paar Kilometer nördlich von meiner Pension entfernt, nur ein paar Kurven mit dem Moped durch den Wald. Es ist der nördlichste Punkt der Insel Weh und zugleich: der Anfang von Indonesien. Ein dreißig Meter hohes Monument markiert den »Kilometer Nol« – den Null-Kilometer. Im Monument ist der Dolch von Aceh, ein typisches Symbol der Region, elegant eingearbeitet. Daneben steht eine Gruppe Indonesier und singt das schöne Lied *Von Sabang nach Merauke*.

Bei einem Straßenhändler bestelle ich mir einen Chili-Fruchtsalat im Becher. Der junge Mann stößt nach und nach Gewürze, Chili und Erdnüsse mit einem Stößel zu einem scharfen Brei und gießt ihn über einen Fruchtsalat aus Ananas, Banane und Papaya. Mit meinem Essen steige ich auf das Monument, das stolz dem salzigen Wind trotzt und hier und da deutliche Spuren von Rost zeigt. Auf der Aussichtsplattform esse ich den Salat. Die Soße ist wahnsinnig scharf, viel zu scharf, aber alle um mich herum schauen mir beim Essen zu – da muss ich jetzt durch. Eine indonesische Fahne neben dem Monument sieht so aus, als flattere sie um ihr Leben.

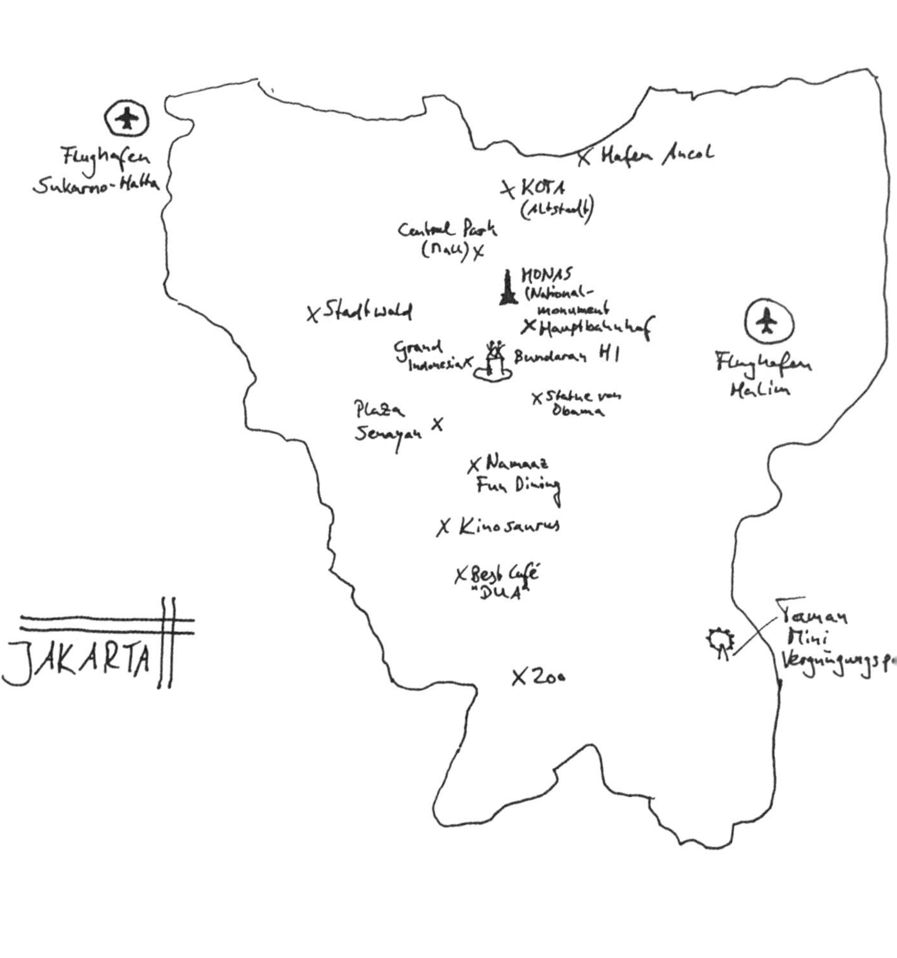

Flughafen Sukarno-Hatta
Hafen Ancol
KOTA (Altstadt)
Central Park (Mall)
MONAS (National-monument
Stadtwald
Hauptbahnhof
Grand Indonesia
Bundaran HI
Flughafen Halim
Statue von Obama
Plaza Senayan
Namaaz Fun Dining
Kinosaurus
Best Café "DUA"
Taman Mini Vergnügungsp
Zoo
JAKARTA

Kapitel 5

Moloch mit Herz

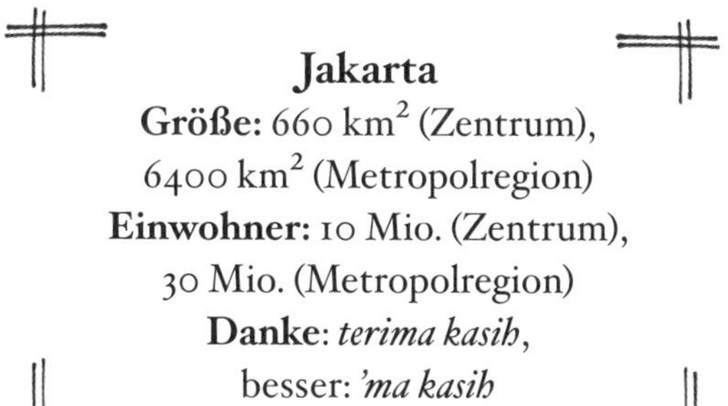

Jakarta
Größe: 660 km^2 (Zentrum),
6400 km^2 (Metropolregion)
Einwohner: 10 Mio. (Zentrum),
30 Mio. (Metropolregion)
Danke: *terima kasih*,
besser: *'ma kasih*

Während meiner Reise gibt es nur wenige Momente, in denen ich wirklich richtig wütend werde. Mir ist das jedes Mal etwas peinlich. Ein wütender Europäer, der sich über einen Vorgang in Indonesien ärgert – das ist ein ganz schlimmes Kolonialklischee, das man wirklich vermeiden sollte. Auch in Bezug auf diese Situation ist es mir im Nachhinein sehr unangenehm. Wie ich die Tür des Fahrers zugeschlagen habe, wie ich an den schockierten Indonesiern vorbeigelaufen bin. Und vielleicht, eventuell, könnte es sein, dass ich ein klitzekleines bisschen herumgeschrien habe, da zwischen den Wolkenkratzern und den im Stau stehenden Autos. Ich glaube, ich habe wenigstens auf Deutsch geschrien – in der Hoffnung, dass es niemand versteht.

Aber der Reihe nach: Es ist der letzte Abend, den meine Eltern mit mir in Indonesien verbringen. Sie haben drei wunderbare Tage in Jakarta verbracht, und ich habe es geschafft, dass sie keine einzige Ratte gesehen haben. Wir haben in einer Bar auf dem Dach eines Hochhauses gesessen, wir sind durch die beeindruckende Altstadt geschlendert, wir haben deutsches Bier im »Paulaner« getrunken, serviert von einem Mann in Lederhosen – und ich habe ihnen meine Lieblingsstatue im Museum Nasional gezeigt: den großen Shiva gleich hinter der Eingangshalle. Im Sockel der Statue ist eine Mulde. Die Statue lag lange Zeit im Moor, und Einheimische haben das Stück, das herausragte, dazu benutzt, um Reis zu stoßen. Jetzt steht die Figur im Museum, und an der Seite befindet sich noch immer diese tiefe Mulde. Meine Eltern waren sogar etwas beeindruckt davon, dass diese Stadt mit immerhin 51 Stück mehr Wolkenkratzer aufweist als ganz Deutschland zusammen. Ich kann sagen, sie haben wirklich nicht das schlechteste Bild von Jakarta bekommen.

Für den letzten Abend habe ich ihnen versprochen, dass wir richtig gut essen gehen. *Fine Dining* ist angekommen in Jakarta. Ich habe vom Restaurant Namaaz gehört und für meine Eltern und zwei meiner Freunde aus Jakarta noch einen Tisch reservieren können. Auf uns warten 17 Gänge indonesisch inspirierter Speisen. Und weil in Indonesien nichts ohne eine Prise Unterhaltung und Spielerei funktioniert, hat das Namaaz auf seiner Webseite den Begriff *fine* durch *fun* ersetzt: *Fun Dining*. Die einzige Bedingung, die das Restaurant stellt, ist, dass wir pünktlich um sieben Uhr an unserem Tisch sind.

Also habe ich für sechs Uhr ein *Grab* (gesprochen »Gräb«), die chinesische Version des Taxiservices *Uber*, geordert. Der Wagen kommt, wir steigen ein, und trotz Stau berechnet Google uns eine Fahrtdauer von gerade einmal zwanzig Minuten. Aber nach diesen zwanzig Minuten stehen wir im besagten Stau und sind ganze dreihundert Meter vorangekommen. Ich frage den Fahrer, ob er den richtigen Weg nehme, und zeige ihm die vorgeschlagene Route auf der Karte meines Telefons. Ich erkundige mich, ob wir es bis sieben zum Restaurant schaffen werden. Er antwortet: »*No problem.*« Und ergänzt mit einem unsicheren Lächeln: »*Ganjil-genap*«, was »Gerade-ungerade« bedeutet. Von diesem Prinzip habe ich schon gehört – aber mich ehrlicherweise noch nicht eingehend damit beschäftigt.

Jakarta leidet seit Jahren unter einem Verkehrskollaps, ich weiß das von früheren Reisen. Man sitzt auch für wenige Kilometer manchmal stundenlang im Taxi. Rund zwanzig Millionen Autos sind in der Zehn-Millionen-Einwohnerstadt angemeldet. Schon als ich 2003 in Jakarta gearbeitet habe, sagte meine Chefin am Museum, sie fahre jeden Morgen um fünf los, damit sie pünktlich um neun im Büro sei. Irre. Um dem Chaos Herr zu werden, durften eine Zeit lang nur Autos mit drei oder mehr Insassen durch die Innenstadt fahren. Das hatte zur Folge, dass sich Mütter mit Kind im Arm an Zufahrtsstraßen in die Abgase stellten – so konnten Fahrer flugs ihr Auto von eins auf drei aufwerten. Die Frauen verdienten bis zu zwei Euro pro Fahrt. Das gefiel den Behörden natürlich auch nicht und sie erfanden das System *Ganjil-genap*: Je nachdem, ob das Datum gerade oder ungerade ist, dürfen nur Autos in die Innenstadt, deren letzte Ziffer des Kennzeichens eben gerade oder ungerade ist.

Heute ist der vierte August – und das Nummernschild dieses Wagens endet auf eine Sieben. Ich habe nicht darauf geachtet, als wir eingestiegen sind. Und weil Indonesier – vor allem Javaner – aufgrund kultureller Traditionen Probleme nicht offen ansprechen, fahren wir seltsame Schlangenlinien durch die kleinen Wohngebiete und vermeiden die Straßen, auf denen das Auto am heutigen Tag verboten ist. Kurz nach halb sieben frage ich, ob wir denn nicht einfach den direkten Weg nehmen könnten.

»Und wenn wir von der Polizei angehalten werden?«

»Ich zahle die Strafe, wie hoch ist sie?«

»100.000 Rupiah.«

»Dann los!«

Ich denke an das Restaurant, das uns nicht mehr hineinlassen wird. Und an meine Freunde, die sicherlich längst dort sind und warten. Sie wohnen weiter weg und haben sich für ein reguläres Taxi entschieden. Für die gilt die Regel nicht.

Der Fahrer versichert mir noch einmal, dass wir rechtzeitig ankommen werden, er sei jetzt auf dem direkten Weg. Aber um Viertel vor sieben sind wir auf einer der Straßen, die genau in die entgegengesetzte Richtung führt. Wir sind weiter vom Restaurant entfernt als zum Zeitpunkt, an dem wir eingestiegen sind, wir fahren in die falsche Richtung, und wir stehen in einem endlos scheinenden Stau. Als ich den Fahrer noch einmal auf die Richtung anspreche und vielleicht etwas mehr Nachdruck verwende, sagt er einen typischen indonesischen Satz, er sagt ihn ganz leise: »Wenn Ihnen Zeit wichtiger ist, sollten Sie vielleicht ein anderes Auto benutzen.«

Das ist der Augenblick, in dem ich die Nerven verliere. Ich informiere meine Eltern, dass wir umplanen. Wir steigen aus dem Auto, gehen auf den Fußweg, und in diesem Augenblick beginnt es zu regnen. Waaaaaah! Während meiner gesamten vier Monate in Indonesien herrscht Trockenzeit. Ich habe genau viermal Regen erlebt – eines dieser Male ist jetzt. Meine Eltern versuchen, mich zu beruhigen, während mein Telefon klingelt. Meine beiden Freunde erzählen, dass der Kellner mit dem ersten Gang beginnen will. Um mich herum nur Stau, Benzingeruch und Regen.

Mit einem Mal habe ich die Lösung: Kenny, der gerade im Restaurant auf uns wartet, hatte mir immer eingeschärft: Bei Stau nimm ein Moped! Aber ich kann mit meiner App nur ein Moped für eine Person bestellen. Also bitte ich die beiden im Restaurant, mit ihrer Grab-App jeweils ein Motorrad für meine Eltern zu bestellen – ich ordere eins für mich. Und so kommt es, dass meine Eltern mit Mitte sechzig auf dem Sozius eines Mopeds in Jakarta im Regen von mir wegfahren. Ich mache noch ein Foto und steige auf meines. Wir kommen etwa vierzig Minuten zu spät, aber werden freundlich empfangen. Die ersten drei Gänge bekommen wir auf einmal auf den Tisch gestellt und sind noch pünktlich für die Hauptgänge.

Es wird ein sehr besonderer Abend. Das Thema ist »Kino«. Jeder Gast bekommt eine Kinokarte auf den Tisch gelegt, und die Gerichte werden mit großer Theatralik präsentiert: mal in einem leuchtenden Ufo-Teller zur Star-Wars-Musik, mal zwischen zwei Buchseiten von Stephen Kings *Shining*, und mal von einem Mann, der nach dem Servieren röchelt und umfällt. Er wird mit einem weißen Tuch abgedeckt und liegt dort auch noch, als wir weit nach elf das Restaurant verlassen. Der Hauptgang ist der Höhepunkt des Abends: Er wird von Hitler angekündigt. Das heißt, auf der Leinwand läuft die berühmte Szene aus *Der Untergang*, in der Bruno Ganz im Führerbunker die Nerven verliert und beginnt, alle Generäle anzuschreien. Nur passen die indonesischen und englischen Untertitel nicht zum deutschen Ton. Dort steht, dass er jetzt Gulai Kambing essen wolle, wann denn endlich sein Lieblingsgericht serviert werde. Gulai Kambing ist eine süßsaure Suppe mit Ziegenfleisch. Ein echtes Highlight.

Mit Hitler und Indonesien werde ich mich auf der Insel Ternate noch eingehender beschäftigen. Hier nur schon einmal der Hinweis, dass sich kein Indonesienbesucher wundern sollte, dass Deutschlands dunkelstes Kapitel in Indonesien nicht vollumfänglich bekannt ist. Im Gegenzug weiß aber auch kaum ein Deutscher von den Gräueltaten der Japaner in Indonesien in den Jahren 1942–1945. Wer sehen möchte, wie menschenunwürdig japanische Gefängnisse in Indonesien aussahen, kann in der Stadt Semarang auf Zentral-Java das ehemalige Gebäude des holländisch-indonesischen Eisenbahnunternehmens besichtigen.

Die Japaner nutzten es als Folterkammer. Im Volksmund heißt es *Lawang Sewu*, »Haus der tausend Türen«. Mit lebensgroßen Puppen haben Indonesier die Taten im Keller des Hauses nachgestellt.

In Jakarta gibt es zu diesen drei tragischen Jahren keine Gedenkorte oder Museen. Die Hauptstadt hat sich ganz auf die Kolonialgeschichte der Niederländer und auf die Entstehung der Nation konzentriert. Die vielen Museen der Stadt scheinen alle die Mission zu haben, am Eingang die Karte mit allen indonesischen Inseln und drinnen verschiedene Objekte aus allen Landesteilen zu zeigen.

Meine Eltern aber wollten zunächst ohnehin nichts von Museen hören, sondern nur, ob die Stadt auch sicher sei. Schließlich hat sie den denkbar schlechtesten Ruf in ganz Südostasien. Besonders seit den Attentaten auf das Marriott-Hotel und das Ritz-Carlton im Jahr 2009 sowie das Starbucks-Café 2016 kämpft die Stadt um Sicherheit und um ihre Reputation. Außerdem hatte meine Mutter von jährlichen Überschwemmungen und dem Problem mit Smog gelesen. Das Thema Kriminalität sprachen wir gar nicht erst an. Ich konnte meinen Eltern nur versichern, dass ich mich in der Stadt, egal zu welcher Tageszeit ich unterwegs war, in den vergangenen zwanzig Jahren nie unsicher gefühlt habe. Dazu habe ich ihnen viel von den wirklich guten Restaurants, Cafés und Skybars auf den Dachterrassen vorgeschwärmt. Und natürlich gibt es noch eine ganze Menge weiterer guter Gründe, Jakarta zu besuchen.

Als Erstes zeige ich meinen Eltern die Altstadt Kota, die jedes Mal, wenn ich sie besuche, gerade etwas mehr saniert wurde. Hier befindet sich auch das Café Batavia, in dem einst das Hauptquartier der Vereenigde Oostindische Compagnie untergebracht war und das die Kolonialzeit atmet wie kein zweiter Ort. Die Inhaber ruhen sich leider ein wenig darauf aus, dass sie im Jahr 2006 von der Zeitschrift Newsweek zum besten Café der Welt gewählt wurden. Dennoch: Die hohen Decken mit den Ventilatoren, die Musikboxen, die in Vogelkäfigen versteckt sind, die schweren Sessel in den Ecken – der Besuch ist ein Muss. Meine Eltern sind beeindruckt, mein Vater ist nur leicht irritiert von der Inneneinrichtung der Herrentoilette. (Ich habe noch niemanden erlebt, der nicht mit einem Fragezeichen auf dem Gesicht von der Toilette kam: »Ein riesiger Spiegel als Pissoir???«)

Das Museum zur Stadtgeschichte gleich gegenüber bietet in der Hauptsache einen Überblick über die Entstehung der Stadt im 17. Jahrhundert. Nichts für ältere Menschen, weil man viel laufen muss und mit Originalmöbeln und Schautafeln eine eher konventionelle Ausstellung im Stil der 1970er-Jahre eingerichtet wurde. Sehenswert sind allerdings die Miniaturmodelle von Jakarta, sie geben Besuchern ein eindrückliches Gefühl für das Leben in der Kolonialzeit. Javanern war um 1600 das Betreten der Stadtmauern von Batavia, so hieß Jakarta damals, nicht erlaubt. Sie galten den Niederländern als aufsässig, und daher handelten sie nur mit Chinesen, die wiederum den Handel mit den Einheimischen kontrollierten.

Die europäischen Kolonialherren legten damit den Grundstein für ein Problem, das bis heute zu spüren ist, gerade in der Haupstadt. Egal, ob man sich in Künstler-, Journalisten- oder Wirtschaftskreisen in Jakarta aufhält, man bekommt es irgendwann mit den sogenannten *Peranakan* zu tun, Indonesiern mit chinesischen Wurzeln. Sie wurden auch noch unter den Staatspräsidenten Sukarno und später Suharto häufig begünstigt und konnten sich so Wirtschaftsimperien in Indonesien aufbauen und Macht und Reichtum sichern. Hinzu kam, dass sie zum großen Teil Christen waren – und einander im Ernstfall halfen. Die vorwiegend muslimischen Javaner fühlten sich den Sino-Indonesiern unterlegen – und tun das oftmals heute noch. So waren es vor allem die Wohnviertel der Peranakan, die im Jahr 1998 während der Proteste und sozialen Unruhen angezündet wurden. Den Sino-Indonesiern wurde vorgeworfen, dass sie fünf Prozent der Bevölkerung ausmachen, aber siebzig Prozent des Kapitals auf sich vereinen. Das hat sich bis heute nicht grundlegend geändert, aber über die Generationen haben sich Javaner mit Sino-Indonesiern mehr und mehr vermischt, sodass die Unterscheidung immer weniger Sinn ergibt.

Ungefähr die Hälfte meiner Freunde in Jakarta sind Sino-Indonesier. Niemand von ihnen spricht oder schreibt Chinesisch, sie sind Journalisten, Schriftsteller, Kinobetreiber und Regisseure. Sie haben viel dazu beigetragen, dass ich mich jedes Mal wohlgefühlt habe in einer Stadt, die auf den ersten Blick wenig Charme versprüht – besonders seit das öffentliche Leben mehr und mehr vom Islam geprägt wird. Wie sehr, das habe ich erfahren, als ich 2010 ein Praktikum bei der größten Tageszeitung des Landes machte: Kompas. Der Gründer, Jakob Utama, ist Katholik und achtete peinlich genau darauf, keine Religionszugehörigkeiten in Texten zu erwähnen. Ein Freund von mir lebte in einer Wohngemeinschaft ganz in der Nähe des Verlags und bot mir ein Zimmer an. Der Stadtteil Senayan wurde daraufhin »mein Viertel«, und ich konnte etwas tun, was hier auch heute noch eher unüblich ist: zu meiner Arbeitsstelle laufen.

In der Wohnung durfte ich jedoch keinen Besuch empfangen, am Eingang wurde jedes Taxi von einem Security-Mann gecheckt. Während ich dort wohnte, bekam die Jungs-WG, die mich aufgenommen hatte, Probleme mit dem Vorsteher der Gated Community, also des kleinen Viertels hinter der Security-Schranke. Grund war »Damenbesuch« während des Tages. Meine Mitbewohner hatten Arbeitstreffen in der Wohnung organisiert. Sie schrieben Drehbücher oder planten Theaterfestivals in Teams, und dazu gehörten auch Frauen. Der Gipfel war für den Vorsteher dann der Europäer, der plötzlich einzog. Und später führte er noch an, der Name des WLANs, das zur WG gehörte, sei »schmutzig«. Er lautete *Rumah Senang*, was »fröhliches« oder

»gemütliches Haus« bedeutet. Der Vorsteher verstand darunter »Freudenhaus«. Die WG wurde kurz nach meiner Zeit dort aufgelöst.

Das kleine Wohnviertel erschien mir wie eine Insel im Straßenmeer. Wohl deshalb kann ich Jakarta in diesem Buch so behandeln, als sei es eine eigene Insel: Das Leben in der Stadt fühlt sich mitunter so an, als würden unüberbrückbare, graue stinkende Wasserflächen die Stadtteile trennen. Ohne Verkehrsmittel zu benutzen, kann man sich in Jakarta kaum vorwärtsbewegen. Fußwege waren lange nicht vorgesehen bei der Stadtplanung – die ihren Namen auch überhaupt erst in den letzten beiden Jahrzehnten verdient. Danach waren Gehsteige erst einmal so schmal, dass nur eine Person darauf laufen konnte, breitere Wege sind zum großen Teil erst in den vergangenen Jahren mühsam hinzugefügt worden. Lange Zeit gab es nicht einmal einen Stadtplan von Jakarta. Der erste, der einen solchen im Eigenverlag herausbrachte, war ausgerechnet ein Deutscher: Gunther Holtorf lebte in den 1970er- und 1980er-Jahren in Indonesien und mochte die Stadt so sehr, dass er in mühsamer Kleinarbeit alle Straßen und Wege zusammentrug. (In den 1990ern ging er auf Weltreise mit seinem Auto »Otto«, das heute im VW-Museum steht.) Mit jemandem wie Holtorf über die Dynamik von Jakarta zu reden, ist ein großer Spaß, weil er versteht, dass es süchtig machen kann, der Veränderung eines Molochs zur Metropole zuzuschauen.

Zu den wichtigen »Inseln« der Stadt, die man außer der Arbeitsstelle im Laufe des Tages besucht, gehören die Shopping Malls, die anders als im Westen nicht allein zum Einkaufen gedacht sind, sondern die gleiche Funktion wie Parks erfüllen: In klimatisierter Atmosphäre sitzen oder schlendern Familien, Cliquen von Jugendlichen und Pärchen herum, trinken Kaffee, essen Eis oder entspannen. Wer jetzt die trostlose Arkadenarchitektur aus Deutschland vor Augen hat, sollte das schnell vergessen. Die Malls von Jakarta gelten zum Teil als architektonische

Meisterwerke. Meine Eltern sind jedenfalls begeistert, als sie vor der Rolltreppe stehen, die aus einem monströsen Damenschuh wächst (Senayan City), den Indoor-Wasserfall sehen (Central Park) oder als wir durch eine europäische Restaurantstraße laufen – im fünften Stock einer Mall, inklusive Straßenlaternen, Hausfassaden und Bäumen in großen Blumentöpfen.

Letztere ist Teil der größten und meiner Meinung nach besten Mall Jakartas: Grand Indonesia. Sie befindet sich am bekanntesten Platz der Stadt, dem »Bundaran Hotel Indonesia«. An diesem Kreisverkehr steht eine große Statue, die in den 1970er-Jahren errichtet wurde, um Gäste in Jakarta zu begrüßen. Sie heißt *Selamat Datang* – »Willkommen«. Im Zentrum eines gigantischen Springbrunnens stehen zwei Figuren und winken jedem zu, der von Norden auf den Kreisverkehr zukommt. Nicht zuletzt weil Indonesier Abkürzungen so lieben und *Hi* als Begrüßungsformel nutzen, heißt dieser Platz auch: *Bundaran Hi.*

Ein Stadtrundgang könnte hier im Grand Indonesia beginnen, unterbrochen werden oder enden, es gibt wunderbare Frühstücksrestaurants, Snackbars für einen leichten Lunch (meist unter zehn Euro pro Person) und japanische Spezialitätenrestaurants.

Am Tag nach dem Essen im Café Batavia (die Innereien in der Soto Betawi waren nichts für meinen Vater) will ich meinen Eltern aber etwas Heimat bieten. Im Paulaner werden wir von einem Kellner namens Rudi im weiß-blauen Hemd bedient. Da mein Neffe Rudi heißt, kommt er mit aufs »Familienfoto«. Von dem Restaurant aus haben wir einen direkten Blick auf das Gebäude der Deutschen Botschaft gegenüber, deren Adresse übrigens jeder Indonesier kennt: Thamrin 1. Die Thamrin-Straße, benannt nach einem indonesischen General aus der Zeit der Unabhängigkeit, ist so etwas wie die Straße Unter den Linden in Berlin. Und einmal in der Woche, am Sonntag zwischen acht und elf Uhr, darf auf dieser Straße kein Auto fahren. Dann flanieren die Menschen auf der Straße, joggen oder fahren Fahrrad. Kleine Stände am Straßenrand verkaufen Eis am Stiel und frisch gepressten Orangensaft. Und wer Glück hat, sieht einen Ondel Ondel.

Der Ondel-Ondel ist eine drei Meter große menschenähnliche Figur, die normalerweise immer im Doppelpack erscheint: ein Mann und eine Frau. In den Puppen steckt ein Puppenspieler, der von Kindern geführt durch die Straße geht und Menschen Glück bringt. Die ersten Beschreibungen dieser Figur gehen auf das Jahr 1605 zurück. Ein Niederländer hatte gesehen, dass bei wichtigen Dorfzeremonien der Betawi, der Ureinwohner Jakartas, große Bambusfiguren anwesend waren. Sie galten als die Ehrengäste und sollten böse Geister fernhalten. Heute garantieren sie einer Gruppe von Kindern und Jugendlichen eine Art von Einkommen. Denn wo immer ein Ondel-Ondel daherspaziert, kann den jungen Begleitern etwas gespendet werden. Allerdings bitten sie nie aufdringlich darum. Vielmehr sind die Puppen eine Einladung zum Feiern. Denn dort, wo sie auftauchen, wird gelacht und getanzt. Wer bezahlt, darf Fotos mit dem freundlichen Geist aus der Vergangenheit machen. Wie alle Ethnien Indonesiens haben auch die Betawi eine eigene Sprache. Hinzu kommt, dass diese Großstädter mit dem Hochindonesischen äußerst flexibel umgehen. Eine Verkürzung des Ausdrucks für »danke« von *terima kasih* (wörtlich »die Liebe annehmen«) zu *'ma kasih* ist in Jakarta kein Problem, auf den äußeren Inseln kann sie als grobe Unhöflichkeit ausgelegt werden. »Warst wohl zu lange in Jakarta«, hört man dann.

Gleich hinter der Thamrin-Straße beginnt eines der bekannteren Wohnviertel von Jakarta: Menteng. Neben der Altstadt Kota ist dieses Viertel eines der wenigen, in denen ein Spaziergang auch schon in den 1990ern möglich war. Stadtvillen, kleine Boutiquen, Galerien wie das Kunstkring Paleis sowie der angenehme Innenhof des Goethe-Instituts sind kleine Oasen im stickigen Großstadtdschungel. Wer etwas mehr Zeit hat, sollte sich unbedingt die zwei Meter hohe Statue anschauen, die ursprünglich vor der Grundschule »Menteng 1« im Süden des Stadtviertels stand. Als sie im Dezember 2009 aufgestellt wurde, gab es Anti-US-Proteste, seitdem steht die Figur im Innenhof der Schule – wer sie sehen will, muss nur freundlich klopfen.

Die Statue stellt einen kleinen Jungen dar, vielleicht zehn Jahre alt. Auf dem Sockel steht die Geschichte dieses Jungen, auf Indonesisch und Englisch: »Ein Junge namens Barry spielte mit seiner Mutter, Ann, in Menteng. Als er erwachsen war, wurde er der 44. Präsident der USA und bekam den Friedensnobelpreis. Barack Obama.« Es ist bekannt, dass Barack Obama einen Vater aus Kenia hat, über seine zwei Jahre, die er in Jakarta bei seinem indonesischen Stiefvater verbrachte, weiß kaum jemand etwas. Doch er blieb der Stadt verbunden und hat sie mehrfach besucht. Er übernachtete dann immer im Mandarin-Hotel, direkt neben der deutschen Botschaft.

Den dritten Tag verbringen meine Eltern und ich auf dem Freiheitsplatz, dem *Lapangan Merdeka*. Hier steht das Nationalmonument, das Indonesiens erster Präsident Sukarno erbauen ließ. Das Monumen Nasional (zu dem alle kurz »Monas« sagen) ist 132 Meter hoch und soll die Einheit des weiblichen (der Sockel) und des männlichen Prinzips (der Obelisk) symbolisieren. Wohl wegen der Form sagen viele Einheimische auch »Letzte Erektion Sukarnos« zu diesem Monument. Wir fahren mit dem Fahrstuhl nach oben, und ich versuche, die Zeit auf der Turmspitze nicht zu lang werden zu lassen. Der Blick von hier oben erinnert mich immer schmerzlich daran, wie ungesund die Luft ist, die wir gerade atmen. Man sieht direkt, wie die Stadt von Smog eingehüllt ist.

Im Keller des Monas ist es angenehm kühl. Hier wird seit Jahrzehnten die Geschichte Indonesiens mit Puppen in Schaukästen nacherzählt. Als ich versuche, meinen Eltern anhand der dargestellten Szenen die wichtigsten Ereignisse nachzuerzählen, erleben wir etwas Ungewöhnliches: Eine Indonesierin, die gerade selbst mit ausländischen Freunden eine Tour macht, sagt, dass sie sich wundert, dass das hier alles noch so steht. »Es weiß doch jeder, dass es nicht stimmt.« Sie meint die Schaukästen, die von der »Machtübergabe« Sukarnos an Suharto erzählen. Die Frau macht sich lustig über die Geschichte vom »Krokodilloch« und dem »starken General«, der das Volk vor dem »Chaos bewahrte«.

Der noch immer offiziellen Geschichtsschreibung nach hat Suharto einen Putsch am 30. September 1965 niedergeschlagen, dem sechs Generäle zum Opfer fielen, die in einem Loch vergraben wurden. Das Krokodil, das in dem Diorama zu sehen ist, gab es dort nie. Aber mit Krokodil klingt es besser als irgendein gegrabenes Loch. Weil Suharto das Volk vor »Schlimmerem« bewahrt habe, beanspruchte er die Herrschaft und ließ sich von seinem Vorgänger ein Schreiben ausstellen, das die Macht auf ihn übertrug. Historiker streiten bis heute, ob dieses Schreiben unter Druck entstand. Doch internationale Historiendebatten haben sich bisher nicht auf Ausstellungen wie diese niedergeschlagen.

»Gibt es denn Pläne, diese Ausstellung zu ändern?«, frage ich.

Sie antwortet: »Wahrscheinlich ist das hier ein Meta-Museum, das zeigen soll, wie Indonesier einmal über ihre Geschichte geredet haben.«

Sie meint, von ihren Freunden glaube keiner mehr an diese Version. »Oder die Regierung wolle einfach immer noch das Gesicht von Suharto bewahren.«

Was ich in drei Tagen nicht schaffen konnte, ist, meinen Eltern zu zeigen, wie vielfältig die Stadt ist. Gern hätte ich im »Dua Coffee« einen Kaffee aus heißem Kokosnusswasser mit ihnen getrunken, hätte ihnen den Buchladen eines Freundes gezeigt, wo zweimal pro Woche alte Hollywood- oder deutsche Arthaus-Filme laufen (»Kinosaurus«), oder mit ihnen den Zoo Jakartas besucht. In dessen Mitte steht das Haus einer Deutschen, der einzigen Person mit Wohnrecht im Tierpark: Ulla von Mengden. Sie passt auf die Orang Utans auf.

Aber immerhin haben meine Eltern beim *Fun Dining* einen Abend mit Kenny Santana verbracht. Wer wissen will, wie ein Reise-Blogger seine Stadt erlebt, sollte Kenny auf Instagram folgen (@kartuposinsta). Seine Storys zeigen eine Stadt jenseits von Stauklischee und Wolkenkratzerbegeisterung. Wir haben uns kennengelernt, als ich das erste Mal länger in der Stadt war, im Januar 2003. Damals gab es weder Instagram noch Twitter. Wir trafen einander zufällig im Grand Indonesia, wo ich ziellos durch die Etagen streifte. Sie waren zu viert und luden mich ein, gemeinsam mit ihnen zu essen. Ve, Kenny, Kathy und Heru. Danach gingen wir ins Café Olala und danach Karaoke singen. Sie wurden Freunde fürs Leben, und ich treffe sie jedes Mal, wenn ich in Jakarta bin.

Kenny war es auch, der vorschlug, an meinem letzten Tag damals im Januar 2003 zum Wahrsager zu gehen. Auf dem Fattahillah-Platz vor dem Café Batavia saß ein alter Mann unter einem Baum, mit langem Bart und einem weißen Gewand. Ich weiß noch, dass wir uns zu viert zu ihm in den Schatten hockten und Kenny anbot, zu übersetzen. Der Mann sprach nur den Betawi-Dialekt. Er bat mich, ihm meine Hand zu geben. Mit der anderen Hand machte ich Notizen von allem, was er sagte. Er begann: »Ich sehe, dass du dich dreimal im Leben so sehr verlieben wirst, dass du nicht weißt, ob es mehr Schmerz oder mehr Glück ist. Du wirst Vater werden. Du wirst häufig an diesen Ort zurückkehren, und es wird jedes Mal anders sein, auch wenn der Ort der gleiche ist. Du wirst in einem Beruf arbeiten, in dem es nicht so wichtig ist, was du während der Arbeitszeit tust, sondern was davor und danach. Oh, und ich sehe, dass du dich bis Ende März nur auf ein Thema konzentrieren sollst. Lass dich nicht ablenken.«

Ich war wirklich beeindruckt, und noch heute muss ich manchmal lächeln, wenn ich den alten Zettel mit den Notizen ansehe. Am 1. April 2003 sollte ich meine Magisterarbeit abgeben.

Es war gespenstisch, dass dieser alte Mann von meiner Angst vor Deadlines und großen Projekten zu wissen schien. Er sollte allerdings nicht ganz recht behalten. Am 1. April 2003 ließ ich mich krankschreiben. Die Abschlussarbeit wurde mit einer Woche Verzögerung fertig.

Den Baum gibt es immer noch. Den alten Mann habe ich nie wiedergesehen.

Borobudur + „Chicken Church"

YOGYAKARTA

Prambanan

Denkmal Yogyakarta

Hauptbahnhof

Universität Gadjah Mada

Batik-Museum

Malioboro-Straße

Raminten Dragshow

Burg Vredeburg

Zoo

Museum Sono Budoyo

Alun-Alun (Treff- und Feierort)

Kraton Palast des Sultans

Taman Sari (Wasserschloss)

Kapitel 6

Das Haus der Taube

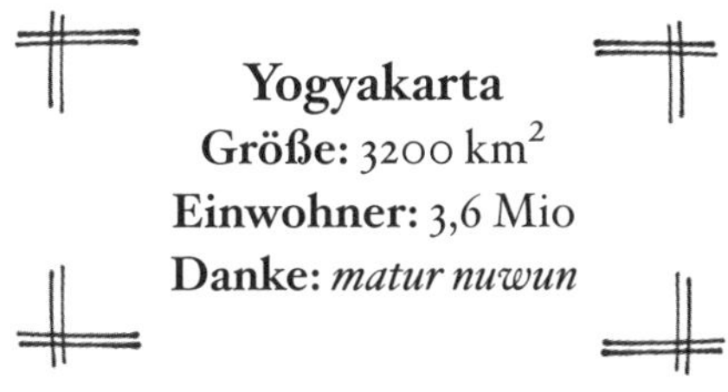

Yogyakarta
Größe: 3200 km^2
Einwohner: 3,6 Mio
Danke: *matur nuwun*

Vom Kopf des Vogels aus kann ich den Vulkan gut beobachten. In Yogyakarta ist es wichtig, den Merapi immer mal wieder genau in den Blick zu nehmen. Vielleicht schaut deshalb auch dieser Vogel die ganze Zeit in Richtung des Vulkans, sein riesiger Schnabel ist offen, als wolle er die Umgebung warnen. Der Merapi ist immerhin einer der aktivsten Vulkane Indonesiens. Und dieses Gebäude, auf dessen Turmspitze ich stehe, ist definitiv eines der seltsamsten Häuser der gesamten Inselgruppe – ein wie ein sitzender Vogel geformter riesiger Betonklotz mitten im Wald. Im Internet findet man es am besten unter dem Begriff »Gereja Ayam« oder »Chicken Church«. Dabei ist der Name eine doppelte Lüge: Dieser Bau ist weder eine Kirche, noch soll er ein Huhn darstellen.

Genauso wenig stimmt die Geschichte, die überall im Internet zu diesem Haus kursiert. In fast allen Beiträgen heißt es, dass ein gewisser Daniel Alamsjah einen Traum hatte, in dem Gott ihn mit dem Bau eines Hauses beauftragte. Aber dann sei das Geld ausgegangen und der Bau im Jahr 2000 gestoppt worden. Seitdem sei die »Hühnerkirche« entweder verflucht, beherberge einen Geist oder sie zu betreten sei illegal. Die aktuellsten Informationen über das Haus lieferte mir der Film *Into the Inferno* von Werner Herzog. Der deutsche Regisseur reiste 2016 zu den schönsten Vulkanen der Welt – er machte auch wunderschöne Aufnahmen am See Toba – und zeigte, dass im Jahr 2016 wieder an dem Haus gearbeitet wurde. Werner Herzog traf Daniel Alamsjah damals bei seinen Dreharbeiten nicht persönlich an, und so mache auch ich mir kaum Hoffnung, mit ihm sprechen zu können.

Mit einem Jeep bin ich die steile Straße hier heraufgeruckelt, die noch steilere Treppe im Turm aufgestiegen, also im Hals des Vogels, und nun stehe ich auf diesem komplett renovierten Haus. Ein strahlend weißer Vogel sitzt für die Ewigkeit auf der Kuppe eines Hügels, in seinem Schwanz ist ein Café für Touristen untergebracht und im »Bauch« befinden sich Gebetsräume für Buddhisten, Muslime, Hindus und Christen. Auf den Etagen im Hals sind Malereien zu sehen, die daran erinnern, keine Drogen zu nehmen, nicht zu viel auf dem Mobiltelefon herumzutippen und seine Eltern zu achten. Oben auf dem »Dach« wird der Betrachter mit einem 360-Grad-Blick ins Tal für den Aufstieg belohnt.

Der Merapi wird gerade von einer Wolke bedeckt, dafür sehe ich weiter hinten, ganz klein, den Borobudur, den größten buddhistischen Tempel der Welt.

Fast ärgere ich mich, dass ich erst so spät am Tag hier bin: Ich hatte mich entschieden, den Sonnenaufgang im Tempel zu erleben. Um vier bin ich aufgestanden, um halb fünf ins Auto gestiegen. Um halb sechs war ich am Borobudur, als sich langsam die Umgebung aufhellte. Ich hatte den Tempel in den vergangenen

Jahren viermal besucht. Jedes einzelne Mal war besonders, aber es war bisher immer am Nachmittag gewesen. Jedes Mal war das Ticketháuschen größer und der Eintrittspreis teurer geworden. Dieses Mal gab es sogar Tickets mit einem Strichcode und eine automatische Tür. Ganz klar, dies ist ein Touristenhighlight – und die rund 35 Euro Eintrittspreis ist es auch wert. Darüber, dass Einheimische für das gleiche Erlebnis nur rund ein Zehntel davon bezahlen, denkt man am besten gar nicht weiter nach. Bei Sonnenaufgang ist der Besuch schon allein deshalb am besten, weil man nicht in der indonesischen Tageshitze vergeblich einen Schattenplatz suchen muss. Die Stimmung heute Morgen beim Borobudur war wunderschön. Aber von hier oben, vom Kopf des Vogels muss der Blick bei Sonnenaufgang noch atemberaubender sein.

Ich laufe durch das »Haus des Gebetes«, wie die »Hühnerkirche« eigentlich heißt, um auch Muslime, Buddhisten und Christen mit einzubeziehen. An den jüdischen Glauben wurde nicht gedacht – die Religion ist in dem mehrheitlich muslimischen Land nicht anerkannt. Es hängen hier auch Bilder vom Erbauer, Daniel Alamsjah, wie er zwischen den Gerüsten steht und Anweisungen gibt. In Yogyakarta habe ich nur gehört, er sei über siebzig Jahre alt und lebe zurückgezogen in der Nähe des »Huhns«. Aber ich habe Glück, einer der Mitarbeiter des Cafés im Schwanz des Vogels ruft Daniel an. Und kurz darauf kommt er auf dem Sozius eines Motorrads angefahren. Er ist ein großer, schlanker, weißhaariger, lächelnder Mann. Seine Geschichte hat er schon sehr oft erzählt, das merke ich, als ich ihm gegenübersitze. Aber er hat es noch immer nicht geschafft, dass sich seine Geschichte auch im Internet gegen die falschen Gerüchtestorys durchgesetzt hat.

Daniel mag Deutschland, er hat sein Leben lang für das deutsche Chemieunternehmen BASF in Jakarta gearbeitet. Er ist chinesischer Abstammung, 72 Jahre alt, hat eine Frau und drei Kinder. Was ihm wichtig ist zu sagen: Glaube spielte in seinem

Leben nicht die größte Rolle. »Ich war nie besonders religiös«, sagt er. »Aber eines meiner täglichen Rituale war, vor dem Schlafen zu beten.« Bei einem dieser Gebete habe er eine Vision gehabt. »Es war so gegen neun Uhr abends.« Er habe sich hingekniet und plötzlich direkt vor sich einen Hügel auf der Wand gesehen. »Es war kein Traum oder so«, sagt er, »es war ein ganz klares Bild, ein Hügel, ein Vulkan war auch in der Nähe, aber das ist in Indonesien ja nichts Besonderes.« Eine Stimme in dieser Vision habe ihm gesagt: »Schlag die Bibel auf.« Das habe er getan, auf eine Seite getippt und einen Satz aus dem 2. Buch Samuel, Kapitel 7, Vers 13, gelesen: »Der soll meinem Namen ein Haus bauen, und ich will den Stuhl seines Königreichs bestätigen ewiglich.«

Erst am nächsten Morgen habe er seiner Frau davon erzählt. »Ich dachte mir nicht viel dabei.« Jahre später dann besuchten sie gemeinsam die Familie seiner Frau in Yogyakarta und bei dieser Gelegenheit auch den nahe gelegenen Tempel Borobudur. Anschließend gingen sie in der Gegend spazieren. »Und plötzlich sah ich den Hügel, den ich in meiner Vision auf der Wand gesehen hatte – ich war ganz sicher, dass es genau dieser Hügel war.« Er sei vorher nie in dieser Region gewesen, und ihm fiel auch kein anderer Grund ein, diesen Hügel zu kennen. Von da an konnte er diesen »Auftrag«, ein Haus zu bauen, nicht mehr aus seinem Kopf bekommen. »Aber ich bin kein Architekt, ein Missionar auch nicht«, sagt er, schüttelt lachend den Kopf und ergänzt: »Und reich bin ich schon gar nicht«. Wieso sollte er jetzt plötzlich ein Haus bauen? Er tat das, was er immer tat. Er betete. Auf dem Hügel. Allein. An jedem Tag der Reise einmal.

Wieder zurück in Jakarta sprach er mit verschiedenen Kollegen über seine Vision. Einer aus seinem Bekanntenkreis war gerade zu Geld gekommen – es waren die 1990er in Jakarta, die »Neue Ordnung« von Präsident und Diktator Suharto ging ihrem brutalen Ende entgegen. Sie hatte dazu geführt, dass viele »in seinem Netzwerk« reich wurden. Besonders Indonesier chinesischer Abstammung stiegen durch ihre guten Verbindungen zur Politik immer häufiger zu Millionären auf. Daniel Alamsjah gehörte nicht zu ihnen, aber einer seiner Freunde bot ihm an, die Kosten für den Bau zu übernehmen. »Ich kaufte das Gelände auf dem Hügel für zwei Millionen Rupiah.« Das war viel Geld damals. Und er las Bücher über Architektur. Er habe das Ganze nicht auf andere Menschen abwälzen wollen. »Wenn, dann würde ich es selbst tun.«

»Hatten Sie keine Angst?«

»Nein, in der Bibel steht: Fürchte dich nicht. Die Stelle las ich immer wieder.«

»Warum um Himmels willen hat das Haus die Form eines Vogels?«

»Ich wollte, dass es ganz klar das Aussehen des Heiligen Geistes hat. Und der wird doch in der Bibel als Taube beschrieben. Also wollte ich ein Haus der Taube bauen.«

»Hatten Sie Gegner? Menschen, die Ihnen erklärt haben: Das geht nicht!«

»Ja, aber die Zahl der Unterstützer war größer.«

»Hat sich Gott bei Ihnen bedankt?«

»Ich frage Sie: Waren Sie mal oben auf dem Dach? Der Blick von dort ist doch fantastisch, oder?«

Der Rest der Geschichte ist schnell erzählt. Als Suharto gestürzt wurde, schlug die folgende Finanzkrise auch bei dem Bauprojekt hart zu. Daniel musste wegen finanzieller Schwierigkeiten die Arbeiten komplett stoppen. Das Haus war erst im Rohbau fertig, und die Natur eroberte sich in den frühen 2000ern das Gelände zurück. Graffiti kamen hinzu, und es wurde zu einem Treffpunkt für Liebespaare. Im Jahr 2012 dann wurde eine Folge der indonesischen Serie »Straßenkinder« *(Anak Jalanan)* in der Tauben-Ruine gedreht. Die Jugendlichen saßen auf dem Kopf des Vogels, die Kamera fing den 360-Grad-Blick erstaunlich gut ein –

und plötzlich hatte das Bauprojekt von Daniel Alamsjah eine neue Fangemeinde.

Als er in Rente ging, zog Daniel in die Nähe des Hügels und gründete eine Stiftung für Kinder, die geistig behindert sind oder in ihren Familien vernachlässigt werden. »Ich hatte in Jakarta viele von diesen Kindern gesehen und wollte einfach etwas tun, wenn ich Zeit dafür habe.« Dazu brauchte es keinen Traum oder Gottesauftrag. Er hatte beobachtet, wie Drogen und Alkohol Familien zerstören und dass es auch in Yogyakarta viele Straßenkinder gibt. Heute beherbergt die Stiftung rund 150 Jugendliche und junge Erwachsene. Sie bekommen regelmäßige Mahlzeiten, ein Dach über dem Kopf und stellen im Gegenzug einfache Dinge in einer Manufaktur her. Für indonesische Verhältnisse ist solch eine Einrichtung eine echte Neuerung.

Und seit 2016 arbeiten wieder Bauarbeiter auf dem Bukit Merpati, dem Taubenhügel. Das ist der Begriff, den Daniel Alamsjah eingeführt hat und durchsetzen möchte. »Hühnerkirche« klingt zwar eingängiger, aber gerade für seine Geldgeber war es wichtig, dass es sich nicht eindeutig um eine Kirche handelt. Mittlerweile sind die Bauarbeiten beinahe abgeschlossen. »Aber das mit den Religionen«, sagt Daniel, »ist weiterhin ein Thema.« Er habe den Fehler gemacht, eine kleine Kapelle für Christen neben die »Taube« bauen zu lassen. Sofort wünschten sich Muslime auch eine kleine Moschee auf dem Gelände. Die Fundamente dafür wurden bereits gelegt. Er hofft, dass nicht auch noch jeweils ein Tempel für Hindus und Buddhisten dazukommen muss. Nicht, weil er diese Religionen nicht mag, er will, dass es vorbei ist, dass er noch erlebt, dass das Projekt abgeschlossen ist. Und das Geld ist nach wie vor knapp. Die Eintrittspreise fließen in den Bau – an guten Tagen kommen bis zu 1000 Gäste. »Wir sind zum Glück nicht weit entfernt von Borobudur«, sagt er, »das hilft.«

Zurück in Yogyakarta merke ich, wie gern ich hier bin. Die Stimmung ist einfach anders als im Rest des Landes. Es ist schwierig, das an Einzelheiten festzumachen, aber dass es das besondere Etwas gibt, wird auch schon im Tourismus-Werbespruch für die Stadt deutlich. Auf Plakaten und T-Shirts steht immer: »Special Jogja« – »Jogja« ist quasi der Spitzname der Einwohner für ihre Heimat. Das Außergewöhnlichste ist, dass die Provinz bis heute von einem Sultan regiert wird. Dieser wird nicht gewählt, sondern gibt das Amt an seine Nachkommen weiter. Weil der amtierende Sultan keinen Sohn hat, hat er angekündigt, dass seine Tochter die Aufgabe übernehmen wird. Das war jedoch zu progressiv für viele Javaner, es gab Proteste der Konservativen gegen diese moderne Neuordnung der Nachfolge. Aber die Entscheidung des Sultans steht fest. Sein großzügiges Grabmal ist ebenfalls schon in Auftrag gegeben. Es sieht alles danach aus, dass erst nach seinem Tod der Machtkampf ausbrechen und sich zeigen wird, ob künftig eine »Sultanin« Jogja regieren wird.

Die Position des Sultans ist dazu nicht nur eine politische – er ist auch eine Art spiritueller Anführer. Er ist für das Gleichgewicht zwischen den beiden Mächten zuständig, die die Stadt bedrohen: der Vulkan Merapi im Norden und das Meer im Süden. Jedes Jahr gibt es deshalb am Strand von Parangkusumo ein Ritual, das die Beziehung der Sultansfamilie zu der Meeresgöttin erneuert. Aus dem ersten Zusammentreffen zwischen der Göttin und dem damaligen Sultan entstand seinerzeit – der Sage nach – der Vulkan, oder (je nach Quelle) auch ein Geist, der jetzt im Vulkan wohnt. Dieser hat seinen eigenen »Hüter«, der direkt vom Sultan beauftragt wird. Der vorletzte, Mbah Marijan, ein charismatischer Mann, war einer der 353 Menschen, die beim großen Vulkanausbruch im Jahr 2010 starben. Seitdem ist sein Sohn der Hüter des Vulkans.

Am besten kennt all diese Geschichten Alida. Wir haben zusammen Südostasienwissenschaften in Berlin studiert und uns dann aus den Augen verloren. Bei einer Reise 2009 fuhr ich nach Jogja und setzte mich in das Museum Sonobudoyo. Die Ausstellung kann man vernachlässigen, der eigentliche Grund, das Museum zu besuchen, zeigt sich erst nach Sonnenuntergang. An sieben Tagen der Woche spielt dort abends um acht Uhr ein Gamelan-Orchester. Ein Puppenspieler singt und erzählt auf Altjavanisch die Geschichte von Sita, die von dem bösen Dämonenkönig Ravana entführt und schließlich von Arjuna gerettet wird.

Während ich in der mystischen Dunkelheit der Schattentheatervorstellung zusah und den angenehm meditativen Klängen des Gamelan-Orchesters lauschte, tippte mir jemand auf die Schulter, sodass ich aufschreckte. »Sören, bist du das?«

Alida hat in den vergangenen zehn Jahren immer wieder wechselnd in Berlin und Jogja gelebt. Ihr Mann Josef ist der belesenste Mensch, den ich kenne, und Indonesisch hat er nebenbei so gut gelernt, dass er Alidas Idee, nach Jogja zu ziehen, gern gefolgt ist. Bei meinem letzten Besuch in ihrem Häuschen in der Innenstadt hat Alida mich sehr neidisch gemacht. Wir saßen lange im Garten und Josef pflückte Bananen von »seinem Baum«. Es gab Bintang-Bier und sie erzählten, dass sie gerade ihre Miete überwiesen hätten. 1000 Euro. Monatlich? »Nein, im Jahr.«

Bei dieser Reise treffen wir uns wieder in ihrem Häuschen. Inzwischen haben die beiden ein Kind bekommen und sich vorgenommen, bis der Kleine eingeschult wird, die meiste Zeit in Indonesien zu leben. Beide sprechen miteinander und mit dem Kind Deutsch und Ungarisch, denn sie haben beide Familie in Ungarn. Das erweitert das Themenspektrum bei unseren Treffen immer ins Unendliche: unsere ehemaligen Studienkollegen, Berlin, Jogja, Merkel, der Sultan, Jokowi (Indonesiens Staatspräsident) – und was hat Orban sich schon wieder ausgedacht?

Weil wir uns diesmal nachmittags treffen, schlägt Alida vor, einen Spaziergang zu machen. Josef muss noch Deutsch unterrichten, da sie sich so den doch recht günstigen Lebensunterhalt in Yogyakarta finanzieren. Ich merke bereits nach wenigen Minuten, dass Jogja keine geeignete Stadt für Kinderwagen ist.

Oder vielmehr: In ganz Indonesien haben sich Kinderwagen nicht durchgesetzt, Kinder werden getragen. Die Bordsteine sind viel höher als in Deutschland – wenn es überhaupt einen Bürgersteig gibt. Alida zeigt mir dann auch noch die neu eingerichteten Blindenleitlinien auf dem Fußweg. »Schau, dort vorn endet die Blindenspur genau an einem Laternenpfahl.«

Wir lachen, aber: Alida ist die Letzte, die sich über Indonesiens Unvollkommenheit lustig macht. Wenn es irgendjemanden gibt, der das javanische Leben verstanden hat, dann ist sie es. Sie weiß, welches Sarong-Muster sie zu welchem Fest tragen darf, sie kennt die besten Restaurants für regionale und westliche Küche in der Stadt (»Six Senses« – das beste spanische Essen dieser Insel) und bringt gerade ein Buch über 94 unbekannte Tempel in der Umgebung von Yogyakarta heraus. Dazu organisiert sie Tempeltouren. Auf diesen Touren macht sie deutlich, wie sehr es sie ärgert, dass bei Besuchen des Hindu-Tempels Prambanan oder des Buddha-Tempels Borobudur vor allem darauf hingewiesen werde, dass sie von westlichen Wissenschaftlern »entdeckt« wurden. Dass die Tempel schon vorher da waren, bliebe häufig unerwähnt. Ihr ist es wichtig, auch das Sprechen über Indonesien zu dekolonisieren.

Sie leitet außerdem Fototouren zu alten Gebäuden, zu Tempelruinen und der besten Street-Art. Und Alida kennt viele Studenten und lehrte schon oft an der Universitas Gadjah Mada, kurz: UGM, der bekanntesten Universität des Landes. Neben dieser Uni gibt es noch über hundert weitere Institutionen der höheren Bildung, die auch alle Uni heißen. Das ist der Grund, warum diese Stadt als Lieblingsort für junge Indonesier gilt. Es ist ein bisschen das Berlin Indonesiens: bezahlbare Mieten, mehrere Filmfestivals, eine lebendige, aufstrebende Kunstszene, viele Konzerte und Kneipen.

Alida bringt mich an diesem Nachmittag zu einem ihrer Lieblingsimbisse: Angkringan, es gibt sie in der ganzen Stadt.

Der Name kommt vom javanischen Wort für »Anlehnen« und bezeichnet kleine Straßenstände, die auch in Berlin Erfolg hätten. Da hießen sie »Java Streetfood« oder so. In dieser Form gibt es sie aber nur in Jogja. Sie öffnen kurz vor Sonnenuntergang, sind gemütlich schummrig beleuchtet und meist bis Mitternacht geöffnet. Der Mann hinter dem Stand, zu dem Alida mich führt, nickt ihr freundlich zu, so wie man einen Stammgast begrüßt.

»Das gute Essen ist einer der Gründe, warum ich hier gern bin«, sagt sie. »Außerdem ist Jogja weltoffener als andere Städte.« In Jakarta oder Bali halte sie es nie lange aus. »Klar, es gibt auch in Jogja Stau und Smog, aber am Wochenende sind wir ruckzuck am Strand. Josef fährt auch gern mal mit einem Fischer raus.« Das sei in Jakarta nicht denkbar. »Und die Einwohner sind hier tatsächlich freundlicher als die gestressten Jakartaner.« Viele kämen für ein Wochenende hierher und setzten sich dann entweder in einen Pferdewagen oder in eine traditionelle *Becak,* ein Fahrrad mit Korb, in dem man zwei Menschen (oder einen dicken Europäer) transportieren kann. In anderen Städten gibt es diese Fahrzeuge kaum noch. »Indonesier sagen über Jogja: ›Sogar der Reis ist süßer dort‹. Und das stimmt, selbst das traditionelle Gericht Nasi Goreng, der gebratene Reis, schmeckt hier irgendwie besser.«

Wir nehmen uns jeder eine aus Stroh geflochtene Schüssel und legen Snacks hinein: gekochte und gewürzte Eier, Saté-Spieße, Hühnerbeine, Chilischoten, Tofutaschen, kleine Fische und Tempe, eine fermentierte Form von Soja, die in Deutschland bei Veganern gerade immer beliebter wird. Insgesamt zahlen wir später weniger als umgerechnet zwei Euro – Tee inklusive. Ich bin sonst kein Fan von Streetfood, in den meisten Ländern wie Brasilien, Korea oder den USA wird nur schnell irgendwas in heißes Öl geworfen und dreimal gewendet. Aber selbst die Krupuk, die auch hier nur fix frittiert sind, schmecken sehr, sehr gut.

Alida spricht noch weiter über ihre momentane Heimat. »Hinzu kommt, dass der Fundamentalismus, der gerade auf allen indonesischen Inseln immer weiter um sich greift, in Jogja nicht so extrem ist.« Obwohl die Provinz ihren Gouverneur so ganz und gar undemokratisch nicht wähle, gebe es hier eine rege »Alternativ«-Szene. Auf den Straßen sehe man Punks, tätowierte Hip-Hopper, und sogar Drag-Queens seien in Jogja keine Besonderheit. »Mir gefällt diese Weltoffenheit«, sagt sie, »auch wenn natürlich selbst hier alles konservativer wird.« Eine weitere Besonderheit, die auffällt, wenn man durch die Stadt fährt, ist, dass der wirtschaftlichen Entwicklung eine künstliche Bremse gesetzt wurde: Kein einziges Gebäude in Jogja darf größer als Gott sein. Als Referenz wurde jedoch nicht eine Moschee oder ein Kirchturm gewählt, sondern die durchschnittliche Größe einer Kokospalme: 25 Meter. Das Ergebnis: Yogyakarta ist die einzige Großstadt Indonesiens ohne Wolkenkratzer.

Als es dunkel ist, führen mich Josef und Alida noch auf den Alun-alun Kidul, den südlichen Platz der Stadt, den »Hinterhof« vom Sultanspalast. Zeremonien finden auf dem nördlichen, ähnlich großen Platz statt, der Sultan erscheint auf dem südlichen Platz nie, dieser ist dem Volk vorbehalten. Im Vergleich mit anderen touristischen Sehenswürdigkeiten dieser Gegend (Wasserpalast, Geheim-Moschee und auch der Sultanspalast selbst), die allesamt eine Renovierung vertragen könnten, ist dieser Platz ein überraschendes Highlight. Überall stehen Grüppchen beisammen, irgendwo hört man Techno-Beats, gleich in der Nähe spielt eine Trommel-Kombo, nicht weit davon versucht eine Gitarrenband, sich Gehör zu verschaffen. Es ist ein großes fröhliches Durcheinander, und rings um den Platz flackern Neonlichter, die an Fahrzeugen angebracht sind. Ein Auto ist mit Hello-Kitty-Bildern verziert, ein anderes mit einem großen Pferd.

Zu dritt laufen wir zu einem Stand, der Augenmasken verleiht. Augenmasken? Jetzt erst nehme ich die zwei dicken Bäume wahr, die die in der Mitte des Platzes stehen. Das seien Banyan-Bäume, erklärt die Maskenverkäuferin. Sie können bis zu 250 Jahre alt werden, und diese beiden seien auf jeden Fall über 100 Jahre alt. Sie haben alle zehn Sultane und noch mehr Vulkanausbrüche miterlebt. Es ist eine beliebte Wette, mit Augenbinde zwischen den beiden Bäumen hindurchzulaufen. Wer es schafft, den Weg zu finden, wird enthusiastisch von seinen Freunden beklatscht. Wir leihen uns alle drei eine Maske aus. Ich verschweige den beiden, dass ich Zivildienst in einer Blindenschule gemacht habe und dabei auch mehrere Tage unter einer Augenmaske Orientierungstraining hatte. Ich setze die Maske auf und laufe los.

Kapitel 7

Die Ahnen bleiben unter uns

Tana Toraja
Größe: 2000 km²
Einwohner: 250.000
Danke: *kurre sumanga*

Das Moped strauchelt und rutscht über den matschigen Erdboden, links der Berg und rechts ein steiler Abhang. Mit seitlich abgespreizten Beinen habe ich zumindest für kurze Zeit die Illusion einer Balance auf dem beweglichen Boden, fast ist es so, als ob das Moped schwebe. Beim dritten Straucheln allerdings kippt mein Fahrzeug, und ich versuche, es mit dem linken Bein am Umfallen zu hindern. Ich höre das Reißen eines Gummibandes. Doch leider kommt das Geräusch nicht aus dem Inneren der Maschine, sondern aus meinem Bein – das Knie hat nachgegeben. Ich schreie auf und liege im Schlamm. Als ich versuche aufzustehen, merke ich, dass ich nicht mehr auftreten kann, mein linkes Knie ist ein einziges Schmerzzentrum. Mein rechter Fuß war schon vorher etwas entzündet, und ich konnte seit zwei Tagen damit kaum laufen. Jetzt bin ich also komplett außer Gefecht gesetzt – mitten in den Bergen von Tana Toraja in Zentral-Sulawesi.

Tana(h) bedeutet auf Indonesisch »Erde«, und auf die muss ich mich erst einmal sinken lassen. Autos quietschen durch den Schlamm an mir vorbei. Jakob, ein deutscher Reisegefährte, und Ari, mein Toraja-Guide, setzen sich neben mich und lachen. Warum lachen Indonesier eigentlich in solchen Situationen? Ich verfluche ihn innerlich – und mich und mein Knie sowieso. Ich wusste schließlich genau, dass ich bestenfalls ein mittelmäßiger Mopedfahrer bin. Niemals hätte ich mir diese Strecke durch die schlammigen Serpentinen zugetraut. Warum hat Ari sie mir zugetraut? Es ist eins dieser typischen Klischees: ein Weißer mit Mopedunfall. Es gibt in ganz Südostasien viele und vor allem furchtbare Geschichten davon. Allein auf Bali sterben jährlich rund 500 Menschen auf Motorrädern, darunter viele ungeübte Touristen, in ganz Indonesien sind es rund 25.000. Die Helmpflicht wird zwar inzwischen mehr oder weniger überall eingehalten, aber da die Straßen oft in schlechtem Zustand sind, ist das leider nicht genug.

Vielleicht war es das, wovor John mich schützen wollte. Die ersten drei Tage in Tana Toraja waren ein Luxus-Reisetrip, den mein alter Freund John Badalu organisiert hat. Wir haben uns 2003 kennengelernt, als ich das von ihm neu gegründete Filmfestival in Jakarta besuchte, das erste mit einem LGBT-Schwerpunkt in einem muslimischen Land. In der Zeit danach arbeitete er sich so in die internationale Filmwelt ein, dass er zwischen 2014 und 2019 Filme aus Südostasien für die Berlinale ausgewählt hat. Das queere Filmfestival hat er nach 15 Jahren eingestellt. Er sagt, die Proteste konservativer und gewaltbereiter Gruppen wurden zu stark. Das Goethe-Institut, das ihn lange unterstützte, musste sich jedes Jahr mehr unangenehme Fragen stellen lassen. John war traurig darüber, aber er ist eher jemand, der nach vorn blickt. Das mag ich an ihm.

Seinen Job bei der Berlinale hat er nach fünf Jahren beendet. Zu oft hatte er Filme aus Südostasien vorgeschlagen, die sich die Berliner nicht einmal anschauten. Wenn er dann merkte, dass genau diese Filme dann in Cannes oder Locarno Preise gewannen, ärgerte er sich. Er ist wieder nach Indonesien gezogen und lebt abwechselnd in Makassar bei seinen Eltern und auf Bali.

In seiner Heimatstadt hat er mir seine Lieblingsrestaurants (zum Beispiel das Pisang Epe direkt am Hafen) gezeigt, dann nahmen wir den Nachtbus nach Rantepao, die Hauptstadt des Landes der Volksgruppe der Toraja.

John erzählte, dass Tana Toraja seit den 1990er-Jahren als »zweites Bali« aufgebaut würde, weil es Ähnliches zu bieten habe: Reisfelder, ungewöhnliche Adat-Häuser mit verrückten Dächern und eine Kultur, die sich auch über Fotos gut erzählen ließe. *Adat* ist ein Wort, das man kennen sollte, weil Indonesier es gern als Begründung anführen für die Dinge, die sie tun und die uns ungewöhnlich erscheinen. Wörtlich bedeutet *Adat* »Brauchtum«. Das Adat-Haus ist also ein Haus, in dem Bräuche betrieben werden, im weitesten Sinne. Hier trifft sich das Dorf, hier werden Feste gefeiert, und nach außen hin repräsentiert die Form des Hauses ebenfalls die Kultur der Einwohner einer Insel.

Das Adat der Toraja bestimmt ihr Leben an fast jedem Tag, und das größte Fest für sie hängt mit dem Tod zusammen. Wenn die Toraja ihre Toten begraben, dann sind das Festivals, an denen Tausende Menschen teilnehmen. Die meisten Begräbnisfeiern finden zwischen Juni und August statt. Wir waren also genau zur richtigen Zeit dort. John wollte aber weder ein eigenes Moped mieten noch zu einem Begräbnis. Er sei schließlich nicht eingeladen – und für einen Indonesier würde es sich seltsam anfühlen, als Tourist auf ein solches Begräbnis zu gehen. Ausländische Besucher allerdings seien immer gern gesehen bei Feiern, auch bei den Toraja.

Also ließ ich mich darauf ein, zusammen mit Jakob und Ari in die Berge zu fahren. Jakob ist ein Deutscher, der eigentlich in Malaysia wohnt. Er war mir von Anfang an irgendwie suspekt, ein Endfünfziger, der allein in einer Hütte in Südostasien wohnt. Schon beneidenswert, aber gleichzeitig denke ich auch: Warum macht er das? Außerdem tut er die ganze Zeit so, als habe er schon alles erlebt und kenne die ganze Region. »Das ist mein fünfter Besuch auf Sulawesi«, erklärte er zum Beispiel, »und ich würde niemals einen Guide buchen.« Dass ich Ari rund vierzig Euro bezahlt habe, hielt Jakob aber nicht davon ab, mitzukommen. Er bot auch nicht an, sich an den Kosten zu beteiligen, und irgendwie war klar, dass ich ihn nicht danach fragen würde. »Mein ganzes Leben hier ist ein Abenteuer«, sagte er, als ich anmerkte, dass die Straßen in den Bergen so schlecht seien. »Diese Straßen sind noch gar nichts, du müsstest mal die in Malaysia sehen.«

Natürlich ist es mir besonders peinlich, jetzt auch noch vor Jakob im Matsch gelandet zu sein. Während Ari kommt und mir hilft, versucht Jakob, mir fachmännisch zu erklären, wie man ein Moped durch den Matsch steuert. Ari, dem das alles sichtlich unangenehm ist, sagt, wir seien fast am Ziel. Ich will auf keinen Fall zurückfahren, und sein Lachen hat auch etwas Aufmunterndes. Er verspricht: »Wir fahren eine bessere Strecke zurück, eine mit weniger Schlamm.« Ich frage, warum wir überhaupt diese Strecke genommen haben, wenn doch eine bessere existiert. Aber Ari, ein indonesischer Mittvierziger, bleibt stumm. Nach ein paar Minuten Pause steige ich auf das Moped und schaffe die letzten rund 500 Meter durch die Berge, ohne noch einmal umzukippen.

Ich parke mein Moped und steige vorsichtig ab, bevor ich merke, dass direkt neben mir ein Schwein gefesselt auf dem

Boden liegt. Das Tier quiekt, und so sehr, wie der Bauch bei jedem Atemzug auf- und abschwillt, muss es Todesängste ausstehen. Für einen Augenblick vergesse ich meine eigenen Schmerzen. Bis zwei Männer kommen, das Tier lachend in die Höhe heben und es zu einer Hütte tragen.

Wir stehen direkt am Rande einer Trauerfeier, die eher einem Volksfest gleicht. Ich sehe ein großes Haus im Zentrum eines Platzes, davor steht ein geschmückter Sarg. Rundherum mehrere Holzbauten, in denen die Gäste sitzen. Ari begrüßt ein paar Freunde und stellt uns vor.

Er erklärt uns, dass jedes mitgebrachte Tier registriert werde. Bei den Toraja ist die Trauerfeier mehr als nur ein Gedenkritual für einen Verstorbenen. »Das ganze Leben der Toraja richtet sich nach diesen Feiern aus.« Jeder, der ein Schwein beisteuert, erwartet mindestens die gleiche Gabe für ein Begräbnis in seiner Familie – möglichst aber etwas Höherwertiges, also zwei Schweine oder sogar einen Wasserbüffel. Mit John habe ich zuvor auch einen Markt besucht, auf dem Wasserbüffel verkauft wurden. Ein weißer Büffel war umgerechnet rund 2000 Euro wert, manche das Doppelte, ein schwarzer Büffel um die 1000 Euro. Kostspielige Angelegenheit.

Die Gräber werden ebenfalls sehr aufwendig gestaltet, oft mit kleinen Holzstatuen am Eingang. Diese *tau tau* haben die Kleidung der Verstorbenen an und sind manchmal auch lebensgroß. Wenn man sie von Weitem sieht, muss man zweimal hinschauen, um sie als Statuen zu erkennen. In den vergangenen Jahren haben die Toraja gemerkt, dass diese Figuren den Touristen gefallen, und man kann sie inzwischen als kleine Souvenirs kaufen – hergestellt von dem Mann, der sie auch sonst für die Zeremonien schnitzt.

Ich muss mich erst einmal irgendwo niederlassen, mein Knie ist angeschwollen, tut schrecklich weh und macht mir zunehmend Sorgen. Wir werden von einer Gästegruppe eingeladen, uns zu ihnen zu setzen. Jakob und ich gesellen uns zu den zwei Familien, und Ari besorgt Tee. Eine der Frauen arbeite eigentlich auf Bali, sagt sie, und sei hier, weil sie die Tote kannte, Ibu Kautan. Sie sei extra für die Feier gekommen. Sie fragt, warum ich so humpele, und gibt mir eine Tube, auf der »Counterpain« steht. »Das hilft normalerweise bei Schmerzen«, sagt sie. Später finde ich heraus, dass die Salbe in Deutschland nicht zugelassen ist, aber in Asien der absolute Hit bei Muskel- und Gelenkschmerzen. Außerdem gibt sie mir ein paar Paracetamol. Ich nehme eine der Pillen und krempele mein Hosenbein nach oben. Plötzlich bin ich umringt von vielleicht zwanzig Neugierigen, die wissen wollen, was mit mir passiert ist. Die Mopedgeschichte klingt leider noch immer nicht wie eine Heldenstory.

Das ist etwas, was ich typischerweise mit Indonesien verbinde: dass sich die Einwohner des Landes sehr für das Privatleben von Reisenden interessieren, und das bezieht auch Unglücke mit ein. Im besten Sinne wollen sie helfen – und so haben sie in fünf Minuten mehrere Ideen zusammengetragen, was ich alles gegen die Schmerzen tun könnte oder wen ich treffen sollte. Einer empfiehlt einen Arzt in Rantepao, wo mein Hotel liegt. Der Nächste sagt, es gebe einen Schamanen, den ich unbedingt sehen müsste. Und die Verstorbene hätte auch bestimmt gewusst, was zu tun sei. Wenn jemand hingefallen war, habe Ibu Kautan immer gefragt: »Warum bist du unkonzentriert gewesen? Was hat dich abgelenkt?« In meinem Fall: Warum hast du dich überschätzt? Jakob und ich erfahren, dass die Frau, zu deren Ehren all die Menschen am heutigen Tag zusammengekommen sind, fünf Söhne hatte und dass sie bereits vor zwei Jahren gestorben ist. »So lange dauerte es«, sagt Ari, »bis die Familie das Geld für die Trauerfeier zusammen hatte.« Das Fest werde fünf Tage dauern. Wir sind einen Tag zu früh für das große Büffelschlachten, ergänzt er noch. »Heute sind die Schweine dran.« Er zeigt auf die Hütte, die ein paar Meter neben dem Sarg-Gebäude steht. Jetzt weiß ich auch, warum von dort immer wieder ein entsetzliches Quieken nach draußen dringt.

Wir laufen (Ari und Jakob) und hinken (ich) über das Gelände, und erst jetzt merke ich, wie sehr sich diese beschwerliche Tour trotz allem gelohnt hat. Wir sind auf der Spitze eines großen Bergs und können weit ins Tal schauen. Überall stehen die Häuser der Toraja, deren Dächer an den schmalen Seiten hoch nach oben gebogen sind. Diese *Tongkonan* sind stets nach Norden ausgerichtet. Einer der Gäste wohnt hier im Dorf und lädt uns in sein Haus ein. Es ist noch nicht fertig eingerichtet, aber schon jetzt beeindruckend. Die Struktur ist dreiteilig: Unten, zwischen den Stelzen, auf denen das Haus steht, sind die Tiere untergebracht, darüber leben die Menschen, unterm Dach werden die wertvollen Familienerbstücke aufbewahrt. Als ich den Hausbesitzer frage, warum die Dächer wie Hörner aussehen, sagt er, weil die Toraja die Büffel so sehr mögen. Als wir hineinlaufen, nimmt mich Ari zur Seite und sagt, dass die Toraja von den Bugis abstammen, dem Volk von Süd-Sulawesi. »Die Bugis sind traditionell ein Seefahrervolk, daran erinnern die Toraja mit den schiffsartigen Hausdächern.« Er selbst sei ein »geborener« Bugis und erst später in diese Gegend gezogen.

Ob nun Büffelkopf oder Schiff, die Spitzen sind bis weithin zu sehen und machen diese Gegend so besonders malerisch. Die großen Bauten sind Gemeinschaftshäuser, die mittleren Wohnhäuser, die kleineren werden als Reislager genutzt – und dann gibt es noch die *Tongkonan,* in die genau ein Mensch liegend hineinpasst. Das sind die Särge. Mit John habe ich zwei Tage lang mehrere Dörfer angeschaut. Vor allem das pittoreske Kete Kesu ist inzwischen ein Touristenhighlight mit Eintrittskarte und geführter Tour, wenn man möchte. Aber es unterscheidet sich von diesem »echten« Dorf nur wenig. Die »gehörnten« Häuser sind hier genauso in Reih und Glied aufgebaut. Sie ähneln entfernt den Häusern am See Toba, aber die Seiten sind lang und spitz zulaufend. Jakob sagt, er habe schon viele schöne Dörfer gesehen und viel größere Feste erlebt. Er ist etwas enttäuscht, dass wir das Büffelschlachten nicht mitbekommen werden. Er fotografiert dafür viele der jungen Frauen, die in festlicher Kleidung in einem kleinen Häuschen neben dem zentralen Platz auf ihren Auftritt warten. »Asiatische Frauen sind einfach viel schöner als Frauen in Deutschland«, sagt Jakob. Plötzlich hören wir, dass es laut wird am Ende des Dorfes: Einer der Jungen sagt, dass jetzt der Büffelkampf beginnt.

Wir stellen uns an den Rand einer Lichtung, die leider wieder sehr schlammig ist. Erst jetzt sehe ich, dass Jakob Sandalen und weiße Socken trägt. Aber mit meinen – eigentlich – grünen Sneakers, mit denen ich heute schon mehrfach knöcheltief im Matsch stand, kann ich nicht behaupten, besser als er auf diese Bedingungen vorbereitet zu sein. Ich kämpfe mich einen Abhang hinauf und sinke dabei immer wieder in den Boden. Jakob geht es nicht anders. Die Stimmung zwischen uns ist angespannt. Dann sagt er: »Jetzt weiß ich, warum du kein richtiger Reisender bist: Du siehst genau, dass ich hier Hilfe brauche, und reichst mir keine Hand.« Ich brauche ein paar Sekunden, bis ich ihn fragen kann, ob er vielleicht bemerkt habe, dass ich kaum auftreten, geschweige denn auch noch ihn stützen kann. Es ist sehr seltsam, hier mitten in den Bergen von Toraja mit einem Deutschen zu streiten, der noch vor ein paar Jahren in Berlin-Friedrichshain gewohnt hat.

Wir stehen ein paar Minuten stumm nebeneinander und schauen dem »Büffelkampf« zu. Der läuft so ab, dass die Büffel – manchmal aufgeputscht mit Drogen – so lange mit Stöcken angestachelt werden, bis sie aufeinander losgehen. Eine ganze Weile passiert nichts. Jakob flucht, weil sein Handyspeicher voll ist und er keine Videos mehr aufnehmen kann. Er zeigt mir sein Telefon. »Es ist so furchtbar«, sagt er, »jetzt muss ich all diese Bilder löschen.« Auf den Fotos sind Sonnenuntergänge und Teenager, manche Mädchen noch nicht einmal zwölf Jahre alt, die in die Kamera lächeln. Er klickt sich durch seine Sammlung, löscht einige der Aufnahmen, und spätestens jetzt habe ich beschlossen, dass wir keine Freunde mehr werden. Plötzlich schreien alle um uns herum: Zwei Büffel laufen genau auf uns zu! Wir rutschen in verschiedene Richtungen davon und können uns gerade noch vor den Tieren retten.

Danach haben wir genug. Wir gehen langsam zurück und sitzen noch etwas mit der Familie zusammen. Immer wieder kommen Menschen aus dem »Schlachthaus« mit Fleischbündeln in den Händen. Die Wahlbalinesin erklärt mir, wer welche Teile des Schweins bekommt. Da gebe es ganz klare Regeln. Natürlich werde nicht alles hier verzehrt. Diese Feiern bilden für viele Dörfer die Nahrungsgrundlage für Wochen. Inzwischen gibt es auch hier Tiefkühlgeräte. Gegessen wird trotzdem viel auf dem Fest, zudem wird getanzt und getrunken, sogar Bier, die Mehrheit der Toroja sind Christen. »So sind die Reden zu ertragen«, sagt Ari und nimmt sich eine Flasche. Erst jetzt fällt mir auf, dass immer wieder irgendjemand in ein Mikrofon spricht. Es ist nicht aufdringlich, eher wie eine Hintergrundunterhaltung, der nur die Leute wirklich zuhören, die dicht bei der Bühne sitzen.

Es wird langsam Abend. Und ich will auf keinen Fall im Dunkeln den »anderen, viel sichereren« Weg den Berg hinunterfahren, deshalb brechen wir auf. Tatsächlich ist der Weg fast trocken, und ich habe nur einige Male das Gefühl, auf einem Steg zu balancieren, wenn der befahrbare Teil der Straße sich auf einen halben Meter verengt. Alles verläuft gut, und die Paracetamol, die mir noch zum Abschied geschenkt wurden, lassen mich zumindest eine Weile vergessen, dass ich ein kaputtes Knie habe.

Abends sitze ich noch lange im Café des Hotels, Café Kaana. Es ist einer der besten Orte, den ich auf meiner Reise erlebe. Vielleicht schreibe ich das nur, weil ich dort insgesamt acht Tage verbringen werde. Ich verlängere meinen Aufenthalt nämlich um fünf weitere Tage und sitze die meiste Zeit hier. Am ersten Abend sieht der Inhaber, dass ich humpele, und holt mit dem Moped seine Mutter. Sie sei Könnerin im Fach *Urut*, einer traditionellen indonesischen Heilmethode. Er erklärt: »Sie macht Dinge, die durcheinander sind, mit ihren Händen wieder in Ordnung – in deinem Knie ist nur etwas durcheinander.« Ich denke, es wird schon nicht schaden, und einige Augenblicke später drücken die alten Hände seiner Mutter auf meinem Knie herum. Nach ein paar Augenblicken weiß ich, dass es nett gemeint ist, aber eine Massage des Knies das Letzte ist, was ich gerade brauche. Sie widmet sich noch etwas meinem kaputten Knöchel, was etwas zu bewirken scheint (oder das kommt vom »Counterpain«, das ich mitnehmen durfte), und ich bedanke mich freundlich in der Sprache der Einheimischen: »*Kurre sumanga*.«

Den Rest von Tana Toraja lerne ich über Etienne und Julia kennen, ein Ehepaar aus Thüringen, das auf Hochzeitsreise gerade in Toraja Station macht. Jeden Morgen brechen sie zu einer Tour in die Berge auf, die sie bestens überstehen, abends besorgen sie Bintang, und wir unterhalten uns im Heimatdialekt über diesen schönsten Teil von Indonesien, den ich bis dahin gesehen habe. Sie zeigen mir Videos von den geschlachteten Büffeln, die man allerdings auch auf YouTube sehen kann. Ich brauche diese Bilder nicht im Kopf und lasse mir lieber erzählen, was sie sonst erlebt habe. Sie lernen auch Jakob kennen, bilden aber keine Reisegruppe mit ihm. Witzig ist: Die beiden sind gerade von den Togian-Inseln gekommen – das ist mein nächstes Ziel. Sie empfehlen mir den »besten Guide« für diese Inselgruppe: Odi. Er nennt sich aber »Noldi«, weil die Null (Indonesisch *Nol*) wie ein O aussieht. Ich denke, so einen Guide muss ich unbedingt kennenlernen. Am achten Tag in Tana Toraja kann ich zwar noch nicht wieder laufen, aber für eine 24-stündige Busfahrt fühle ich mich wieder ausreichend hergestellt.

Kapitel 8

Kleine Inseln, große Dramen

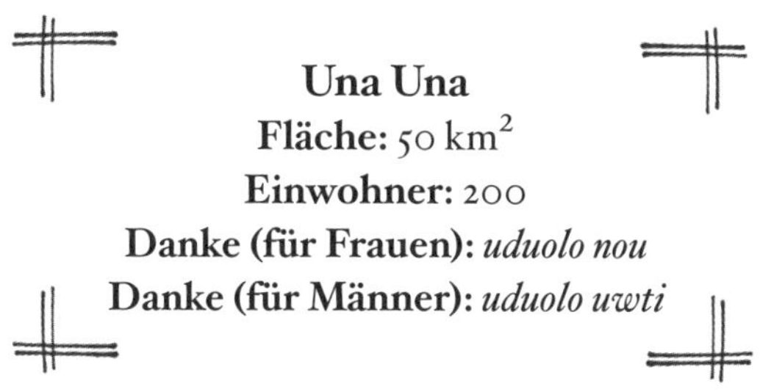

Una Una
Fläche: 50 km²
Einwohner: 200
Danke (für Frauen): *uduolo nou*
Danke (für Männer): *uduolo uwti*

Masih ada.« Das sagt man auf Indonesisch, wenn etwas noch da ist. Zum Beispiel ein Ticket für das nächste Boot auf die Insel Una Una (leider keins mehr da) oder eine Zigarette in der Schachtel Sampoerna (noch genug da). Ich habe in dem schönen Café in Toraja, in dem ich meine orthopädische Zwangspause verbracht habe, vor lauter Frust mit dem Rauchen wieder angefangen. Und weil eben vorerst kein Boot mehr vom Hafen in Ampana ablegt, sitze ich nun frustriert herum und rauche mit Ibu Ulfa um die Wette. Eigentlich mag ich diese

Art von lauten, kurzhaarigen, herrischen Frauen. Sie thront hinter ihrem Schreibtisch im Hafenbüro und managt alle Passagiere, die von Ampana auf die umliegenden Inseln aufbrechen. An ihr müssen auch alle vorbei, die Kurtaxe für Ausländer bezahlen (rund zwanzig Euro). Mir kann sie leider im Augenblick nicht helfen. Sie legt meinen Pass immer wieder zur Seite und sagt: »*Mungkin nanti*« – vielleicht geht später noch ein Boot. Dann fertigt Ibu Ulfa laut und resolut eine Gruppe von Chinesen und zwei Schwedinnen ab, die vorgebucht haben.

Aber auch ich habe vorgebucht. Nachdem ich in Toraja von Odi/Noldi gehört hatte, habe ich sofort Kontakt mit ihm aufgenommen und ihm angekündigt, wann ich in Ampana ankommen würde. Er schrieb zurück, er wolle sich um alles kümmern, auch um das Ticket von Ampana nach Una Una. Und trotzdem sitze ich wieder an einem Hafen in Indonesien rum, und mir wird wieder gesagt, dass heute nichts mehr geht. Zum Glück habe ich gelernt und mittlerweile verinnerlicht, dass man einfach Geduld braucht.

Über das Rauchen lerne ich nun Ibu Ulfa etwas besser kennen. Seit dreißig Jahren arbeitet sie hier am Hafen, kennt jedes Gesicht. Ihr macht keiner was vor. Den feuerroten Lippenstift trägt sie wie ein Seemannstattoo, und wer gesehen hat, wie Kapitäne auf ihre kratzige Stimme reagieren, vergisst vorübergehend, dass dieses Land so sehr von patriarchalen Rollenklischees durchzogen ist. Als ich Ibu Ulfa nebenbei nach meinem Guide Odi frage, der doch für mich ein Ticket organisiert habe, antwortet sie schlecht gelaunt: »Nie gehört den Namen.« Bei seinem Spitznamen »Noldi« ist die Reaktion dieselbe, und sie lacht auch nicht, als ich ihr erkläre, wie er zu seinem Spitznamen kam. Mir dämmert langsam, dass Odi nicht nur der bekannteste Guide der Togian-Inseln sein könnte, sondern auch der berüchtigtste. Warum aber winkt sie nur ab, wenn sie seinen Namen hört?

Den Ausspruch *masih ada* höre ich wieder, als ich drei Stunden später den Sonnenuntergang auf der kleinen Insel Poya Lisa anschaue. Sie liegt auf halbem Weg nach Una Una, und dorthin ging noch ein Boot. Wir sind nur zwölf Menschen an diesem Abend hier, darunter zwei Schweizer und ein Niederländer, und einige Indonesier, die den Homestay betreiben. Wir schauen der Sonne beim Untergehen zu. Kurz bevor sie weg ist, beginnt ein Indonesier wie zu sich selbst zu murmeln: »*Masih ada, masih ada, masih ada …*« Und dann sagt er fast flüsternd: »*Habisssssss*.«

Habis – die Sonne ist »weg«, und der gemütliche Teil des Abends kann beginnen. Eine der Mitarbeiterinnen der Unterkunft greift in die Kühltruhe und stellt drei Flaschen Bier auf den Tisch – an dem sechs Menschen sitzen. Jemand hat wohl vergessen, Nachschub zu kaufen. Es wird daher ein kurzer Sundowner für uns alle, aber ein sehr langes Gespräch – zwischenzeitlich unterbrochen für eine Karaoke-Session (die indonesische Pop-Rock-Band PeterPan alias Noah funktioniert immer). Ein Abendspaziergang ist auf einer derart kleinen Insel ja keine echte Alternative, und so reden wir, unter anderem über das Rauchen.

Es ist im Grunde ein furchtbares Thema, denn die Zahlen sind in keinem Land so verheerend wie in Indonesien. Rauchen ist sogar so beliebt, dass »Trinkgeld« auf Indonesisch bis heute *Uang Rokok* genannt wird – »Rauchgeld«. 72 Prozent der Erwachsenen rauchen hier. In Deutschland sind es 27 Prozent. Die großen US-Firmen haben dieses Potenzial erkannt und, als der Westen noch Lucky-Strike-Kampagnen auf große Plakate druckte, sämtliche indonesischen Tabakfirmen gekauft. Inzwischen sind mehrere Marlboro-Männer an Lungenkrebs gestorben, nur bis zu diesen Inseln haben sich die Folgen der schlechten Angewohnheit nicht herumgesprochen. Noch Anfang der 2000er ging ein Video von einem rauchenden Kleinkind aus Indonesien um die Welt – der Zweijährige rauchte damals zwei Schachteln am Tag, und der Vater konnte es ihm nicht abgewöhnen. »Er wird dann sehr sauer«, sagte er damals in die Kameras von CNN. Inzwischen ist Aldi Rizal 18 Jahre alt, lebt in Jakarta und ist größter Anti-Raucher. Leider kennt ihn heute keiner mehr. Die »lustigen« Bilder des rauchenden Babys aber durchziehen immer noch die gängigen Chat-Dienste.

Rauchen gilt in Indonesien nach wie vor als cool, und es gibt Zigarettensorten in poppigem Design mit Zitronen- oder Himbeergeschmack, die vor allem junge Mädchen ansprechen. Rund jeder fünfte indonesische Jugendliche zwischen 13 und 15 Jahren ist nikotinsüchtig. Und die großen Marken dürfen trotzdem weiterhin Plakatkampagnen fahren, die den jungen Leuten das Aufhören quasi »verbieten«. Auf einem beliebten Motiv, das ich auf wirklich jeder Insel gesehen habe, ist ein Mann abgebildet, der mit Dreck im Gesicht ein Stück Holz nach oben drückt – dazu der Spruch auf Englisch: *Never quit!* Als ob Rauchen eine schwierige Herausforderung im Leben wäre, wie eine Crossfit-Challenge, durch die man sich selbst etwas bewiesen hätte.

Die Indonesier, mit denen ich hier auf Poya Lisa darüber spreche, pflichten mir bei. Sie sind auch gegen das Rauchen, sie wissen um die Gefährlichkeit, sie haben häufig mit Touristen darüber sinniert. Und zwischendurch haben sie genauso wie heute Abend immer wieder ein Feuerzeug gesucht, um irgendjemandem in der Runde eine Zigarette anzuzünden. Die wirklich einzige Verteidigung, die dann oft lachend vorgetragen wird, ist die, dass es hier zumindest gut riecht. In der Tat ist bei den meisten Zigaretten in Indonesien der Tabak mit Nelkenöl versetzt, was die Zigaretten gemütlich knistern lässt – und eben einen charakteristischen »indonesischen« Duft verbreitet. Mir ist es in Berlin mehrfach passiert, dass jemand, der den Rauch einer solchen Zigarette von mir roch, sofort um eine Zigarette bat. Der zweite Grund, der von Indonesiern oft für das Rauchen angeführt wird: »Es vertreibt die Mücken.« Aber außerhalb vom See Toba auf Sumatra habe ich selten ein großes Mückenproblem im Land erlebt. Hier auf Poya Lisa gibt es jedenfalls keine. Der dritte Grund: Rauchen ist sehr günstig. Eine Stange Sampoerna kostet am Flughafen umgerechnet zehn Euro.

Leider habe ich auf Poya Lisa keinen Empfang, aber als ich am nächsten Morgen ein Boot nach Una Una besteige, erhalte ich eine SMS von Odi. »Tut mir leid, dass ich nicht erreichbar war, ich war im Funkloch.« Dann ruft er mich an und legt gleich wieder auf. Selbstverständlich rufe ich zurück. Später wird er sagen, dass er so Telefonkosten spare. Kommunikation mit Odi ist, sagen wir, schleppend.

Auf Una Una angekommen, treffen wir endlich aufeinander. Er sieht irgendwie älter aus als 49. Seine langen Haare, vom Meer verfilzt, gleichen Dreadlocks, und in seinem Mund sind nicht mehr sämtliche Zähne vorhanden. Um es positiv zu sagen: Er sieht aus, als habe er in seinem Leben eine Menge erlebt. Da wir die kommenden drei Tage zusammen verbringen wollen, werde ich sicherlich einiges von ihm lernen können, denke ich.

Odi wundert sich, warum Ibu Ulfa seinen Namen nicht kannte, denn er kennt sie sehr wohl. Aber er lässt es auf sich beruhen. Und mir ist es egal, denn ich stehe gerade im »Paradies«. Das Resort namens Paradise auf der Insel Una Una ist so, wie man sich einen Indonesien-Urlaub klassischerweise vorstellt: Sandstrand, Palmen, klares, blaues Wasser, eine Karte mit fantasievollen Cocktails. »Ich mixe dir jeden, solange er keinen unanständigen Namen hat«, sagt Pierre. Er steht zwar hinter dem Tresen, ist eigentlich aber Tauchlehrer. Seit drei Jahren lebt er auf Una Una und will diese Insel so schnell nicht wieder verlassen. Wenn ich mich umsehe, verstehe ich, warum.

Später laufe ich den Steg entlang, so einen, der auf solchen Inseln oft bis weit ins Meer hinausführt. Schnell ist man rundum von Wasser umgeben, kann Fischschwärme beobachten. Irgendwo in der Mitte haben sie eine Kuschelecke aufgebaut, überdacht, damit die Kissen auch bei Regen dort liegen können.

Doch viel Zeit zum Ausruhen bleibt mir nicht. Odi hat ein volles Programm, hier in der Gegend gibt es einiges zu sehen, zuerst will er mit mir Schnorcheln fahren. Als ich eine Stunde später im Wasser bin, sehe ich leider das Gegenteil vom Findet-Nemo-Wunderland. Ich habe zwar gelesen, dass die Togian-Inseln von Bombenfischern stark beeinträchtigt wurden, aber dass es so schlimm sein würde, habe ich nicht erwartet: Es ist grauenvoll. Ich schwimme über ein Knochenmeer: alles voller weißer, kleiner Steinchen, die sich als Korallenüberreste entpuppen. So weit ich durch die Taucherbrille sehen kann, ist alles tot.

Plötzlich stößt etwas gegen meinen Kopf. Es ist ein Fußball, genauer: ein halber Fußball. Darin schwimmt ein kleiner gelbblauer Fisch. Er ist gefangen, denn der halbe Fußball hat sich zusammengekrümmt wie zu einer Tasche und nur ein kleines Loch gelassen. Ich befreie den Fisch und werfe den Ball ins Boot. Beim Auftauchen sehe ich, dass ein paar Meter weiter eine Plastikflasche schwimmt. Noch ein paar Meter weiter die Packung einer Instantnudelsuppe. Ich greife, was ich finden kann, und befördere alles ins Boot. Dann bitte ich Odi, mich woanders hinzufahren.

Odi sagt, dass er viele Einheimische kenne, die hier lange vom Dynamitfischen gelebt haben. Es ist – aus der Sicht der Fischer – die günstigste Art des Fischens: Man braucht keine eigenen Netze, und mit einer Ladung Dynamit lässt sich eine große Anzahl von Fischen auf einmal töten. Für die Umwelt allerdings ist es der blanke Horror: Über die Hälfte der getöteten Fische sinkt einfach auf den Boden, wird von der Strömung erfasst oder von Raubfischen gefressen. Korallen werden unwiederbringlich zerstört, wodurch die Nahrungsgrundlage und der Lebensraum für viele Fische verloren gehen. Dynamitfischen ist zwar inzwischen weltweit geächtet und wird mit hohen Geld- und langen Gefängnisstrafen geahndet, aber eine Taucherin erzählt mir später, sie höre beim nächtlichen Tauchen im Gebiet der Togian-Inseln immer noch manchmal die vertrauten Geräusche der Explosionen.

Was das mit der lokalen Bevölkerung macht, wird deutlich, als mich Odi zu einem Fischerdorf bringt. Diese Fahrten quer durch die Inselgruppe sind das absolute Highlight dieser Gegend. Am strahlend blauen Himmel sind nur wenige Wolken zu sehen, Odi sitzt hinten, grinst und raucht. Ich frage ihn, wo er eigentlich zu Hause ist, aber er weicht aus. Er hatte einst eine Frau und Kinder in Gorontalo, einer Stadt auf Sulawesi, nördlich der Inseln. Doch die Beziehung ging in die Brüche, und seitdem lebt er großräumig zwischen den Togian-Inseln und Manado in Nord-Sulawesi. Er habe überall Freunde, bei denen er unterkommen könne.

Einer dieser Freunde wohnt auf der Insel Tangkian, dorthin sind wir unterwegs. Von Weitem sieht das Fischerdorf aus wie ans Ufer gegossene idyllische Hütten. Als wir näherkommen, sind es windschiefe Bretterbuden.

Ich lerne Odis alten Freund Afritan kennen. Der kleine sympathische Mann lädt mich in seine Hütte ein. Der Großteil seines Heims ist auf Stelzen über dem Wasser gebaut. Die Küche ist sehr einfach, im Wohnzimmer läuft ein Fernseher, und es gibt nicht genug Stühle für uns alle. Ich setze mich auf einen umgedrehten Eimer. Odi übersetzt für mich das ins Indonesische, was ich in der Sprache der Einheimischen nicht verstehe. Afritan sagt, dass er fünf Kinder habe. Sein ältester Sohn sei 16 Jahre alt. Seine Frau und er seien 32. Er sagt, das sei normal, dass man mit 15 versuche, seinen eigenen Weg zu gehen. Als ich Afritans Sohn frage, ob er auch eine Familie gründen wolle, winkt er ab. »Noch lange nicht.« Er nimmt sich eine Zigarette aus der Schachtel, die ich Afritan hingehalten habe, und verabschiedet sich.

Afritan zeigt mir den Fang des Tages: fünf kleine Seegurken. Die habe er morgens ertaucht.

»Sie bringen ungefähr 10.000 Rupiah pro Stück.«

»Davon lebst du?«

»Heute ja, ich hoffe, morgen kann ich einen Hummer fangen, der bringt das Sechsfache.« Fische habe er schon lange nicht mehr gefangen. »Es gibt einfach zu wenige.«

Ob er auch mit Dynamit gefischt habe, frage ich ihn.

»Ja, aber das ist lange her, es ist ja illegal.« An den meisten Tagen lebt er von etwas mehr als fünf Euro. Wie er seine Familie von seinem Lohn ernähren kann, ist nicht klar. In einem der Resorts kann er nicht arbeiten, weil er kein Englisch spricht.

Afrita zeigt mir seine kleine Insel, die Moschee mit dem verrosteten Dach, die Schule am Strand hinter einem Hügel, die im Augenblick keinen Lehrer hat und deshalb geschlossen ist. Die Mehrheit der Einwohner, sagt Odi, leben unterhalb der Armutsgrenze. Als wir im Boot und außer Hörweite sind, erzählt er, dass Drogen eines der schlimmsten Probleme hier auf den Inseln seien. *Sabu-sabu*, wie »Crystal Meth« in Indonesien genannt wird, verbreite sich rasend schnell. Der Handel ist in diesem weitläufigen Terrain schwer zu kontrollieren. Dennoch hat Odi Freunde, die schon dafür im Gefängnis gelandet seien.

Als wir zurück nach Una Una fahren, kommen wir an einer kleinen Insel vorbei, die keinen Namen hat. Sie besteht nur aus einem Hügel und einem Häuschen an dessen Fuß. »Die Leute nennen es Drama Island«, sagt Odi, »weil sich hier ein Drama ereignet hat.« Die Hütte ist noch gut erhalten, aber die Tür und einige Fenster sind mit Holz verriegelt. Odi erzählt, dass sie einem Briten gehöre, der jetzt auf der Togian-Insel Wakai lebe. »Er hat eine Einheimische geheiratet und wollte mit ihr hier leben.« Aber er habe ein Alkoholproblem gehabt und nach noch nicht einmal einem Jahr habe man den Streit bis nach Una Una hören können. »Er schrie seine Frau ständig an«, erzählt Odi, »dann packte sie ihre Sachen und zog zu ihrer Familie zurück.« Der Brite lebte noch eine Weile allein hier, aber jetzt sei Drama Island wieder unbewohnt. Nur der fröhliche Schriftzug auf einem Holzbalken erinnert noch daran, dass es einmal glückliche Zeiten gegeben haben muss. Dort steht: *Bule Boleh Bajo* – »Ein Weißer kann auch Bajo sein«. *Bajo* nennen sich die Einwohner der Togian-Inseln – der Brite hatte sich wohl wirklich zugetraut, einer von hier zu werden. Odi sagt, er habe den Mann letzte Woche gesehen. »Er lief ohne T-Shirt durch die Straße und schrie etwas Unverständliches.« Vielleicht kann ein *Bule*, ein Weißer, eben doch kein *Bajo* sein.

Abends sitze ich mit Pierre an der Bar vom Paradise. Der Franzose macht Cocktails für die Gäste und redet in den Pausen unablässig auf mich ein. Ich nehme mit seiner Einwilligung unser Gespräch mit meinem Handy auf und staune über seine Offenheit. Pierre erzählt lautstark von seiner großen Liebe und wie er sie damals verlor, während seine jetzige Frau und sein Sohn die ganze Zeit in Hörweite sind – aber das scheint ihn nicht zu stören. Erst im Laufe seines Monologs wird klar, dass diese Offenherzigkeit eine Geschichte hat. Hier ein Auszug seines Stream of Consciousness:

»Ich habe die Liebe meines Lebens in Bunaken kennengelernt, damals war ich Ende zwanzig, sie kam aus Singapur, und wir waren beide Tauchlehrer. Als ich mit ihr nach drei gemeinsamen Jahren nach Singapur fliegen wollte, hatte ich starke Kopfschmerzen. Im Flugzeug wurden die schlimmer, und ungefähr dreißig Minuten vor der Landung verlor ich das Bewusstsein. Im Krankenhaus fanden sie heraus, dass ich eine Gehirnblutung hatte, weil sich ein Tumor in meinem Kopf festgesetzt hatte. Sie sagten, sie müssten sofort operieren, aber die Operation sei riskant. Sie kündigten an, dass ich nach der Operation nicht mehr der Gleiche sein werde, und ja, ich habe seitdem keinen Filter mehr. Ich rede frei heraus von sehr persönlichen Dingen, ich frage dicke Menschen: ›Warum bist du so fett?‹, und ich mache ständig Witze über mich selbst. Am Anfang war das noch lustig, auch für meine Freundin, aber als ich ihr sagte, dass ich nach Frankreich zurückmuss, meinte sie, dass auch unsere Beziehung zu Ende sei. Zu Hause habe ich aus Frust nur gegessen und wurde selber wahnsinnig fett. In nur fünf Monaten hatte ich dreißig Kilo mehr auf den Rippen. Aber dann habe ich angefangen, Sport zu machen. Das Problem war, dass mein Gehirn mir auch nicht mehr sagte, wann ich satt bin.

Das habe ich jetzt besser unter Kontrolle, aber die Sache mit den Witzen hat nicht aufgehört. Ach so! Und das Kurzzeitgedächtnis ist weg. Das ist manchmal blöd als Tauchlehrer, wenn ich den Sicherheitscheck zweimal mache. Aber lieber mache ich den Check zweimal, als ihn einmal zu vergessen, oder?«

Dann kommt seine Frau von hinten auf ihn zu, umarmt ihn, und er sagt ihr etwas, das ich aber nicht ganz verstehe und das wohl auch nicht hierhergehört. Pierre ist wirklich die ganze Zeit sehr, sehr ehrlich.

Odi hat sich abseits auf eine Bank gesetzt. Er kennt Pierres Geschichte schon. Mittlerweile ist es dunkel geworden, und er trinkt ein Bier. Er hat glasige Augen und geht zwischendurch immer wieder zu einer Gruppe von Indonesiern am Strand. Wenn er sich zu Wort meldet, klingt er nicht mehr ganz klar. Auch er hat kein T-Shirt mehr an, und ich frage mich, warum er mir erst vorhin erklärt hat, dass man das hier nicht tun sollte. Ich habe schon auf den Pulau Banyak ganz zu Beginn meiner Reise gelernt, dass man sich hier immer etwas überzieht. Nicht wegen der Sonne, eher, weil es sich so gehört. Odi hat mir auch schon gesagt, was ich ihm für die drei Tage schulde, die er hier für mich organisiert hat. Es sind etwas mehr als umgerechnet 200 Euro. Togian sei teuer, sagt er.

Dafür zeigt er mir am nächsten Tag auch noch ein paar schöne Tauchspots, die ich aber leider nur von der Oberfläche aus bestaunen kann. Es wird wirklich Zeit, dass ich einen Tauchkurs mache. Ich sehe sehr bunte Fische, intakte Korallen – und ganz weit hinten im Meer, das könnte vielleicht sogar ein *Dugong,* eine Seekuh, sein. Aber gelten die in den Togian nicht als ausgestorben, seit die Dynamitfischer hier alles zerbombt haben?

Als mich Odi am letzten Tag nach Wakai zum Schiff bringt, bin ich mit seiner Art der Führung dann doch irgendwie versöhnt. Er zeigt mir auf der Insel das Haus, in dem er wohnt, wenn er auf den Togian ist. Es ist genauso einfach wie das Haus von Afritan.

Er müsse noch kurz allein zum Hafen und mein Zimmer auf dem Schiff klarmachen.

»Ich bekomme ein Zimmer?«

»Ja, ich kenne den Kapitän.«

Während ich ungefähr eine Stunde warte, sitze ich mit einem älteren Mann zusammen. Er raucht ununterbrochen. Als ich ihm eine Zigarette anbiete, lehnt er ab. Sampoerna seien ihm zu leicht. Er rauche die Marke, die für ältere Männer bestimmt sei: Dji-Sam-Soe, dicke Zigaretten ohne Filter, die richtig laut knistern. »Die halten die Mücken fern«, sagt er und lacht kratzig. Dann schauen wir auf die Sonne und irgendwann beginnt einer von uns beiden: »*Masih ada, masih ada, masih ada …*«

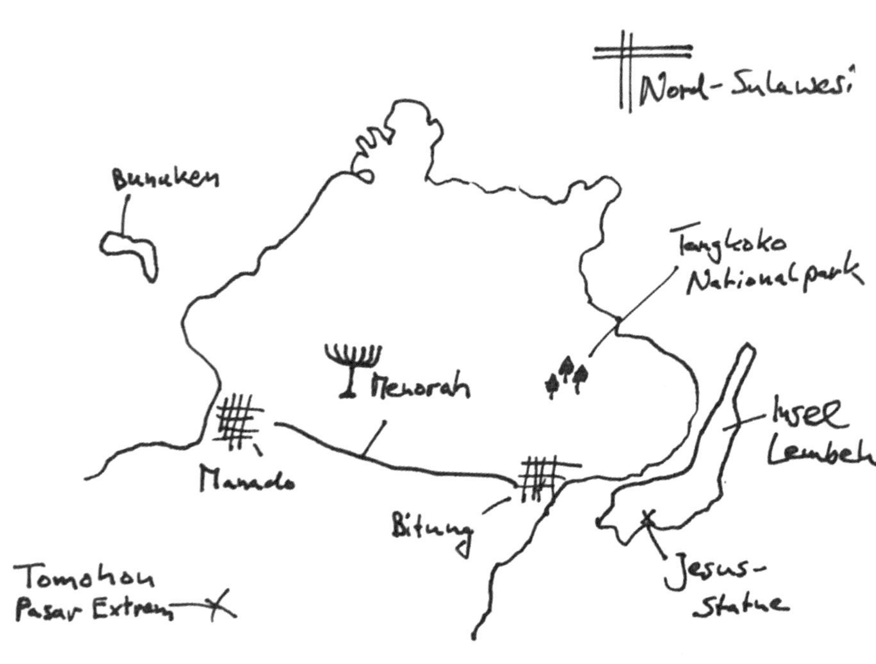
Nord-Sulawesi
Bunaken
Tangkoko
Nationalpark
Menorah
Insel
Lembeh
Manado
Bitung
Jesus-
Statue
Tomohon
Pasar Extrem

Kapitel 9

Shabbat Shalom in Manado

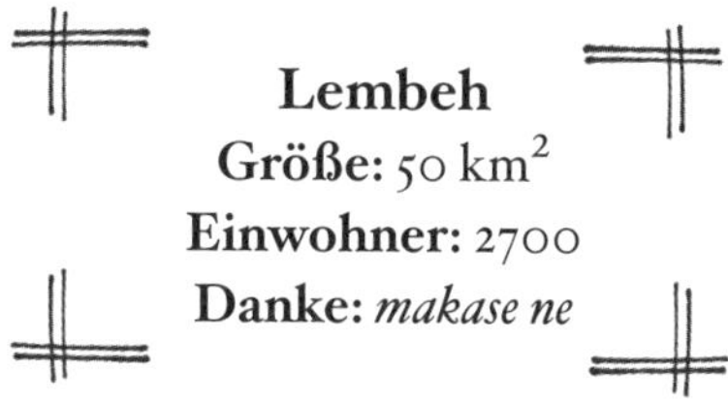

Lembeh
Größe: 50 km²
Einwohner: 2700
Danke: *makase ne*

Ich habe zum ersten Mal in einem Bett geschlafen, das mit Alvin-und-die-Chipmunks-Wäsche bezogen war. Das Schiff hat zum Teil bedenklich geschaukelt, aber ich hatte vorab im Internet Schlimmes gelesen von dieser Fährüberfahrt, und solche großen Wellen blieben mir erspart. Sogar schlafen konnte ich. Die zehn Stunden im Bus zwischen Gorontalo und Manado verbringe ich schon allein deshalb sehr gut gelaunt. Gegen vier Uhr nachmittags komme ich in meiner Lieblingsstadt Indonesiens an. Das heißt vielmehr: Ich stehe auf einem Busbahnhof am Rande von Manado und muss es noch irgendwie in die Innenstadt schaffen. Ich schreibe über die Grab-App einen Taxifahrer an, der sich für meinen Geschmack dann ein bisschen zu sehr über mein Indonesisch freut. Als er mich durch den Stau in die Innenstadt bringt, erzählt er, dass er fast nur noch chinesische Touristen fahre. »Wenn ich sie auf Englisch über die App frage, wo ich sie abholen soll, antworten sie mit einem Daumen-hoch-Emoji – was soll ich da sagen?« Wenn er sie nach fünf Minuten nicht gefunden hat und nachhakt, schicken sie ein Smile-Emoji. »Es ist zum Verzweifeln!«

Manado hat sich seit meinem letzten Besuch in vielerlei Hinsicht gewandelt. Wie überall in Indonesien schießen neue Malls und Hotels aus dem Boden. Vor sieben Jahren, so mein Taxifahrer, habe es diese Touristenmassen aus China noch nicht gegeben. Von Hongkong oder Shanghai ist es lediglich ein Fünf-Stunden-Flug hierher. Wie so viele Flughäfen des Landes wurde der von Manado ebenfalls in kürzester Zeit modernisiert – mit chinesischer Unterstützung. »Auch Präsident Jokowi war schon mehrfach hier«, sagt er, »um die Modernisierung von Manado voranzutreiben.« Am schlimmsten werde es sein, wenn die Brücke nach Lembeh fertiggestellt ist. »Die Insel ist jetzt noch das letzte Paradies, auf das die Einwohner Manados am Wochenende flüchten können.« Bisher müssen sie dafür ein Boot nehmen, die Fahrt dauert nicht einmal drei Minuten.

Auf dem Weg durch die Stadt, entdecke ich aber auch noch viele bekannte Dinge. Am Strand ragen zwei riesige steinerne Hände aus dem Sand, die zum Gebet ineinander gefaltet sind, und in der City schwebt über einem Park eine gewaltige Statue von Jesus, der seine Hände segnend über der Stadt ausbreitet. Kein Wunder, dass Manado im Volksmund den Zusatz *Kota Doa* trägt – »die betende Stadt«.

Etwas außerhalb steht Indonesiens wohl ungewöhnlichstes Bauwerk: die weltgrößte Menora. Der siebenarmige jüdische Leuchter ist 19 Meter hoch.

Da verwundert es auch nicht, dass hier im toleranten Norden Sulawesis, wo Christen und Muslime die Stadt fast zu gleichen Teilen untereinander aufgeteilt haben, eine der interessantesten Personen Indonesiens wohnt: Yaakov Baruch ist Indonesiens einziger Rabbi. Er betreut in der Nähe eine Synagoge und die zugehörige kleine Gemeinde von gut zwanzig Mitgliedern. Ich hatte Yaakov über Alida und Josef in Yogyakarta kennengelernt. Damals, 2011, traf ich ihn, als er noch in der Rabbi-Ausbildung war, aber bereits davon sprach, wieder zurück nach Manado gehen zu wollen. Jakarta war ihm zu ... radikal. Mehrfach wurde er aggressiv auf seine Kippa angesprochen, die er stolz beim Einkaufen in der Mall trug. In Manado war das nie ein Problem, in Jakarta aber wurde er deswegen einmal verprügelt und musste sehr schnell laufen, um Schlimmerem zu entgehen.

Damals erzählte er mir, wie er zum Juden wurde: Bis er 19 Jahre alt war, dachte er, er sei Christ. Er und seine Familie wohnten damals in der Nähe der großen Jesus-Statue. Doch dann stritt er mit seiner Tante, es ging wieder einmal um ein Detail aus dem Leben Jesu und Mohammeds. Es war nicht ungewöhnlich, dass er mit ihr über Propheten diskutierte. Doch dieses Mal beendete sie die Auseinandersetzung wütend mit dem Satz: »Ach, hör doch auf, du bist sowieso eigentlich ein Jude.« Dann zeigte sie ihm Fotos aus dem Familienalbum, die mütterliche Linie seiner Familie war jüdisch. Seine Großmutter war noch regelmäßig in die Synagoge gegangen. Er erfuhr auch vom Holocaust.

Die Familie kam aus Surabaya auf Java. Dort war bis zur Unabhängigkeit Indonesiens die größte jüdische Gemeinde beheimatet gewesen. Zwischen den beiden Weltkriegen lebten rund 2000 Juden auf den Inseln. Als die Japaner 1942 Indonesien okkupierten, behandelten sie die Juden extrem schlecht: Sie wurden interniert oder mussten Zwangsarbeit leisten. Die, die fliehen konnten, bauten sich ein neues Leben in Australien, den USA oder Israel auf. Dorthin zogen nach Kriegsende auch die überlebenden Juden, nicht zuletzt weil der indonesische Staat nach seiner Gründung nur sechs Religionen anerkannte. Das Judentum gehört bis heute nicht dazu. Indonesier können diese Glaubensrichtung im Pass nicht angeben – offiziell ist Yaakov Baruch deshalb auch heute noch ein Christ.

Er winkt schon von Weitem, als ich ihn auch dieses Mal wieder im Starbucks in Manado treffe – »unserem« Starbucks, wie er in der SMS schrieb. Dort hatten wir uns schon vor vier Jahren getroffen. Damals war ich extra für ihn während eines Urlaubs in Indonesien hierhergeflogen. Ich dachte, ich komme mit einer tollen Geschichte für meinen Chefredakteur zurück: der einzige Rabbi in einem Land, das das Judentum nicht anerkennt – noch dazu in einer Stadt, die in ganz Indonesien für unkoscheres Essen bekannt ist. Einwohner Manados können Python, Katze und Fledermaus im Restaurant bestellen. Aber als ich davon in Berlin erzählte, hieß es: »Sorry, ist zu weit weg. Das interessiert die deutschen Leser nicht.«

Nun bin ich zum zweiten Mal in der Stadt, und Yaakov sitzt beinahe wieder auf dem gleichen Platz in diesem Café mir gegenüber. Er fragt, warum ich humpele, und ich erzähle ihm von meinem Unglück bei den Toraja. Er sagt, dass er selbst seit Längerem nicht gut zu Fuß sei. Er sei umgeknickt, könne nicht lange laufen, müsse sich zwischendurch immer wieder hinsetzen. Für einen 36-Jährigen sei das sehr ungewöhnlich, aber er habe gerade zu viel um die Ohren, um sich auch noch darum zu kümmern. Er schlägt vor, dass wir in den kommenden Tagen einmal japanische Ramen (Nudelsuppe) essen, »die macht von innen gesund«. Er kenne einen kleinen Ramen-Shop ganz in der Nähe.

Und dann sind wir wieder mittendrin in seinem ungewöhnlichen Leben. Es ist viel passiert, er hat Sabbat in Jerusalem, Jakarta, Singapur und auf Bali gefeiert. Er reist herum und trifft Juden, oder sie kommen zu Besuch zu ihm, manchmal nimmt er Unterricht bei ihnen. Die Zeit, in der er sich in Jakarta verstecken musste, sei lange vorbei, es scheint, als schütze ihn seine Bekanntheit. Mir war seine neue Leichtigkeit bereits aufgefallen, an der offenen Art seiner Facebook-Posts. Da steht Yaakov am Strand, betet lächelnd, und darunter steht: »Shabbat Shalom aus Bali«. Er lacht und sagt, dass das im Urlaub mit seiner Familie gewesen sei.

Momentan hat Yaakov Besuch von einem Professor für jüdische Theologie aus New Jersey. Professor Alan Brill habe gerade einen temporären Lehrstuhl an der Universität in Jogja inne und sei, wie ich damals, für Yaakov nach Manado geflogen. Yaakov sagt, dass Alan im gleichen Hotel wie ich untergekommen sei und ich am nächsten Tag mit ihm zu einem interreligiösen Dialog in die Islamische Universität Manados kommen solle.

Jetzt trinken wir aber erst einmal unseren Kaffee und reden über seine Synagoge. »Wir hatten einen Farbbeutelanschlag«, erzählt er, »die Fenster haben wir seit deinem letzten Besuch zugemauert.« Außerdem habe einmal ein Mann am Freitag in der Moschee gestanden – mit einem Messer in der Hand. »Er war zum Glück geistig verwirrt und wusste nicht, was er mit dem Messer hätte tun sollen.« Die Zeiten, in denen er zumindest weit weg von Java, hier auf der Außeninsel, unbehelligt eine Gemeinde aufbauen konnte, seien vorbei.

Ich habe Yaakov immer als einen fast schon draufgängerischen jungen Mann erlebt. Als er noch in Jakarta wohnte, sagten Freunde über ihn, dass er gern in Clubs gehe und wechselnde Freundinnen habe. Doch die Ausbildung zum Rabbi hat ihn verändert, und inzwischen ist er verheiratet und hat zwei Kinder. Aber noch immer – das kann man sicherlich sagen, ohne ihm zu nahe zu treten – genießt er die Aufmerksamkeit, die sein Äußeres auslöst: die Kippa auf dem Kopf, die kleinen Bändchen an der Hose (*Zitzit*), an Feiertagen das festliche Rabbi-Gewand. Er wird überall auf der Straße gegrüßt und grüßt zurück. Er ist immer wieder im lokalen und nationalen Fernsehen zu sehen –

weil seine Synagoge, sein Projekt eben genau für das steht, was Indonesien der Welt beweisen will: dass Religionen friedlich zusammenleben können. Nur deshalb hält der Garuda-Vogel auf dem indonesischen Wappen ein Spruchband, auf dem *Bhineka Tunggal Ika* steht– »Einigkeit in der Vielfalt«.

Aber auch Yaakov ist bewusst, dass in Indonesien ein zunehmend konservativer Wind weht, dass die Islamisten auf Java immer mehr Oberwasser bekommen. »Es gab eine Zeit, da kamen Islamisten bis zu mir nach Hause und protestierten«, sagt er, »aber das gab es schon seit Monaten nicht mehr.« In Manado fühlte er sich noch sicher, auch weil die Stadt eben so tolerant sei. Außerdem beschäftigen ihn andere Probleme. »Meine Gemeinde ist einfach sehr arm.« Derzeit seien es 25 Mitglieder, manche hätten jüdische Wurzeln wie er, andere seien vom Christentum konvertiert. »Wir sind auf Unterstützung angewiesen, um die Umbauten an der Synagoge zu bezahlen.« Er erhält Spenden aus Israel und den USA, aber das reiche nicht. »Ich werde wohl eine Crowdfunding-Kampagne starten, das versuchen doch jetzt alle.« Dann macht er einen Witz, der bei mir nicht so recht ankommt: »Dabei sind wir Juden doch so reich, oder?« Er lacht aufmunternd, aber er weiß auch, dass so ein Gespräch mit Deutschen schwierig ist. Er war vor ein paar Jahren in Deutschland und hat sich jüdische Friedhöfe angeschaut, auch Konzentrationslager und die *Stolpersteine* vor Wohnhäusern. Wir reden über dieses Thema, das Deutsche und Juden nicht aussparen können. »Der Holocaust hat 31 Mitglieder meiner Vorfahren getötet«, sagt er knapp. Er erzählt von Juden, die in Amsterdam und Den Haag wohnten und heute nicht mehr leben. In den vergangenen Jahren habe er mehr über seine Verwandten herausfinden können. Darunter waren auch Deutsche: »Dürr« sei ein Name, den er in den Akten gefunden habe. »Ja, ich hatte auch in Deutschland Verwandte«, sagt er, »vielleicht höre ich deswegen so gern Johann Sebastian Bach, der war doch auch deutsch, oder?«

In Yaakov kommt so viel von dem zusammen, was für mich typisch indonesisch ist: schwere Themen der Geschichte mit Leichtigkeit anzugehen, eine Begeisterung für die eigene Insel und die unvergleichliche Gastfreundlichkeit. Bei ihm zeigt sich diese wie bei vielen meiner indonesischen Freunde und Bekannten, indem er mir seine Lieblingsrestaurants zeigt. Nach dem Kaffee führt er mich zu »Tanta Olla«, einem Saté-Restaurant, in dem er seit Langem nicht mehr gegessen hat, weil dort Schweinefleisch verwendet wird, auf das er verzichtet. Die quadratischen Fleischstücke, die hier aufgespießt werden, sind so dick, wie ich es bislang noch auf keiner Insel gesehen habe. Dazu gibt es eine Soße, die so scharf ist, dass ich sie kaum anrühre.

Am nächsten Morgen besuchen wir die Islamische Universität, an der er mit Studierenden die Gemeinsamkeiten und Unterschiede von »koscher« und »halal« diskutiert. Am Ende der zweistündigen Podiumsdiskussion über die jüdischen und islamischen Speisegesetze sind so viele Gemeinsamkeiten zwischen Juden und Muslimen weit über das Essen hinaus deutlich geworden, dass es nur logisch erscheint, dass die beiden Religionen an vielen Orten jahrhundertelang friedlich zusammenlebten: Beide Religionen sind schriftbasiert, kennen religiöse Gesetze, die über den menschengemachten Gesetzen stehen, die Beschneidung, das Fasten, mehrmaliges Beten am Tag, die Ablehnung von Schweinefleisch und vieles mehr. Die Fragen der Studierenden zeugen von großem Interesse, und am Ende wünschen sich alle ein Foto mit dem einzigen Rabbi des Landes.

In den kommenden zwei Tagen besucht Yaakov mit mir noch mehrere Restaurants. Unter anderem seinen liebsten Ramen-Shop, in dem er auch koschere Ramen bestellen kann. Leider öffnet er nur abends für etwa drei Stunden (bis die für den jeweiligen Tag vorbereitete Suppe verkauft ist) und hat keinen Namen. Er befindet sich schräg gegenüber der Mall Town Square direkt vor einem Alfamart. Yaakov zeigt mir außerdem mehrere

Kirchen, deren Namen häufig an Israel erinnern und in deren Zäune zum Teil das Symbol der Menora eingearbeitet ist. Natürlich präsentiert er mir voller Stolz auch das seltsamste Touristenhighlight dieser Region: den *Pasar Extrem*, den »extremen Markt« in Tomohon, auf dem tote Ratten neben zerteilten Schlangen und gebratenen Hunden liegen. Es ist furchtbar und nichts für schwache Nerven, wie dort mit Tieren umgegangen wird – nur ein paar Kilometer neben seiner Synagoge. Die Gegensätze zu seinem eigenen Lebensstil könnten nicht größer sein. Yaakov lacht sie einfach weg.

Alan Brill, der Professor aus den USA, nimmt mich bei gemeinsamen Unternehmungen immer mal wieder zur Seite und sagt, dass er vom wissenschaftlichen Standpunkt aus unsicher sei, was den jüdischen Lebensstil von Yaakov angehe. Ist er hassidisch? Oder eher liberal? Bestimmt er seine Regeln selbst? Aber auch Alan sitzt am Freitag in der Synagoge und schaut Yaakov begeistert dabei zu, wie er mit sicherer Hand die Tora aus ihrem Schrein nimmt und den Sabbat feiert. Auf Hebräisch. In einem Land, das erst im Jahr 2019 ein Reiseabkommen mit Israel geschlossen hat. Und das, so erfahre ich von Yaakov, auch nur zustande kam, weil Indonesien Israelis die Einreise offiziell verwehren wollte. Islamisten hatten das gefordert. Doch als im Gegenzug Israel mit einem Einreiseverbot für alle Indonesier drohte, gefiel das den Christen des Landes nicht. Ich lerne: Religiöse Vielfalt kostet Nerven auf allen Seiten. Aber Yaakovs Gästebuch in der Synagoge zeigt, dass sich Menschen aus aller Welt für diesen, »seinen« Ort interessieren.

Am letzten Abend in Manado organisiere ich mir ein Taxi nach Bitung, um von dort zur Insel Lembeh überzusetzen. Sie soll das letzte Ziel dieser Sulawesi-Tour sein. Ich hatte eigentlich vor, längere Zeit an diesem Ort zu bleiben und vielleicht auch einen Ausflug nach Bunaken zu machen, eine Insel, die wegen ihrer Form auch »Playstation-Island« genannt wird. Dazu wollte ich in Manado mein Visum verlängern lassen – ein Thema, das jeden Indonesienreisenden irgendwann umtreibt. Nach vier Wochen kann man sein Visum verlängern lassen, allerdings nur für weitere vier Wochen. Dieser Prozess dauert in kleineren Städten manchmal nur zwei Tage – besonders schnell geht es auf Sumatra, wenn man noch ein paar Scheine in seinen Pass steckt (von mir haben Sie das aber nicht gehört). Als ich allerdings in Manado zur Visa-Stelle ging, sagte mir eine Dame in unwirschem Ton, dass ich dafür eine Woche bleiben müsste. Ich entschied mich daher, doch schnell weiterzureisen und mich später in Jakarta um mein Visum zu kümmern. Außerdem hat der Taxifahrer nicht gerade von Bunaken geschwärmt. Er erzählte von Tausenden Chinesen auf Bananenbooten – da scheint Lembeh definitiv mehr Ruhe zu versprechen.

Ich lasse die »Betende Stadt« also schon nach drei Tagen hinter mir und überlasse das Steuer Maria. Sie ist die erste Taxifahrerin, die ich in diesem Land antreffe. Sie sagt, dass sie noch nie schlechte Erfahrungen mit Kunden gemacht habe, dass sie aber auch für gute Kunden bete, wenn sie sonntags in die Kirche geht. Sie spricht gern und viel, und so bin ich bereits zehn Minuten später über ihren Familienstand (geschieden), Freundeskreis (Christen und Muslime) und die Lieblingsband ihres Sohnes (Padi) im Bilde. Sie erwartet das Gleiche an Information von mir, und wir reden die ganze knapp zweistündige Fahrt bis nach Bitung miteinander. Von Yaakov hat sie noch nie gehört, aber die Menora auf dem Hügel vor der Stadt, die kennt sie natürlich. Als wir daran vorbeifahren, macht sie die Taxi-Uhr aus und fährt mit mir den Hügel hoch.

Die Menora wurde frisch angestrichen und erstrahlt in der Abendsonne. Direkt neben dem Leuchter steht in riesigen Buchstaben – dem Hollywood-Schriftzug in Los Angeles gleich – *Minahasa Utara*. Die lokale Ethnie der (Nord-)Minahasa hat sich quasi ein jüdisches Denkmal gesetzt. Zu dessen Entstehung gibt es verschiedene Theorien. Einige behaupten, die lokalen Juden hätten es errichtet, aber das ist nicht nur unwahrscheinlich, sondern wird auch von Yaakov bestritten. Seine Gemeinde gab es im Jahr 2009 außerdem noch nicht. Er wiederum sagt, dass eine Gruppe lokaler Politiker – allesamt Christen – Anfang der 2000er auf einer Bildungsreise in Jerusalem waren und dort überall diesen Kerzenständer sahen. Das Symbol gefiel ihnen so sehr, dass sie auch einen in Indonesien errichten wollten. Warum die Menora 19 Meter hoch sein musste, erklärt das nicht, aber viele Christen sehen darin gleichermaßen ein Symbol des Christentums. Auch Maria hat den Hintergrund nie hinterfragt. Wir machen viele Selfies, während sich über uns die Wolken am Himmel dramatisch zusammenziehen.

Ich habe mir während der Fahrt ein Hotel in Bitung gebucht. Als wir vorfahren, lerne ich, dass »Plaza Hotel« eben nur ein Name, keine Kategorie ist. Ich hätte bei dem günstigen Preis stutzig werden sollen. Es ist eines jener Hotels, in dem sich die Ratten unter den Möbeln verstecken, wenn man den Empfangsraum betritt. Dafür riecht das Zimmer zumindest durchdringend nach Lufterfrischer und ich schlafe erstaunlich fest. Am Morgen lockt zwar die Fähre nach Lembeh, aber kurz vorm Einschlafen habe ich noch die Geschichte des Fotografen gelesen, der hier in der Gegend eines der berühmtesten Tierfotos der Welt gemacht hat.

Im Jahr 2011 ließ David J. Slater seine Kamera im nahe gelegenen Tangkoko-Wald nur für kurze Zeit unbeaufsichtigt. Ein Affe schnappte sich die Kamera und schoss das Selfie, das ihn weltberühmt machen sollte. Es zeigt einen grinsenden Makaken. Die Tierschutzorganisation PETA klagte anschließend für das Recht des Affen am eigenen Bild. Vier lange Jahre debattierte ein US-Gericht, ob Tiere Urheber sein können. Es endete in einem Urteil, das allen nur schadete. Der Fotograf hatte Jahre in einem Rechtsstreit verloren, der seinen Ruf schädigte – und die Tierschützer mussten die Kosten für das Verfahren übernehmen.

Auf den Togian-Inseln habe ich von Reny gehört, einer Frau, die den Tangkoko-Wald kennt wie keine Zweite. Ich rufe sie an und sage ihr, dass ich gern den Wald besuchen möchte, aber erst, wenn ich ein Ticket für das Boot nach Ternate habe. Zu dieser Molukken-Insel möchte ich nach meinem Besuch auf Lembeh weiterreisen. Ich mache mich also auf den Weg zu PELNI, jener legendären Schifffahrtsgesellschaft, die große Dampfer zwischen den indonesischen Inseln hin- und herschickt. Ich denke, ich kann auf keinen Fall Indonesien verlassen, ohne einmal auf solch einem Seelenverkäufer gefahren zu sein. Als ich am Schalter stehe, sagt der Mann dahinter jenen Satz, den ich zu oft gehört habe auf dieser Reise: »Das Schiff ist gerade weg.« Es ist wirklich vor einer halben Stunde abgefahren. Das Nächste geht in drei Tagen. (Wer jetzt denkt, warum hat er nicht im Internet geschaut: Die Webseite von PELNI ist ein Labyrinth, und die Abfahrtszeiten sind ein Mysterium.)

Der Vorteil ist, jetzt habe ich genug Zeit für Reny, für den Park Tangkoko und die Selfie-Affen. Reny ist der Star unter den Waldführern, das merke ich schnell. Am Nachmittag betrete ich den Wald mit jemandem, der seine Arbeit wirklich liebt. Sie ist jedoch etwas ungehalten, weil es schon so spät ist, als ich eintreffe. »Wir haben nur noch zwei Stunden, bis es dunkel wird«, sagt sie und stiefelt los. »Wir müssen uns beeilen.«

Reny ist 62 Jahre alt, sehr agil und hat Augen für die Umwelt wie ein Jäger. Selbst Tiere, die sich ihrer Umwelt anpassen können, sind vor ihr nicht sicher. Wir sehen innerhalb kürzester Zeit eine Python, eine Tarantel, einen Kuskusbären, den es nur noch auf Sulawesi gibt, und folgen einer Gruppe schwarzer Makaken, die leider nicht in Selfie-Laune sind. Sie ignorieren uns weitestgehend, nur eines der Männchen bleibt gelegentlich stehen, um uns abzuchecken. »Schau ihm nicht in die Augen«, sagt Reny.

Auch wenn es meinem Knie schon deutlich besser geht, brauche ich danach eine Pause und setze mich auf einen

Baumstamm. Reny – die sagt, sie sei seit dreißig Jahren eine »Waldläuferin« – stellt sich neben mich. Zu mir setzen wolle sie sich jetzt nicht. »Dann kann ich schlechter die Tiere sehen.« Sie habe Wissenschaftler geführt, Fotografen und natürlich auch chinesische Touristen. »Die kommen oft in großen Gruppen«, sagt sie, »aber auch die sind sehr interessiert.« Und solange jemand an den Tieren interessiert sei, freue sie sich. »Wir teilen sie dann in mehrere Gruppen, damit sie die scheuen Tiere nicht verschrecken.« Sie sagt auch, dass die Bekanntheit diesen Wald beschütze: Es gebe kaum Probleme mit illegalen Jägern oder Abholzung.

Als es zu dämmern beginnt, wird sie stiller. Zielsicher schleicht sie mit mir an einen Busch und zeigt mir einen Einsiedlerliest, einen kleinen bunten Vogel, der ganz aufgeplustert mit offenen Augen schläft. Er erinnert mich ein wenig an einen Eisvogel. Dieser Vogel lebe nur noch auf Sulawesi, sagt Reny. Genauso wie der Sulawesi-Buschkauz, den sie normalerweise auch immer antreffe. Plötzlich beginnt sie zu rufen wie eine Eule. »Ou, ou!« Ich muss schmunzeln, weil ich auf Safaris schon Guides wie Ziegen meckern gehört habe – und nichts ist passiert. Kein Tiger tauchte auf. Aber Reny lässt sich nicht beirren: »Ou, ou!« Ich probiere es auch, aber Reny sagt sehr bestimmt: »Nein, lass mich das machen.« Ok, denke ich, ruf du die Eule. Bis plötzlich genau das gleiche Geräusch aus dem Baum zurückschallt, wie ein um fünf Sekunden versetztes Echo. Reny dimmt ihre Lampe und leuchtet den Baum hoch: Da sitzt der Kauz und ruft irritiert: »Ou, ou!«

Ich muss vielleicht an dieser Stelle sagen, dass ich solche Fotosafaris normalerweise als eine seltsame Form von »Unterhaltung« ansehe. Tiere werden »abgehakt«, und man trägt Stück für Stück dazu bei, ihre Lebensgrundlage zu zerstören. Aber dieser Nachmittag mit Reny hat mein Verhältnis zu dieser Art der Naturerfahrung verändert. Mit einem Honorar von fünfzig Euro für eine Tour von drei bis vier Stunden ist sie zwar nicht günstig – aber allein um ihre Begeisterung und ihr Wissen zu erleben, hat es sich gelohnt.

Ich bin in Gedanken schon bei meinem Abendplan, als Reny mir plötzlich signalisiert, ruhig zu sein. »Wir haben den Tarsius noch nicht gesehen«, sagt sie. »Aber normalerweise kommen sie auch jetzt erst aus ihren Baumhöhlen.« Und tatsächlich, als sie ihre Lampe auf einen Baum richtet, leuchten zwei riesige Augen zurück. Der Kopf des Tarsius scheint nur aus Augen zu bestehen. Er schaut stur vor sich hin. »Sie können die Augäpfel nicht bewegen«, sagt Reny, »nur wenn sie den Kopf bewegen, verändern sie ihr Blickfeld.« Ein bisschen gruselig wirken die kleinen Primaten schon, kein Wunder, dass sie auf Deutsch »Koboldmakis« heißen.

Plötzlich höre ich aus der Dunkelheit eine deutsche Frauenstimme mit österreichischem Akzent: »Den hätte ich gern als Kuscheltier, der ist so süß.« Zwei Frauen kommen auf uns zu – in Begleitung eines Guides mit Taschenlampe. Es ist Odi. »Noldi«, rufe ich flüsternd. Er kann den Zufall auch nicht glauben. »Wie gehts deinem Knie?«, fragt er und lacht. Es ist keine Woche her, dass wir uns auf den Togian-Inseln voneinander verabschiedet haben. Offenbar fühlt er sich auch für diesen Teil Sulawesis zuständig. Reny rollt mit den Augen, atmet laut aus und sagt, dass wir aufbrechen sollten, in kompletter Dunkelheit könnten wir auf eine Schlange treten. Damit bewegt sie mich sofort zum Gehen. Odi und die beiden Österreicherinnen bleiben noch länger bei den Kobolden. Sobald wir außer Hörweite sind, fängt Reny an, von Odis Vergangenheit zu erzählen. Es sind komplizierte Geschichten, die irgendwann dazu führten, dass die beiden sich in Manados Innenstadt gegenüberstanden und einander anbrüllten. Ich möchte für keine Seite Partei ergreifen – irgendwie habe ich den spontanen Mann ins Herz geschlossen, vielleicht gerade weil sich bei ihm Pläne so schnell ändern. Ich kann mir zwar nicht vorstellen, dass er so sorgfältig, aufmerksam und behutsam durch den Wald läuft wie Reny, aber höchstwahrscheinlich führt er die beiden Damen dafür heute noch ins Nachtleben von Manado oder Bitung.

Ich dagegen wechsle endlich auf die Insel Lembeh über. Die kommenden drei Tage passiert zwar wenig Erzählenswertes, aber ich empfehle diese Insel sehr. Sie ist zwei Kilometer breit und 25 Kilometer lang, seit vier Jahren hat sie eine Straße, auf der man sie umrunden kann, und weil die Straße so neu ist, hat sie nur wenige Schlaglöcher. Ich fasse wieder Vertrauen in meine Moped-Fahrkünste, treffe auf meinen Rundtouren fast nur indonesische Touristen von allen möglichen Inseln – und stehe irgendwann staunend vor einer Jesus-Statue, die ziemlich genauso aussieht wie die berühmte Skulptur in Rio de Janeiro, nur dass sie fünf Meter größer ist. Ich fahre zweimal dorthin, weil ich eine Tour wegen eines heftigen Regenschauers abbrechen muss. Die Abende verbringe ich in einer kleinen Hütte, schaue aufs Meer, und ab und zu ruft Daniel mich zum Essen oder auf ein Glas Bier rüber. Daniel ist ein Gegner der Brücke nach Sulawesi, aber gleichzeitig bereitet er sich auf die Zeit vor, wenn sie fertiggestellt sein wird. Sein Resort ist nach ihm benannt, und es sind diese drei entspannten Tage bei ihm, an denen sich mein Knie endlich komplett erholen kann.

Als ich am Hafen von Bitung auf das achtstöckige Schiff in Richtung Ternate steige, tut fast nichts mehr weh. Wir starten mit fünf Stunden Verspätung, aber wer ist nachts um drei Uhr noch kleinlich. Ich setze mich an Deck, rauche eine Zigarette, wie alle Indonesier um mich herum, bis jemand fragt: »Woher kommst du?« Keine drei Minuten später habe ich einen neuen Facebook-Freund, und dieser Lehrer aus Papua schreibt unter das gepostete Foto von uns: »Bin mit meinem besten Freund unterwegs nach Ternate.« Ich klicke auf »Daumen hoch«.

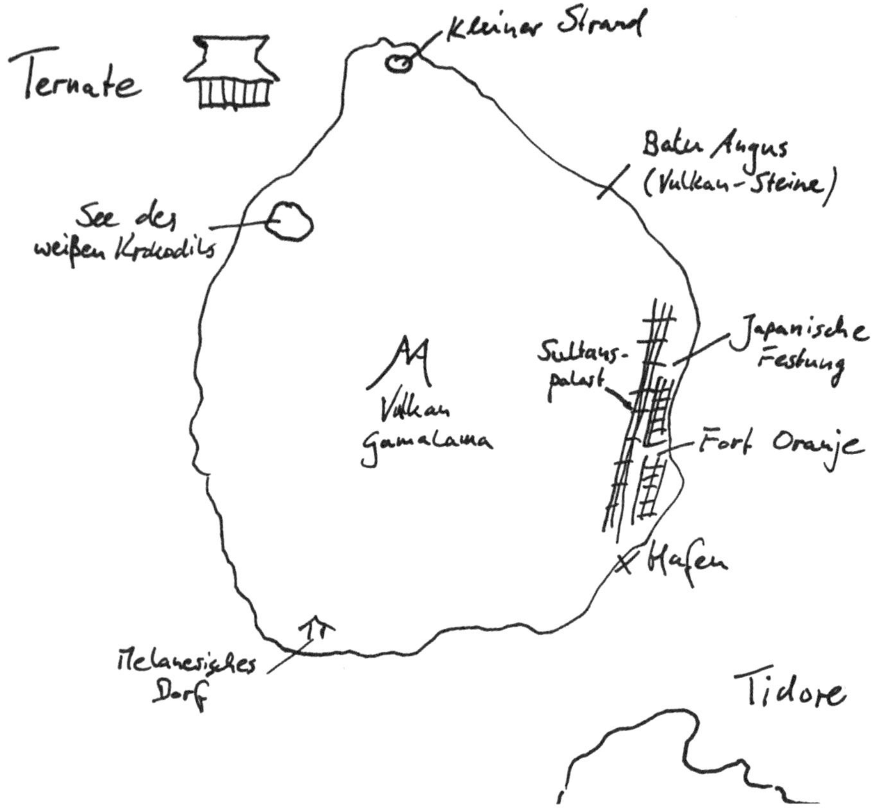

Ternate

Kleiner Strand

Batu Angus
(Vulkan-Steine)

See des
weißen Krokodils

Vulkan
Gamalama

Sultans-
palast

Japanische
Festung

Fort Oranje

Hafen

Melanesisches
Dorf

Tidore

Kapitel 10

Das weiße Krokodil und die Gewürzinseln

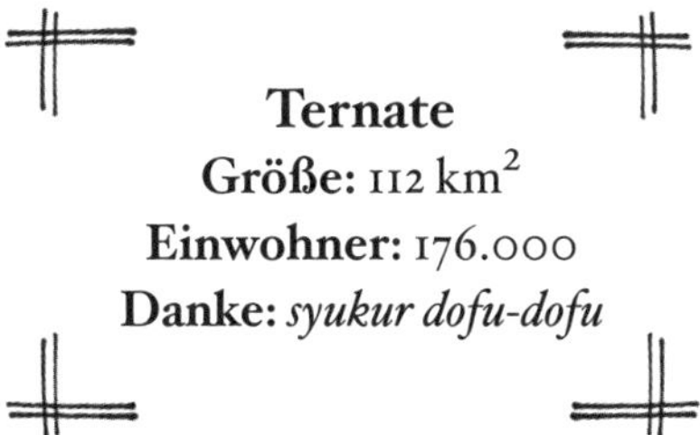

Ternate
Größe: 112 km²
Einwohner: 176.000
Danke: *syukur dofu-dofu*

Abdu sitzt im Fort Oranje in Ternate und sagt: »Ich mag Hitler.« Ich frage ihn, warum das so ist. »Weil er nicht aufgegeben hat. Immer, wenn er einen Rückschlag erlebte, ist er wieder aufgestanden.« Abdu macht seinen Rücken krumm. »Wenn ihn jemand geschlagen hat«, jetzt hebt er demonstrativ seine Brust, »ist er wieder aufgestanden.« Und noch einmal: Rücken krumm, Rücken durchgedrückt. »So war der, und das finde ich gut. Hitler war ein stolzer Mann, und er hat viele Menschen beeindruckt.« Ich frage ihn, ob er von Konzentrationslagern gehört hat, vom Bombenkrieg im Zweiten Weltkrieg. Abdu winkt ab: »Das ist eine andere Sache, darüber rede ich nicht, ich meine diesen Spirit, den er hatte und auf sein Volk übertrug.«

Diesen Dialog habe ich so oder so ähnlich immer wieder auf meiner Reise geführt. Mal in Jakarta im Taxi, mal in einem Restaurant auf Sulawesi oder auf einer kleinen Insel mitten im Ozean. Dieses Mal kann ich einen Teil des Gesprächs auf Video aufnehmen, Abdu hat nichts dagegen. »*Aku suka Hitler*« – »Ich mag Hitler« –, sagt er noch einmal in meine Kamera. Es wäre vielleicht etwas für eine Instagram-Story, aber das werde ich nicht machen, dazu müsste man zu viel erklären. Indonesien hat ein schwieriges Verhältnis zur eigenen Geschichte, aber das Verhältnis zu Europas Geschichte ist noch viel komplizierter.

Die Bewunderung für totalitäre Systeme ist etwas, was sich trotz der dreijährigen Erfahrung japanischer Fremdherrschaft im Land gehalten hat. Vielleicht hat es damit zu tun, dass die beiden ersten Präsidenten nach der Unabhängigkeitserklärung 1945 das Land über fünfzig Jahre lang autoritär regierten und Indonesier sich mit der Figur eines starken Mannes an der Spitze wohlfühlen. Der erste Präsident, Sukarno, nannte sein System »Gelenkte Demokratie« – das klingt nicht nur so, als wäre es eine Semi-Demokratie gewesen. Und der zweite, Suharto, nannte es gleich »Neue Ordnung« – George Orwells *1984* ist hier nicht von ungefähr die erste Assoziation.

Die nachfolgenden Präsidenten Indonesiens besaßen dann zumeist jeweils eine Machtbasis, die gleichzeitig ihr Hauptproblem war: Habibie das Erbe seines Ziehvaters Suharto, Gus Dur die islamischen Fundamentalisten, Megawati das Erbe ihres Vaters Sukarno und Yudhoyono (»SBY«) das Militär. Erst mit Präsident Jokowi, also gerade einmal seit 2014, verbreitet sich das Gefühl, dass ein Realpolitiker das Land regiert, der verschiedene

Gegensätze zu vereinen versucht. Aber auch er ist nicht frei vom populistisch-patriotischen Gift und beugt sich viel zu oft und zu tief den Fundamentalisten. Seinen Umgang mit der Affäre Ahok (ein christlicher Politiker musste wegen einer missverständlichen Äußerung über den Koran ins Gefängnis) kann man als Einknicken werten, und der Umgang mit Minderheiten wie Homo- oder Transsexuellen ist derart vorsichtig, dass ihr Alltag in Jakarta unter seinen Vorgängern sogar freier war.

Einer der großen Konflikte, die alle Präsidenten bisher immer zu lösen hatten, war der zwischen den Außeninseln und Java, wo zwei Drittel der indonesischen Bevölkerung leben. Java ist fast zu hundert Prozent muslimisch, die Außeninseln sind das nicht, auf Java lebt das stolze Volk der Javaner, auf den Inseln leben so viele verschiedene Ethnien, dass es kaum zu überblicken ist. Ternate ist eine dieser Inseln, die zwar politisch für ihre ganze Provinz der Nord-Molukken wichtig, aber für Javaner eben nur eine von unzähligen Außeninseln ist. Für viele Einwohner Jakartas ist es unvorstellbar, dass es auf Ternate Cafés gibt, wo sie genauso einen »Green Tea Latte« bestellen können wie in ihrem Hipster-Café. Einwohner aus Ternate wiederum reisen selten oder nie nach Java. Jakarta ist von hier aus so weit entfernt wie Berlin von Ankara. In Europa müssen für diese Reise sechs Ländergrenzen überwunden werden. Von Ternate nach Jakarta reist man drei Tage mit dem Schiff.

Abdu war als Schüler auf Klassenfahrt in Jakarta. Er hat die Hauptstadt lange nicht mehr gesehen und will auch nicht über sie sprechen. Er stellt mich seinen Freunden vor, die in einem Proberaum im Museum sind. Schnell wird klar, er ist nicht der Einzige in seinem Freundeskreis, der Hitler mag. Nachdem wir zwanzig Minuten geredet haben, fragt er mich, was ich heute machen werde, und da ich keine Pläne habe, bin ich nur Sekunden später schon damit beschäftigt, einen großen Gong, eine Gitarre und ein seltsames Instrument namens »Kaste« auf einen Lastwagen zu heben: Es sieht aus wie ein Kontrabass mit einem quadratischen Bauch und genau einer Saite. Mit seiner kleinen Band probt Abdu immer in einem Seitenflügel des Fort Oranje, heute geht es zu einem Auftritt auf der Nachbarinsel Tidore. Zu seiner Band gehören Eka, Ricko und Oji – drei junge Männer Anfang zwanzig. Als die drei hören, dass ich aus Deutschland komme, hebt einer der drei seinen rechten Arm – zum Hitlergruß. Oh Mann, denke ich. Dann aber geben sie mir meinen ersten indonesischen Spitznamen: *Mas Ren.* Das *Mas* steht für Kumpel, das *Sö-* haben sie einfach weggekürzt.

Ternate City, die Hauptstadt der Insel, ist ein Ort, der vor Zeichen alter Geschichte nur so strotzt. Fort Oranje zum Beispiel, ein rechteckiges Festungsgebäude, war – heute kaum zu glauben – ab Mitte des 17. Jahrhunderts das Zentrum der großen niederländischen Handelsvereinigung Vereenigde Oostindische Compagnie (VOC), bis dieses ins heutige Jakarta verlegt wurde. Ebenso war die Insel Mittelpunkt der Gewürzkriege, die ausbrachen, nachdem der Seefahrer Magellan während seiner Weltumsegelung hier auf den Molukken gelandet war. Der Portugiese entdeckte damals, im Jahr 1521, die Gewürznelken, Zimt, Chili und Muskat. Die Holländer übernahmen die Inselgruppe – deren Hauptinsel Ternate ist – schließlich im Jahr 1610, und bis heute stehen hier mehrere Schutzanlagen, die zum Teil von den Japanern während der Besatzung im Jahr 1942 reaktiviert wurden, weil sie strategisch so gut lagen.

Auf der Fahrt zum Hafen versuchen Abdu und seine Bandkollegen, mich zu beruhigen. Ternate sei sehr deutschfreundlich, und man kenne nicht nur Hitler. Wenn zum Beispiel bei der Fußball-Weltmeisterschaft die Deutschen spielen, seien alle hier auf deren Seite. Wie zum Beweis fahren wir an einem Haus vorbei, dessen Fensterläden in Schwarz-Rot-Gold gestrichen sind. Ganz in der Nähe hängt am Fenster eines anderen Hauses allerdings auch die spanische Flagge. So richtig überzeugt bin ich erst, als uns am Hafen ein Freund der Band in einem T-Shirt von Borussia Mönchengladbach begrüßt und mir später alle Spieler der Mannschaft auswendig aufsagt.

Die indonesische Begeisterung für Hitler lässt mich aber nicht los. In der Stadt Bandung auf Java dachte ein Mann sich nichts dabei, ein »Soldatencafé« zu eröffnen. Der Name stand draußen auf Deutsch angeschrieben, und drinnen waren auf den Tassen Hakenkreuze. Nach internationalen Protesten musste er schließen. Dabei befand sich der Betreiber in bester Tradition: Suhartos »Bewegung des 30. September« beim Putschversuch 1965 hieß auf Indonesisch: *Gerakan September Tigapuluh*, abgekürzt *Gestapu*. Es ist kein Zufall, dass die Abkürzung bis heute geläufig ist – positiv konnotiert. Indonesier haben eine Art Führerkult entwickelt, der Deutsche erschüttern kann, weil er mit einer großen Menge Halb- bzw. Nichtwissen über die Nazi-Zeit einhergeht.

Als ich zwanzig Minuten später die Instrumente auf ein Schiff umlade, habe ich schon mindestens fünf Indonesiern anhand verschiedener drastischer Beispiele erklärt, was der Holocaust eigentlich war. Keiner von ihnen kennt den Film *Schindlers Liste*. Andererseits ist in unseren Geschichtsbüchern auch wenig vom Unrecht der westlichen Kolonialherrschaft zu lesen, und beim Wort »Kolonialwaren« erfasst uns eher ein wohliges Manufactum-Gefühl von guten Holzmöbeln und exotisch duftenden Fässern als eines von brutaler Ausbeutung und psychischen Auswirkungen, die bis heute anhalten.

»Juden hassen Muslime, oder?«, fragt einer der Jungs. Es gibt wirklich viel zu erklären. Ternate ist ein ehemaliges Sultanat und bis heute stark muslimisch geprägt. Die Nachbarprovinz der Süd-Molukken rund um die Insel Ambon hingegen ist von ständigen Unruhen betroffen, weil dort Christen und Muslime je etwa zu gleichen Teilen leben. Historiker weisen darauf hin, dass in Ambon die Religion häufig benutzt wurde – und bis heute wird –, um beide Seiten gegeneinander aufzustacheln. Wie ein Symbol für die muslimische Dominanz steht im Hafen von Ternate eine der größten Moscheen des Landes, in der rund 15.000 Gläubige zum Freitagsgebet zusammenkommen können. Im Jahr 2010 wurde sie eröffnet, aber – auch sehr symbolhaft – nur noch drei der vier Minarette ragen hoch hinauf. Das vierte Minarett wurde bei einem Erdbeben zerstört.

Ich erzähle den Musikern und ihren Freunden von dem interreligiösen Dialog in Manado und den vielen Gemeinsamkeiten zwischen den Religionen, und dann reden wir über Toleranz. Sie sagen, dass Ternate und die Nord-Molukken – eine Provinz, die es erst seit 1999 gibt – immer eine mehrheitlich muslimische und muslimisch regierte Region waren, aber Christen toleriert wurden. Ob diese politisch eine Stimme haben, darüber möchten sie jetzt lieber nicht sprechen. In ihrem persönlichen Alltag spiele Religion keine große Rolle. Ich frage, ob sie heute schon gebetet haben. Sie lachen, und es wirkt ein bisschen, als lachten sie mich aus.

Doch es gibt ein Thema, dass Indonesiern das Lachen vergehen lässt. Es ist das dunkelste Kapitel dieses Landes, das in seinem Ausmaß so unglaublich ist, dass Indonesier bis heute ungern darüber sprechen: Die Ereignisse von 1965/66. Damals hatte Suharto gerade die Neue Ordnung eingeführt und die Kommunisten zu Staatsfeinden erklärt. Unterstützt von den US-Amerikanern wurde der Hass gegen die Partai Komunis Indonesia derart geschürt, dass deren Mitglieder zum Abschuss freigegeben wurden. Innerhalb eines Jahres starben nach Ansicht internationaler Historiker mindestens eine Million Indonesier, getötet von Landsleuten, Nachbarn, militanten Gruppen. Allein auf Bali starb Schätzungen zufolge fünf Prozent der Bevölkerung, darunter viele Frauen und Kinder. Bis heute gilt es als eines der schlimmsten Verbrechen gegen die Menschlichkeit im 20. Jahrhundert. Ich nehme mir vor, es später anzusprechen.

In Tidore will die Band für eine Gruppe von ausländischen Gästen spielen. Es sind Spanier und Portugiesen, die schon zwei Jahre vor der 500-Jahr-Feier der Magellan-Reise (die im Jahr 2021 steigt) von der lokalen Regierung eingeladen wurden. Ich habe noch nie von einem Vor-Vor-Jubiläum gehört, aber von den Botschaftsfeiern in Berlin weiß ich: Im Mittelpunkt solcher offiziellen Angelegenheiten steht immer das Büfett, und das ist meist fantastisch.

Als wir auf dem Schiff sind, sagt Abdu, die Fahrt nach Tidore dauere nicht länger als eine Zigarettenlänge, und zündet sich gleich eine an. Erst als einer der Bootsmänner ihm mit Handzeichen bedeutet, dass das Boot mit entzündlichem Material angetrieben werde, wirft er sie ins Wasser. Sieben Minuten später steigen wir alle in einen Kleinbus um. Unterwegs erzählt Eka mir von der indonesischen Band Zivilia. Er spielt mir deren Song *Aishiteru* vor (Japanisch für »Ich liebe dich«, in Indonesien so bekannt wie das französische *Je t'aime* in Deutschland). Ich lerne in diesem Kleinbus noch die beiden Bands »Nosstress« und »Skank« kennen, beides angenehme Vertreter des leichten Indo-Pops. Als es etwas leiser im Bus wird, legt der Fahrer Agnes Monicas Song *Karena ku Sanggup* auf, eine Ballade – bei »Weil ich bereit bin, obwohl du nicht willst« singt wieder der ganze Bus textsicher mit. Völlig erschöpft von dieser Buskaraoke erreichen wir das Festgelände.

Es ist eine kleine Ausstellung aufgebaut, die auf möglichst diplomatische Weise die portugiesisch-indonesischen Beziehungen der letzten 498 Jahre zusammenzufassen versucht. Ausgestellt sind unter anderem mehrere Originalzeichnungen von damals – die üblichen Bilder von bekleideten Europäern, die ein paar Nackten ihre Hände reichen. Daneben hängt eine sehr einfache Zeichnung der beiden Inseln Ternate und Tidore aus dem Jahr 1506: beide als große Vulkane dargestellt, die Rauch und Feuer spucken. Vor den Bildern liegen in Schüsseln Gewürze zum Anfassen und Riechen: Zimt, Muskat, Gewürznelken.

Ricko, ein lockiger Typ, steht neben mir, als ich die Vulkane betrachte. Wann der letzte Ausbruch gewesen sei, frage ich ihn.

»Der letzte schlimme Ausbruch war 1673, die Lavareste sind heute eine Sehenswürdigkeit am Wasser geworden, sieht lustig aus, zeigen wir dir morgen.«

»Fühlst du dich sicher?«, frage ich.

»Nein, natürlich nicht, das letzte Erdbeben ist gerade einmal zwei Tage her.«

Ich erinnere mich daran, dass mir die App Info BMKG die Bewegungen angezeigt hat, als ich noch auf Lembeh war. Mit der App erfährt man rund um die Uhr, wo welches Erdbeben gerade in Indonesien wütet – inklusive Richterskala.

»Ja, das Beben hat nur 5,9 auf der Richterskala erreicht, aber ein Student ist beinahe gestorben.« Ich muss an die große Gruppe von Studenten denken, die vor der Hauptmoschee in Ternate standen und laut etwas riefen. Ich dachte, sie feierten.

»Nein, sie haben für die Krankenhausrechnung ihres Kommilitonen gesammelt.«

Erdbeben, Taifune, Tsunamis, all diese Naturkatastrophen gehören zum Alltag, mit dem sich die Bewohner des gesamten seismisch so aktiven Pazifischen Feuerrings abgefunden haben. Sie bauen sie ein in ihre Geschichten. Gerade auf Ternate höre ich in den kommenden Tagen viele solcher Mythen, zum Beispiel von einem weißen Krokodil, das die Sprache der Menschen versteht und mit dem Geist des Vulkans in direktem Kontakt steht. Das Krokodil gibt es wirklich, ich bekomme es zu sehen. Die Jungs fahren mich hin. Ich blicke von oben auf einen See, und dort schwimmt etwas und macht v-förmige Wellen. Ziemlich große Wellen, eine Ente macht kleinere. Die Jungs sind ganz sicher: Das dort im Wasser ist das weiße Krokodil, das Indonesisch versteht. Nicht weit davon gibt es zwei Seen mit einer weiteren Legende: Die Seen sind entstanden, weil ein Vater seine Tochter vergewaltigt hat und der Vulkangott kurzerhand das gesamte Dorf ertränkte. Und Oji wird mir ganz spät in der Nacht bei einem Eistee erzählen, wie nachts einmal ein Menschenkopf auf ihn zuflog. »Ich war nüchtern, ich schwöre es.« Kein Wunder, dass Horrorfilme ein beliebtes Genre in Indonesien sind. Indonesier lieben Geistergeschichten.

Während auf einer Terrasse das Büfett für die Gäste aufgebaut wird, dürfen die Künstler und ich schon Backstage futtern. Zum Glück. Das Essen ist das Gleiche, nur müssen wir uns mit Plastikbesteck begnügen. Es gibt mein Lieblingsgericht Rendang, Eier in verschiedenen Zuständen, Ziegen-Saté, gebratenen Fisch und natürlich ein typisches Ternate-Gericht: Hühnchen in einer orangefarbenen süßsauren Soße. Ich schmecke Ingwer, Zimt, Muskatnuss, Chili. Einer der Jungs nickt mir zu – ich glaube, es ist der, der mir noch vor ein paar Stunden den Hitlergruß gezeigt hat – und sagt: »Wir sind nicht umsonst die Gewürzinseln!«

Als sie ihren Auftritt haben, stehe ich am Rand der Veranstaltung und spreche mit einigen der Gäste. Sie haben ein volles Reiseprogramm und müssen in fünf Tagen drei Inseln besuchen. Kein Wunder, dass einige müde sind und die gute Internetverbindung auf dem Festivalgelände lieber nutzen, um sich zu Hause zu melden, als den Tänzen und Liedern der Einheimischen zuzusehen.

Im Laufe des Abends komme ich immer wieder auf Hitler zurück. Ich glaube, ich kann zumindest bei diesen vier Indonesiern das Bild von ihm etwas schärfer zeichnen. Einige dachten wirklich, wir Deutschen seien stolz auf ihn und sein Erbe. Der beste Beweis für Indonesiens märchenhaften Umgang mit deutscher Geschichte ist die These, die ein Historiker in Jakarta sogar zu einem Buch verarbeitete, das 2011 erschien mit dem Titel: *Hitler mati di Indonesia* – »Hitler starb in Indonesien«. Darin vertritt der Autor Soeryo Goeritno die These, dass Hitler unter dem Namen »Dr. Poch« zusammen mit seiner Frau Eva auf die indonesische Insel Sumbawa geflohen sei. Dort habe er ein Krankenhaus geleitet und noch eine Sundanesin geheiratet. Anwohner seien misstrauisch geworden, weil »Dr. Poch« wenig medizinische Kenntnisse vorzuweisen hatte und außerdem einen kantigen Schnauzer unter der Nase trug. Und warum nannte ihn seine erste Frau immer »Dolf«? Begraben liegt er laut diesem Buch in Surabaya auf Java.

Vielleicht gibt es bald einen Film zu dieser Geschichte – ein Berliner Freund von mir hat Kontakt mit Soeryo Goeritno aufgenommen und bereits weitere Quellen interviewt.

Es wird ein langer Abend. Nachdem wir die Instrumente wieder im Fort Oranje verstaut haben, ist es Mitternacht und der »Captikus« wird auf den Tisch gestellt. Es ist der lokale Schnaps, der in ähnlicher Form auf allen Inseln hergestellt und in wenig vertrauenerweckenden Plastikflaschen ohne ein Label verkauft wird. Mit Zitronenlimo schmeckt er ganz okay, und so reden wir noch bis drei Uhr.

Im Laufe des Abends spreche ich sie auch auf die Massenunruhen von 1965/66 an. Sie selbst sind natürlich zu jung, aber ihre Eltern müssen ihnen davon erzählt haben. Mindestens eine Million Menschen sind damals gestorben. Einen Satz findet man in vielen Büchern über diese Zeit: »Die Flüsse waren rot vom Blut.« Der jüdische US-Amerikaner Joshua Oppenheimer hat zwei großartige Filme zu dem Thema gedreht: *The Act of Killing* und *The Look of Silence.* Beide dürfen in Indonesien bis heute nicht gezeigt werden. In den Filmen erklären ehemalige Massenmörder, wie es war, ihre Nachbarn umzubringen. Sie zeigen keine Reue. Nur am Ende von *The Act of Killing* weint einer der Täter.

Von beiden Filmen haben die Jungs nie gehört. Als er 2012 weltweit in die Kinos kam, verhielt sich Indonesien erstaunlich ruhig. Es findet bis heute nirgendwo eine Aufarbeitung statt. In der Folge wissen auch die Jugendlichen nichts von diesen Ereignissen. Eka sagt, dass es damals auf den Molukken nicht so schlimm war. »Das war auf den anderen Inseln.« Das ist ein Satz, den man in Indonesien immer wieder hört. Es stimmt, dass es die meisten Opfer auf Java, Bali, Sumatra und Borneo gab, aber es gibt auch nur wenige Untersuchungen über die Ereignisse jener Zeit auf den Außeninseln. Je weiter man vom Zentrum wegkommt, umso weniger schaut die Welt hin, was dort passiert. Die Jungs wollen im Grunde immer auf diesen Inseln bleiben.

So langsam verstehe ich, dass es durchaus Vorteile hat, auf einer Außeninsel zu leben, zumindest wenn sie so bekannt ist wie Ternate. Die Molukken sind in Indonesien nicht nur für die Gewürze bekannt. »Die Dächer sind bei uns auch ganz speziell«, sagt Eka, »wir fahren morgen mal am Sultanspalast vorbei.« Das Museum sei leider gerade geschlossen, weil der gesamte Hofstaat auf der *Hadsch* in Mekka sei. »Außerdem kommen die besten indonesischen Bands von den Molukken.« In der Tat gewinnt bei *Indonesian Idol* – einer Castingshow für Sänger – oft jemand aus Ambon.

Ich sage: »Und wenn ihr mal raus wollt, könnt ihr einfach in sieben Minuten nach Tidore fahren.«

Die vier schütteln den Kopf. »Wir waren da nur heute für die Aufführung, was sollen wir da, die sprechen eine komplett andere Sprache als wir.«

»Was ist mit Manado? Sulawesi ist nicht weit?«

»Mas Ren, das sind die Schlimmsten«, sagt Oji, »wenn bei uns ein Moped gestohlen wird, dann war es garantiert einer aus Manado, das sind alles Verbrecher dort.« Er sagt das lachend, aber so langsam dämmert mir, dass eine Nachbarinsel auch immer die besten Sündenböcke bereithält. Sehr müde und sehr betrunken lege ich mich in mein kleines Hotelzimmerbett, gerade als der Muezzin direkt neben meinem Fenster mich daran erinnert: »Gott ist groß.«

Borneo
Brunei
Malaysia (Sarawa
Indonesien (Kaliman
Pontianak
Baustelle für Indonesiens neue Hauptstadt
Samarinda
Balikpapan
Sebangau Nationalpark
Palangka Raya
Mando-mai
Banjarmasin

Kapitel 11

Waldbrände und Waldmenschen

Palangka Raya (Kalimantan, Borneo)
Größe: 2700 km^2
Einwohner: 221.000
Danke: *tiga tawai*

Als ich mich zum Flughafengebäude von Palangka Raya auf Borneo umdrehe, muss ich kurz lachen. Das Gebäude sieht ein bisschen aus wie ein Sandwurm aus dem Film *Der Wüstenplanet*, diese Riesenwürmer, die sich aus dem Sand pellen und dann wieder in einem gelben Hügel verschwinden. Ich will ein Foto machen, aber passend zur Wüstenmetapher beginnt plötzlich eine Art Sandsturm das Gebäude zu verschlucken. Ich frage den Fahrer, was das sei. Er sagt: »*Asap*«, »Rauch«. Dieser Asap wird mich in den kommenden drei Tagen begleiten. So richtig gewöhnen kann ich mich nicht daran, aber ich nehme ihn irgendwann nicht mehr wahr, zumindest nicht ständig. Dabei dachte ich, ich wäre dem Smog entkommen, nachdem ich Jakarta hinter mir gelassen habe.

Wenn ich mir bei diesem Thema das Jakarta-Kapitel noch einmal anschaue, merke ich, dass ich bei dem Versuch, Jakarta möglichst interessant klingen zu lassen, ein paar Tatsachen vielleicht nicht genug betont habe. Kürzlich ermittelte das britische Institut Zipjet unter 150 Städten weltweit, welche von ihnen am wenigsten Stress erzeugen. Jakarta steht mit Platz 132 weit, weit hinten, schlimmer sind unter anderem noch das indische Neu-Delhi, das pakistanische Karachi und Dhaka in Bangladesch. (Übrigens: Platz eins und damit Gewinner des Titels »Stressfreieste Stadt« belegte Stuttgart.)

Es stimmt, Jakarta hat gravierende Probleme, nicht nur mit Stau und Smog. Und »gravierende Probleme« ist eigentlich noch untertrieben: Die Stadt wird so, wie ich sie zuletzt besucht und beschrieben habe, wohl nicht mehr lange stehen. Sie ist einer der Orte in der Welt, die die ungesunde Mischung aus gieriger Immobilienspekulation, großem Willen zur Modernisierung, Klimawandel und Umweltverschmutzung als Erstes zu spüren bekommen werden. Seit Jahrzehnten schon kämpft Jakarta pünktlich im Januar mit Überschwemmungen. Vor allem die Bewohner der Slums, der kleinen Hütten am Straßenrand, verlieren jedes Mal ... nun ... alles. Im Jahr 2020 mussten 400.000 Einwohner evakuiert werden, 61 Menschen starben. Die größte Katastrophe aber steht Jakarta noch bevor: Weil dem Boden der Stadt jahrelang Grundwasser entzogen wurde, damit die Menschen sauberes Wasser haben, sinkt vor allem der Nordteil der Metropole stetig weiter ab, jedes Jahr um 25 Zentimeter. Jakarta war zu Zeiten der Niederländer eine sumpfige Flussmündung. Es ist nicht ungewöhnlich, dass in Südostasien in solchen Gegenden Städte entstanden. Die Hauptstadt Malaysias trägt es zum Beispiel bereits im Namen: *Kuala Lumpur*, »schlammige Flussmündung« –

kein Wunder, dass alle lieber »K.L.« sagen. In Jakarta gibt es Stadtgebiete, die jetzt schon vier Meter unter dem Meeresspiegel liegen. Im Norden werden sie von einer Mauer geschützt, die gerade brüchig wird. An vielen Stellen. Sollte sie brechen, würde der Nordteil der Stadt in ein bis zwei Tagen geflutet sein. Das sind katastrophale Aussichten, und die steigenden Meeresspiegel machen es lediglich zu einer Frage des »Wann« und nicht des »Ob«. Dennoch entstehen dort gerade weitere Wolkenkratzer – mit Meeresblick.

Diese kurze Negativliste muss ich deshalb nachholen, weil es viel über die Probleme erzählt, die eventuell bald auch auf Borneo zutreffen werden. In Kalimantan, so heißt der indonesische Teil der Insel, soll nämlich – wegen Jakartas absehbaren »Untergangs« – die neue Hauptstadt Indonesiens entstehen. Das zumindest hat Präsident Jokowi beschlossen. Er hat bereits vor Monaten verkündet, dass der Hauptstadt-Standort auf jeden Fall auf Borneo liegen solle, auf der Insel befinden sich fünf indonesische Provinzen. Die Kosten dieses Megaumzugs werden von Experten auf rund dreißig Milliarden Euro geschätzt.

Kalimantan ist bei Touristen derzeit beliebt, es ist bei Weitem noch nicht so überlaufen wie Bali, und es gibt viele Touranbieter auch für kleinere Gruppen. Hauptziele sind vor allem die Urwälder, die Orang-Utan-Reservate und die Dörfer der Dayak, der Ureinwohner dieser Insel. Sie leben in sogenannten Langhäusern, einer sehr speziellen Wohnform, bei der mehrere Familien sich ein Haus teilen. Wenn die neue Hauptstadt auf diese Insel zieht, wird sich auch touristisch sicher einiges verändern.

Zum Zeitpunkt meines Aufenthalts auf Borneo sind der Presse zufolge zwei Orte in der engeren Wahl: Balikpapan, die Hauptstadt der Provinz Ost-Kalimantan, und Palangka Raya, durch dessen Zentrum ich gerade fahre. Es ist der Tag vor dem Nationalfeiertag Indonesiens. Alle Straßen sind rot-weiß geschmückt. Ich bin ein bisschen traurig, die große Parade in Jakarta zu verpassen, und versuche, mich damit zu trösten, dass ich dafür vielleicht gerade in der zukünftigen Hauptstadt bin – morgen will Jokowi nämlich feierlich verkünden, welche der beiden Gegenden den Zuschlag erhält.

Vor meiner Ankunft in Palangka Raya habe ich mir über die App *Traveloka* (neben *pegipegi* die beste Art, in Indonesien einen Schlafplatz zu finden) das Hotel Fovere ausgesucht. Es sieht von außen wirklich einladend aus mit seinen überdimensionierten Bullaugenfenstern. Vor dem Eingang wartet Yon auf mich. Yon ist ein Tourguide, der von verschiedenen Reisenden online empfohlen wird, und allein dadurch, dass er überpünktlich ist, hat er mich bereits für sich gewonnen. Außerdem hat er eine Karte von Zentral-Kalimantan dabei. Diese breitet er im Café neben dem Hotel vor mir aus und beginnt, mir die Geschichte dieser Provinz zu erzählen, die nicht sehr weit zurückreicht. Er spricht wie ein Lehrer: »Im Jahr 1957 haben die Dayak in Zentral-Kalimantan ihre Unabhängigkeit erkämpft.« Dann fragt er: »Warum wollten die Dayak einen eigenen Staat?«, und antwortet direkt selbst: »Die noch junge Republik Indonesien hatte schon damals mit den großen Unterschieden der Religionen zu kämpfen. Die Dayak wollten nicht länger von einem muslimischen Sultan beherrscht werden, und daher schuf Sukarno ihnen per Notverordnung eine eigene Provinz.« Eine große Stadt gab es damals noch nicht in dieser Gegend. Genauer gesagt gab es gar nichts außer den beiden Flüssen Kahaya und Sebangau. Der Präsident Sukarno höchstpersönlich veranlasste den Bau einer Stadt. »Warum tat er das?«, fragt Yon sich wieder selbst. »Weil Sukarno schon damals nach einem möglichen anderen Ort für eine Hauptstadt gesucht hat.« Er nannte sie Palangka Raya – der Name ist eine Mischung aus der lokalen Sprache der Dayak, in der *Palangka* »heiliger Ort« bedeutet, und Sanskrit, in dem *Raya* »groß« oder »weit« heißt. Meine Lernkurve ist mit Yon als Lehrer jedenfalls sehr steil, und weil er ein sehr deutliches Indonesisch spricht und zwischendurch auch mal ins Englische wechselt, weiß ich jetzt, dass ich an einem »großen heiligen Ort« – und warum ich an einer wirklich sehr, sehr großen Sukarno-Statue vorbeigefahren bin.

Den 17. August, den großen Nationalfeiertag, möchte Yon gern mit seinen Freunden verbringen. Also laufe ich am nächsten Tag allein durch die Stadt. Als ich einen der Einwohner frage, warum wirklich jedes Haus in rot-weiß geschmückt ist, sagt er, dass die Dekoration Pflicht sei. Den gesamten August über hängen die Wimpel in allen Straßen. Ich wundere mich zudem über den Rauch, der über Palangka Raya hinwegzieht, der noch dichter zu sein scheint als gestern. Der Fußweg, den ich entlanglaufe, besteht aus sehr feiner staubiger Erde, die von vorbeifahrenden Autos aufgewirbelt wird und sich mit dem Rauch in der Luft vereint. Ich komme an einem Platz vorbei, auf dem eine Militärparade stattfindet. Die Flagge wird gehisst, die indonesische Nationalhymne gespielt. Ich stelle mich kurz in die Zuschauermenge und höre mich um, aber bisher wurde die neue Hauptstadt noch nicht verkündet.

Danach besuche ich das Stadtmuseum. Ich bin der einzige Gast, eine ältere Frau geht in jeden Raum und schaltet das Licht für mich ein. Dabei gibt es überall Fenster, aber durch den Rauch kommt schlicht nicht genug Sonnenlicht herein. Das Museum führt gut in die Kultur der Dayak ein, auf die die Einwohner dieser Provinz besonders stolz sind. Auf Schautafeln wird erklärt, wie ihre traditionellen Rituale ablaufen und wann genau: im dritten, sechsten und neunten Monat der Schwangerschaft, zur Geburt, zur Namensgebung, Jugendweihe, Hochzeit, Beerdigung. Aus der Ethnologie weiß ich, dass Zeremonien in Momenten großer Unsicherheit Halt geben und Gemeinschaftsgefühl erzeugen. Bei einer Schwangerschaft können alle möglichen Dinge schiefgehen. Das erste Ritual – im dritten Monat der Schwangerschaft – soll das Fruchtwasser segnen, in dem das Baby liegt. Auffällig ist, wie wichtig Waffen den Dayak zu sein scheinen. Immer wieder wird erwähnt, dass sie »heilig« seien oder ein Geist in ihnen wohnen würde.

Am Ausgang des Museums sitzen zwei sehr redselige Mitarbeiterinnen des Museums. Sie sind froh über den Gast, denn in dieser Jahreszeit kämen selten Menschen in diese Gegend. »Wir haben den Rauch ja jedes Jahr«, sagt eine der Damen. Aber in diesem Jahr sei er besonders schlimm. Das komme von den Waldbränden.

»Wer zündet den Wald an?«, frage ich.

»Ach, der brennt von selbst.«

»Ist schon bekannt gegeben worden, wo die Hauptstadt hinkommt?

»Ja – zum Glück nicht hierher«, sagt die eine erleichtert.

Die andere lässt ein langes kehliges Lachen ertönen. »Jetzt hat Balikpapan das Problem«, sagt sie und zündet sich eine Zigarette an, im Museum. »Wir haben hier schon genug Probleme mit Smog.«

Später am Abend lese ich, dass das mit dem sich selbst entzündenden Urwald nicht stimmen kann. Borneo zählte vor 120 Jahren zu den Ländern mit den größten Regenwaldflächen der Welt. 15 Millionen Hektar Wald standen auf der Insel. Und der ist selbst in der viermonatigen Trockenzeit so feucht, dass er nicht von selbst brennen kann. Das Moos im Boden speichert den Regen über Monate hinweg. Die Wälder wurden vielmehr jahrzehntelang abgeholzt und brandgerodet, um Ölpalmen anzubauen, berichtet der BUND. Gerade im Jahr 2019 waren die Brände so schlimm wie zuletzt 1997. Aber weil die Welt nach Brasilien und Australien schaute, wo es ebenfalls katastrophale Waldbrände gab, fiel es nicht so sehr auf. Aktuell stehen in Borneo noch 250.000 Hektar Regenwald, das sind nicht mal mehr zwei Prozent der ursprünglichen Fläche.

Es ist zum Heulen, buchstäblich. Als ich am nächsten Morgen mit Yon in Richtung des Sebanagau-Nationalparks fahre, sprechen wir darüber. Er sagt, dass auch sein Geschäft darunter leide, denn wenn die Brände zu schlimm werden, will niemand in den Urwald. Die Touristen bleiben aus. Ich merke, dass er nur ungern über diese Themen redet. Es gebe zu wenige Kontrollen, und die Brandrodungen seien meist mit korrupten lokalen Politikern abgesprochen. Er deutet an, dass es nicht ungefährlich ist, darüber zu sprechen. Wer Korruption direkt thematisiert, bekommt Probleme. Es fühlt sich deshalb ein wenig wie ein Besuch im Ausnahmezustand an, als wir bei der Orang-Utan-Schule ankommen.

Die Schule gehört zur Stiftung BOS. BOS steht für Borneo Orangutan Survival, und gleichzeitig bedeutet *bos* auf Niederländisch »Wald«. Diese Stiftung betreut rund 600 Orang-Utans, meist Waisen, die ohne die Menschen keine Chance hätten zu überleben. Weil der Wald so dezimiert wird, verlieren die Tiere ihre Lebensgrundlage. Illegale Jäger verschleppen zudem Orang-Utans und verkaufen sie an Tierhändler. Wenn die Stiftung einen Orang-Utan findet, der noch minderjährig ist, kommt er in die BOS-Schule. Normalerweise leben Jungtiere die ersten acht Lebensjahre bei ihren Eltern und lernen die notwendigen Überlebenstaktiken im Urwald von ihnen. »Die wichtigste Fähigkeit eines Orang-Utans ist neben der Nahrungssuche das Nestbauen«, sagt Yon. In der BOS-Schule bringen ihnen das Menschen bei.

Mir werden die Schüler vorgestellt. Ich sehe zehn männliche und sechs weibliche Tiere, die in getrennten Käfigen an Seilen und Autoreifen spielen. »Der Große dort heißt Obama«, sagt eine Pflegerin. »Aber der ist gerade wütend auf mich und kommt nicht herunter.« Eric und Jumbo sind neugieriger auf den Gast. Die zwei Affen kommen ganz nah an die Scheibe heran. Es ist ein sehr besonderer Moment, einem Orang-Utan in die Augen zu schauen. Sie blicken zurück, haben eine ausdrucksstarke Mimik, besonders Eric schaut mich an, als ob er etwas sagen will.

Acht Stunden jeden Tag werden sie unterrichtet, von morgens um sieben bis nachmittags um drei. Wenn sie alt genug sind, werden sie auf eine kleine Probe-Insel gebracht. Dort fahren Yon und ich am Nachmittag hin, vorbei an Waldstücken, die bis auf den Boden niedergebrannt sind. Die Insel ist dennoch beeindruckend. Wir nähern uns den Tieren nur auf Abstand. Als sie uns hören, wagt sich nicht weit von uns eine Gruppe von ihnen aus der Deckung einer Baumkrone heraus.

Yon ist froh, dass es geklappt hat, was nicht selbstverständlich ist, und ich kurz danach sogar noch eine zweite Gruppe sehen kann. »Manchmal fahre ich hier an das Ufer, und die Affen haben keine Lust«, sagt er. Schon vor dem Ausflug hat er mich mehrfach darauf hingewiesen, dass es nicht vorherzusagen sei, ob und welche Tiere man sehen könne. Ich habe ihn beruhigt und versichert, dass ich nicht auf Fotosafari sei. Ich müsse kein Tier »abhaken«, nicht einmal die Orang-Utans. Es soll auf Borneo auch bessere Regionen für Safaris geben als diese. Aber ich finde es einfach gut, dass Yon nie den Eindruck vermittelt, mehr zu versprechen, als er halten kann.

An meinem letzten Tag brechen wir zu einer Wanderung durch den Urwald von Palangka Raya auf. Dazu müssen wir zuerst mit einem Schiff über den Schwarzen Fluss. Der Sebangau verästelt sich in diesem Teil des Nationalparks zu einem Netz aus kleinen Nebenarmen. Das Wasser ist pechschwarz, links und rechts hängen die Lianen tief hinein. Jedes Mal, wenn der Motor pausiert, hören wir Urwaldklänge – Zirpen, Fiepen, Gurgeln und ein sehr unheimliches Bellen oder Heulen. Und weil wir lang genug warten, fliegt sogar ein Nashornvogel über uns hinweg. Diese Vögel sehen auf Fotos mit ihrem gelben Schnabel immer fantastisch aus. Was man ihnen nicht ansieht: Sie sind wahnsinnig schnell, und wenn man sie gerade wahrgenommen hat, sind sie meist auch schon wieder im Gebüsch oder in den Bäumen verschwunden. Nur einmal gelingt es mir, ein Foto von einem Nashornvogel zu machen. Yon erzählt, dass die meisten der Tiere, die man sieht, Männchen sind. »Die Weibchen sitzen bis zu fünf

Monate im Nest, nach dem Brüten pflegen sie die Jungtiere und verteidigen sie gegen Raubtiere.« Sie mauern sich dafür mit kleinen Holzstückchen weitgehend ein. Vogelforscher haben gezählt, dass während dieser Monate das Männchen Zehntausende Male zum Nest fliegt und Nahrung bringt. »Nashornvögel fressen alles, auch kleinere Wirbeltiere und Fische.« Wie zum Beweis sehen wir später, wie einer von ihnen sich pfeilartig ins Wasser bohrt und nur Sekunden später mit einem Fisch davonfliegt.

»Wie fressen sie so große Beute?«

»Nashornvögel sind geschickt, sie werfen ihre Nahrung in die Luft, fangen sie wieder auf und schlucken sie dann hinunter.«

Wir kommen am Urwald an und machen erst einmal eine längere Pause, als plötzlich unser Bootsfahrer einen Schrei ausstößt. »Im Boot ist eine Schlange!« Er greift das kleine rote, sich windende Tier mit der Hand und legt es auf die Bank. »Ist sie giftig?«, frage ich Yon. »Das weiß ich nicht«, antwortet er. »Es ist schwierig, das hier im Urwald auseinanderzuhalten. Es gibt viele giftige Schlangenarten, und weil andere Tiere so viel Angst vor diesen Schlangen haben, sind dank der Evolution auch viele Arten entstanden, die nicht giftig sind, aber eben so aussehen, als seien sie es. So werden sie seltener gefressen.« Das beruhigt mich nur wenig. Aber diese Minischlange sieht wenigstens nicht aggressiv aus. Ich überspringe den Gedanken, dass sie vielleicht schon die ganze Zeit im Boot war.

Nach der Pause brechen wir auf zur »großen Route«. Meine Turnschuhe sind vielleicht nicht die passende Ausrüstung für diesen Ausflug, aber wenigstens ist die Luft hier frisch. Es kommt noch ein zweiter Guide hinzu, der sich im Urwald auskennt. Er heißt Bapak Tika und ist ein echter Dayak. Dayak verlieren ihren Namen, sobald sie Eltern werden. Seitdem vor fünf Jahren seine Tochter Tika geboren wurde, heißt er eben »Vater von Tika«. Er zeigt mir fleischfressende Kannenpflanzen, riesige Grashüpfer, Kautschukbäume, und einmal bleibt er stehen und gibt mir ein

Zeichen, still zu sein. Er zeigt nach oben. Dort ist ein großes Nest aus Zweigen und Blättern. »Ein Orang-Utan-Nest, ganz frisch«, sagt Bapak Tika. Wir warten noch eine Weile, aber kein Menschenaffe kommt. Zumindest leben auch im Nationalpark noch welche.

Auf der Bootsfahrt zurück sehen wir noch viele kleine Affen, Makaken und Gibbons, aber auch eine umgedrehte Schildkröte, die sich wohl in einer Reuse verfangen hatte. Und immer wieder klaffen Lücken im Wald, wo nur noch schwarze Stümpfe aus dem Boden ragen. Ich habe das ungute Gefühl, nicht nur Jakarta, sondern viele der Orte, die ich gerade besuche, werden nicht mehr die gleichen sein, wenn ich in der Zukunft wieder hierherkommen sollte.

»EIN BUCH ÜBER INDONESIEN ZU SCHREIBEN, ERSCHIEN MIR LANGE WIE EIN TRAUM. UND NUN REISE ICH IN VIER MONATEN ÜBER 30 INSELN UND VERSUCHE ANSCHLIESSEND, EIN LAND ZU PORTRÄTIEREN, DAS SO DIVERS IST, DASS SICH SELBST KENNER AUF NUR EINE REGION BESCHRÄNKEN.«

EINE
BILDSTRECKE

Was nimmst du mit auf eine einsame Insel? Bernd stellt sich diese Frage jedes Mal, wenn er auf seine eigenen 1000 Quadratmeter im Meer fährt.

Die Häuser sehen in der Tat so aus, als hätten sie kleine Zipfelmützen auf. Dadurch wirkt das Land der Batak immer ein bisschen unwirklich.

Manchmal frage ich mich, was Indonesier mit den Selfies machen, die sie mit Touristen aufnehmen. Kleben sie sich die in ein Album?

»Kilometer 0 Indonesia« liegt am nordwestlichsten Zipfel Indonesiens, in Aceh auf der Insel Weh. Hier erreichten die ersten Muslime im 7. Jahrhundert die Inseln.

Auf dem Dach des Hotels »Suites@Seven«, in dem ich die meiste Zeit in Jakarta übernachtet habe. Der Smog ist eigentlich immer sichtbar.

Speisen wie zu Zeiten der VOC: Das Café Batavia ist im ehemaligen Hauptquartier der Niederländischen Handelskompanie untergebracht.

Die »Chicken Church« in der Nähe des Borobudur ist ein Gebetshaus für verschiedene Religionen und soll den Heiligen Geist darstellen – also eine Taube.

Morgens um fünf Uhr am Vulkan Bromo. Die Szenerie ist fantastisch, wenn sich die Sonne langsam über die Krater schiebt.

Mit John Badalu in Kete Kesu, einem der berühmten Toraja-Dörfer auf Sulawesi.
Es ist ein Museumsdorf, besonders sind die einige Meter entfernten Gräber …

... vor deren Eingang die Toraja für reiche Ahnen eine Statue stellen.
Diese *tau tau* erinnern an die Toten und beschützen die Gräber.

»›EINHEIT IN DER VIELFALT‹. SO LAUTET DAS NATIONALMOTTO UND SO HABE ICH ES IMMER WIEDER AUF MEINER REISE ERLEBT. MANCHMAL FUNKTIONIERT DAS MITEINANDER DER UNTERSCHIEDLICHEN SPRACHEN, KULTUREN UND RELIGIONEN, MANCHMAL IST DIESES TOLERANZGEBOT NICHT MEHR ALS EIN HEHRER WUNSCH.«

Sören
Kittel

Balinesen feiern am Strand von Seminyak ein Tempelfest, an dessen Höhepunkt fünf Tiere lebend dem Meer geopfert werden. Hier fahren sie gerade aufs Meer.

Bei einer Reise in den Urwald von Borneo trifft man immer wieder Affen, wie diesen Makaken, der sich auf einer Mauer ausruht.

In der Trockenzeit lässt sich auf der Insel Sumba sehr gut beobachten, wie der Flusslauf des Kambaniru die Landschaft mit Leben erfüllt.

Hundert Kilo, drei Meter lang: Das ist Herkules, der »Hausdrache« auf Komodo. Die Ranger sagen, er habe bisher jeden Kampf gewonnen.

Kapitel 12

Langhäuser und Popmusik

Mandomai (Kalimantan, Borneo)
Größe: 40 km^2
Einwohner: 350
Danke: *tarima kasih*

Die Fahrt von Palangka Raya nach Mandomai ist die angenehmste, die ich bisher hatte. Das liegt zum einen daran, dass die Luft minütlich besser wird, aber vor allem liegt es an Banu, meinem Fahrer. Er ist 34 Jahre alt, hat einen runden Bauch und einen Oberlippenbart. Er strahlt diese Fröhlichkeit aus, um die ich die Einwohner dieses Landes manchmal beneide. Für einen roten 100.000er-Schein fährt er mir zuliebe auch noch einen Umweg. Um das berühmte Langhaus in Bantoi zu sehen, muss er nämlich eine Abzweigung nehmen, mit der »irgendetwas faul war«. Er weiß nur nicht mehr was. Als wir an der Abzweigung stehen, fällt es ihm wieder ein: Sie haben Schotter auf den Weg gestreut, die Art von Schotter, die selbst bei vorsichtigem Fahren nach oben schießt und den Lack zerkratzt.

Was die rund zwei Stunden Fahrt aber besonders lustig macht, ist Banus Bassanlage. Als der Feinstaub zusehends weniger wird, öffnet er das Fenster, und wir spielen uns gegenseitig indonesische Pop-Hits der vergangenen zwanzig Jahre vor, singen beide lautstark mit und reden über die Skandale der Stars. Das ist immer ein ergiebiges Thema, weil kaum ein Prominenter in Indonesien ohne handfeste Skandale auskommt.

Wie immer wähle ich zuerst mein Lieblingslied aus Indonesien aus: *Mungkin Nanti* (»Vielleicht später«) von PeterPan. Banu beginnt sofort, mitzusingen. In der Eröffnung singt Ariel, der Bandleader, davon, dass »das Gefühl weg« sei, dass die andere Person sich verändert habe und »es jetzt vielleicht Zeit ist zu gehen«. Dann gibt es eine Pause, und diese Pause verfehlt nie ihre Wirkung. Wir schauen uns an, heben beide die Arme und singen ganz laut: »Aber vielleicht später werden wir uns noch einmal treffen.«

Ich bin nicht ganz so textsicher wie Banu und deshalb froh, dass der Text vollständig auf meinem Telefon angezeigt wird. Der Song ist so etwas wie *Über den Wolken* in Deutschland, nur mit ganz viel Schmerz. Er kam im Jahr 2004 heraus, und wirklich jeder Indonesier zwischen 15 und 45 kann den Refrain mitsingen. Ich hatte ihn nachts auf Samosir herüberwehen gehört, als ich in meiner Hütte saß. Nicht das Original, irgendwo saß jemand mit der Gitarre und spielte, eine Gruppe sang. Das Lied ist auch stets ein guter Kommentar, wenn mal wieder etwas viel zu lange dauert und man vertröstet wird. Wenn ich dann die erste Zeile des Refrains singe *(Mungkin bila nanti ...)*, lockert das immer die Stimmung auf.

Als der Song vorbei ist, stelle ich Banu »die« Frage, die man immer stellen muss, wenn man über Ariel, den Sänger, spricht:

»Hast du das Video gesehen?« Banu lacht laut und fragt zurück: »Du etwa auch?«

Kurzer Rückblick: Ich war 2010 in Indonesien als Praktikant bei der größten Tageszeitung Kompas, als der schlimmste Pop-Skandal der indonesischen Geschichte gerade losbrach. Ariel hatte sein Mobiltelefon in die Reparatur gegeben und vergessen, den Speicher zu löschen. Auf dem Telefon fand der Techniker mehrere sehr private Videos des Sängers. Sie zeigten diesen beim Sex mit vier verschiedenen Frauen, darunter auch eine TV-Moderatorin und eine Schauspielerin – die verheiratet war.

Mit Sicherheit wären solche Skandale auch in Deutschlands Boulevardpresse Stoff für Wochen, aber in einem konservativen Land wie Indonesien war es Nachrichten-Napalm, das damals explodierte. Vor allem zeigte es auf interessante Weise die Doppelmoral: Ich kannte niemanden, der das Video nicht kannte. Selbst die 60-jährige Sekretärin der Lokalredaktion fragte mich einmal beim Hinausgehen: »Hast du das Video schon gesehen?« Die Menschen diskutierten über Oralsex und darüber, was denn jetzt die Standardgröße für indonesische Penisse sei ...

Angesichts all dieser sich überschlagenden Ereignisse kannte aber auch die Wut der konservativen Muslime in der Regierung keine Grenzen. Erst kurz zuvor, im Jahr 2008, war ein Anti-Pornografie-Gesetz erlassen worden. Seitdem wurde sogar der tiefe Ausschnitt einer US-Moderatorin im Fernsehen mit einem verschwommenen Fleck verdeckt, der mühsam technisch eingefügt werden musste. Pornografische Webseiten waren genauso verboten wie Dating-Apps. Ariel wurde angeklagt, und die Staatsanwaltschaft forderte fünf Jahre Haft. Begründung: Er hätte die Verbreitung der Videos nicht verhindert.

Auch die Frauen wurden vorgeladen. Nachdem sie lange bestritten hatten, in dem Video zu sehen zu sein, gaben sie es schlussendlich zu. Verteidigt wurden sie übrigens von Hotman Paris, jenem Anwalt vom Toba-See, der sich ohnehin ständig mit Stars umgibt. Die Verhandlungen wurden ganz nach amerikanischem Vorbild live übertragen. Ariel wurde zu dreieinhalb Jahren Gefängnis verurteilt. Mit 29 Jahren hatte er bereits Millionen Platten verkauft und stand im Guiness-Buch der Rekorde, weil er an einem Tag sechs Konzerte in sechs Städten gegeben hatte: Medan, Padang, Pekanbaru, Lampung, Semarang und Surabaya. Jakarta hatte er ausgelassen, da er nicht im Stau stehen wollte. Er hatte die größten Ohrwürmer der Nation gesungen – und alles verloren. Seine Band wurde nur noch PeterPorn genannt und das Lied für einige Zeit nicht mehr gespielt.

Banu kennt die Videos natürlich. Aber er weiß auch, wie Ariels Geschichte weitergeht – und ich traue meinen Ohren kaum. »Er kam nach zwei Jahren wieder frei«, sagt er, »wegen guter Führung.« Kurz darauf habe er ein neues Album herausgebracht: *Second Chance*. Schon im Jahr 2013 war er wieder für das beste Pop-Album nominiert. »Natürlich hat er die Band umbenannt, PeterPan ging ja nicht mehr.« Der neue Name: Noah. »Du weißt schon, der, der die Sintflut überlebt hat«, sagt Banu. Was ich noch erfahre: Seit Sommer 2019 gibt es eine neue Version von *Mungkin Nanti* – Noah singt sie auf Japanisch.

Während die jetzt läuft, singen wir nicht mit, sondern unterhalten uns über die Veränderungen in der Gesellschaft der letzten Jahrzehnte. Banu ist Christ, evangelisch. »Unsere Kirche ist jeden Sonntag voll«, sagt er, »aber wenn wir eine neue Kirche bauen wollen, müssen wir ziemlich viele Hürden überwinden.« Moscheen lassen sich viel leichter bauen. Dabei wohnt er in einem Viertel, in dem fast nur Christen leben. »Im Prinzip funktioniert das Zusammenleben gut«, aber vor allem Frauen ohne Kopftuch würden manchmal angesprochen. »Das war vor zehn Jahren noch nicht so.«

Mitte der Nullerjahre habe auch Ariel, zu der Zeit noch als PeterPan, die Veränderungen am eigenen Leib erlebt. Damals musste er ein Konzert unterbrechen, weil er von Fundamentalisten mit Steinen beworfen wurde.

Ich habe bislang nicht gewusst, dass es Ausschreitungen bei Konzerten gegeben hat, und google diese Vorfälle. In einem Eintrag wird beschrieben, wie junge Männer Steine auf die Fans und auf Ariel warfen. Am 11. April 2006 griffen zudem Fundamentalisten Fans außerhalb des Stadions an, die draußen die Musik hören wollten. Es gab viele Verletzte. Ich lese Banu das vor und muss bei einer Stelle stutzen: »Ariel wurde ebenfalls verletzt – weißt du, bei welchem Lied er unterbrechen musste?« Banu sagt: »Nein. *Mungkin Nanti?«* Genau.

Wir hören weiter meine und Banus Popliste durch: Tulus (der indonesische Michael Bublé), Sheila on Seven (leichter Pop), Iwan Fals (der indonesische Bob Dylan) und Dewa (Stadion-Rock). Bei Dewa sagt Banu immer wieder: »*Narkoba*«. Das ist das Codewort, wenn irgendetwas mit Drogen zu tun hat. Die Band Dewa hat offenbar immer wieder Ärger, weil Mitglieder beim Haschischrauchen erwischt werden. Ich will abwinken, aber Banu wird ernst: »Die sind doch selber schuld!« Er mag Drogen nicht, unterscheidet nicht zwischen harten und weichen Drogen. »Wer damit anfängt, hat doch ein Problem.« Ich will noch argumentieren, dass Gefängnis sie sicher nicht zu besseren Menschen mache, aber merke schnell, dass er darauf nicht anspricht.

»Kennst du Zulkifli?«, fragt er.

»Ist das eine Band?«

»Nein, die Band heißt Zivilia«, sagt Banu, »aber der Sänger der Band wurde gerade zum Tode verurteilt.« Der Bandname kommt mir bekannt vor. Ich schaue im Internet und tatsächlich, die Artikel, die den Sänger in orangefarbener Gefängniskleidung mit gesenktem Kopf zeigen, sind gerade einmal ein paar Monate alt. »Er hat nicht nur Crystal Meth genommen«, sagt Banu, »er hat es auch verkauft, unter anderem an seine Bandmitglieder.« Mitleid hat er nicht. Ich versuche, Banu zu erklären, dass in Deutschland Drogenabhängige vor allem als Patienten behandelt werden. Aber auch bei der Todesstrafe bleibt er hart. Dennoch spielt er den bekanntesten Song von Zivilia, *Aishiteru*, und nun weiß ich wieder, woher ich die Band kenne: aus dem Bandbus auf Tidore.

Nach dem Song macht Banu die Musik leiser. Er sagt, er würde aus dieser Gegend eigentlich nie wegwollen. An guten Tagen fährt er dreimal zwischen Mandomai und Palangka Raya hin und her, manchmal auch gleich bis Banjarmasin, die Hauptstadt Süd-Kalimantans. Es mache ihm Spaß, jeden Tag lerne er neue Leute kennen. »Manchmal kaufe ich meiner Frau etwas vom Trinkgeld.«

Ich muss lachen. So offen erwähnen Indonesier Trinkgeld sonst nicht, es ist ohnehin ungewöhnlich, welches zu geben. Vielleicht ist es hier anders. Es ist auch ungewöhnlich, dass Banu überhaupt so freimütig von sich erzählt.

Gegen Mittag steigen wir beide eine sehr zerbrechlich wirkende Treppe eines Langhauses hinauf. Sie ist dünn wie eine Hühnerleiter. Oben sitzt Maris. Sie ist 62 Jahre alt und hier im Haus geboren worden. Alle nennen sie »Bu Maris« (*Bu* ist die Abkürzung von *Ibu* – »Mutter«), und sie sieht eher aus wie 80, eine alte und gebrechliche Frau. Bu Maris trägt ein Kleid, das wohl für Mädchen entworfen wurde: pink mit einem großen weißen Bärchen darauf. Unter dem Bärchen steht *Lovely*. Banu fragt höflich, ob wir eintreten dürfen. »Natürlich«, sagt sie, »dazu ist das Haus doch da.« Sie scheucht eine kleine, sehr magere Katze aus dem Weg und geht voran.

Dieses Langhaus ist also ein Touristenobjekt, das bewohnt wird. Es steht, wie alle Langhäuser der Dayak, auf Stelzen. Es sei rund 150 Jahre alt, sagt Bu Maris. Sie führt Banu und mich in den präsentablen Eingangsbereich. Es gibt eine Sitzecke mit Sesseln und einer Couch und einen langen Esstisch. An der Wand hängen Bilder vom Präsidenten und das Wappen Indonesiens mit der *Pancasila*: Der in Asien mythische Garuda-Vogel mit den fünf Symbolen auf dem Schild vor seiner Brust symbolisiert die fünf Regeln, die einst Sukarno aufstellte. Sie sind so allgemein gehalten, dass man ihnen kaum widersprechen kann: 1. Es gibt einen Gott, 2. Humanismus, 3. Nationale Einheit, 4. Demokratie und 5. Soziale Gerechtigkeit.

Am meisten Probleme bereiten Indonesien die Punkte 1 und 3, denn Naturreligionen, wie die der Dayak, sind überall im Land verbreitet, und immer wieder gibt es Regionen, die sich abspalten wollen. Die Frage der Religion ist zumindest hier in diesem Haus kein Streitpunkt. Neben der Pancasila hängt ein großes Bild von Jesus, auf seiner Brust ein strahlendes Herz. »In dieser Gegend wohnen viele Christen«, sagt Bu Maris. »Nicht weit von hier ist unsere Kirche, hast du sie schon gesehen? Eines der Fenster stammt aus Deutschland.«

Aus Deutschland?

Bu Maris versteht meine Überraschung nicht ganz. Ja, es bestehen viele Verbindungen zu Deutschland. Neben der Kirche stünde doch auch eine Schule, die Deutsche gebaut haben. Sie vergewissert sich bei ihrer Tochter im hinteren Teil des Hauses. »Waren das nicht Schweizer?«, erwidert diese. Diese Schule will ich mir natürlich anschauen. Und Banu wird noch einen weiteren Umweg für mich machen. Ich merke, dass die Fahrt für ihn nicht mehr ganz so lukrativ ist, und biete ihm an, das Doppelte zu zahlen. Er sagt, darüber sprechen wir später, und sieht dabei nicht so aus, als würde das ein Problem geben.

Vorher führt uns Bu Maris noch in den hinteren Bereich des Hauses, und erst da wird wirklich deutlich, in welch einfachen Verhältnissen sie hier leben. Jede der hier wohnenden fünf Familien hat ein eigenes »Schlafzimmer«, das mehr oder weniger von den anderen abgetrennt ist, mal mit einem Vorhang, mal mit einer dünnen Holzwand, die aber nur zwei Meter hoch ist. Oft stehen gleich zwei Doppelbetten nebeneinander. Überall liegt etwas herum: Töpfe, Kleidung, Obst in einem Korb. Ein

Ventilator dreht seine Runden im Raum und fächelt drei Betten Luft zu, die aber allesamt leer sind. »Die meisten sind tagsüber nicht da«, sagt Bu Maris, »sie müssen Geld verdienen, auch wenn wir keine Miete zahlen.« Als ich sie frage, wie viel Geld sie im Monat so ausgebe, nennt sie eine Summe, die bei umgerechnet fünfzig Euro liegt.

Das Dach hat Löcher, der Boden auch. Durch große Lücken zwischen den Dielen kann ich den Erdboden sehen. Früher liefen unter den Stelzenhäusern die Nutztiere entlang. Essensabfälle konnten einfach fallen gelassen und durch den Spalt weggekehrt werden. Aber ohne Tiere unter dem Langhaus sind es einfach nur Löcher im Boden. Bu Maris zeigt mir noch die Küche, die hinter dem Schlaf- und Wohnbereich liegt. »Hier sind wir meist abends«, sagt sie, »morgens steht die Sonne so, dass wir oft vor dem Haus sitzen.« Die Küche ist sehr einfach, angefeuert wird mit Holzspalten, die bereitliegen. Da es langsam Nachmittag wird, kann ich nachempfinden, wie angenehm es sein muss, hier zu sitzen. Ein kleiner Bach plätschert hinter dem Haus entlang, ein Bananenbaum und eine Palme stehen im Garten.

Obwohl alles sehr einfach gebaut ist – man könnte sogar sagen »gefährlich windschief« –, ist Bu Maris stolz, in einem echten Langhaus zu leben. »Die anderen Langhäuser hier in der Gegend sind nur noch Museumshäuser«, sagt sie, »aber wir wohnen hier noch wie damals.« Ich frage, wie viele denn »wir« seien. Sie überlegt und zählt durch. »Wir sind fünf Familien«, sagt sie. »Eigentlich wohnen 19 Menschen hier im Haus, eine Familie ist aber nur noch manchmal hier.«

Es gibt Häuser im Land der Dayak, in denen ganze Dörfer leben. Dieses ist nur für eine Großfamilie gedacht gewesen, aber schon hier habe ich Sorge, dass es mir zu eng wäre. Als ich das Bu Maris erzähle, muss sie lachen. »Nein, solche Gedanken haben wir nicht«, sagt sie. »Wir leben gern zusammen.« Dann beugt sie sich zu mir: »Na ja, seit drei Jahren gibt es zwei Familien, die ihren

Raum abschließen. Das finden wir komisch. Wir würden doch nie etwas aus den privaten Räumen nehmen.« Was ist, wenn es richtigen Streit gibt? Sie zeigt auf das Foto an der Holzwand: »Der hier hat das Haus gebaut, und irgendwie sind wir alle mit ihm verwandt.« Probleme werden meist am Wochenende besprochen und dann auch gelöst.

Bevor ich gehe, bittet sie mich noch, meinen Namen in ein Gästebuch einzutragen. Die letzten Besucher waren vor 16 Monaten hier, zwei Niederländer, davor zwei Franzosen, davor ein Amerikaner. Immer im Abstand mehrerer Monate. Ich frage Banu, warum niemand hierherkommt. Es sei doch interessant zu sehen, wie so ein Langhaus von innen aussieht. »Die meisten gehen in die Museumshäuser«, sagt er, »ich zeig dir eines.« Und ein paar Minuten später sind wir in einem Langhaus in Buntoi, das für den Tourismus geöffnet ist.

Die Leiter hier erinnert ebenfalls an eine Hühnerleiter, drinnen ist es staubig, an den Wänden hängen Tafeln mit Texten auf Indonesisch und schlechtem Englisch, die nicht gerade die Fragen beantworten, die Besucher an diese Häuser haben könnten. »Auf der Veranda stand einmal ein Schaukelstuhl«, steht da. Dazu weder wann das gewesen sein soll, noch wozu es wissenswert sein könnte. Auf einer anderen Tafel ist immerhin vermerkt, wann dieses Haus gebaut wurde: 1835. Auf einer dritten Tafel ist zu lesen, wer dieses Haus in den letzten Jahren besucht hat, nämlich drei Botschafter: der australische (1977), der schweizerische (1974) und der aus Westdeutschland (1973).

Anschließend fährt mich Banu zu der Kirche, in der wirklich drei Glasfenster hängen, die genauso aussehen wie Glasfenster in Deutschland. Der Priester führt uns durch das Gebäude und zeigt auf die Fenster. »Sie kommen aus ...«, er kann es kaum aussprechen, »... Quedlinburg.« Im Jahr 1910 wurden sie per Schiff hierhergebracht. »Genau dieses Motiv gibt es nur dreimal in der Welt – einmal in Brasilien, einmal in Quedlinburg und dieses hier.« In den 1960er-Jahren kamen zudem Baseler Geistliche und gründeten eine Schule für Handwerker, gleich neben dem Kirchengelände. Seit einem Brand 2001 – der Pfarrer geht von Brandstiftung aus – arbeiten die meisten Lehrer ehrenamtlich. 57 Schüler werden noch unterrichtet. Die Baseler Kirche hat sich vor ein paar Jahren aus der Verantwortung zurückgezogen. Es ist seltsam, Siemens-Schriftzüge und Mercedes-Sterne an den großen Schleif- und Sägemaschinen zu sehen. Sie zeugen davon, dass hier einmal Deutsche waren, die auch einen Traum hatten: Das Handwerk auf die Inseln zu tragen. Die Schulleiterin versucht noch, Sponsoren in Deutschland zu finden, bisher vergeblich. Übrig geblieben sind Jugendliche, die wirklich sehr schöne Schachbretter und Schachfiguren herstellen können.

Als wir wieder im Auto sitzen, sagt Banu, dass sie wahrscheinlich auch irgendwann wie er mit dem Auto umherfahren werden. »Bis vor zwei Jahren habe ich in einer Werkstatt gearbeitet«, sagt er, »aber dann hat die Krise zugeschlagen.« Seit vier Jahren fährt er jetzt zwischen Zentral- und Süd-Kalimantan hin und her. Er wird das noch ein paar Jahre machen, sein zweites Kind ist gerade zur Welt gekommen, der erste Sohn ist neun. »Wenn du willst, kannst du bei uns übernachten«, sagt er. Er habe vorhin seine Frau gefragt, sie sei einverstanden. Ich könne im Zimmer des Großen schlafen.

So lerne ich Banus Frau und die Großeltern kennen, die im Obergeschoss leben. Am Abend sitzen wir noch lange zusammen und reden über Musiker und Drogen, über Langhäuser und über die Kämpfe der Dayak. An der Wand hängt ein Schwert. Banu nimmt es und gibt es mir in die Hand. Plötzlich rennt der Neunjährige aus dem Zimmer. »Ach«, sagt Banu, »der Kleine mag das Schwert nicht.« Am nächsten Tag erzählt »der Kleine« mir beim Frühstück, dass er das Gefühl habe, da sei noch jemand im Raum, wenn er nachts am Schwert vorbeigehe. Als Banu das hört, wechselt er zum ersten Mal in unserem Gespräch ins Englische, wohl um seinen Sohn zu schützen. Ich wusste nicht, dass er so gut Englisch spricht, aber er sagt und schaut mich dabei ernst an: »Kein Wunder, es klebt ja auch Blut an dieser Klinge.«

Kapitel 13

Reiche Stadt und arme Tiere

Balikpapan (Kalimantan, Borneo)
Größe: 503 km²
Einwohner: 434.000
Danke: *tiga tawai*

Ryans Auto wackelt gefährlich. Nur wenige Hundert Meter nördlich der Innenstadt von Balikpapan wird die Straße so schlecht und staubig, dass er mit seinem aschgrauen Hyundai Schlangenlinien fahren muss. Ich gehe bei jeder Kurve mit. Der Asphalt hat gefährlich tiefe, meterbreite Löcher, und das Auto hoppelt derart über die kaputten Steine, dass es einige Male gefährlich Schlagseite bekommt.

Ryan ist wütend. »Das hier zeigt doch schon wieder, warum Indonesien eben so schnell kein moderner Staat werden kann«, sagt er. »Schlaglöcher gibt es in jedem Land, aber diese hier gibt es, weil für die Reparatur des Streckenabschnitts zwar die ausreichende Summe eingeplant war, aber ein Teil dieses Geldes in unbekannten Taschen verschwand.« Doch Ryan ist nicht nur genervt von den Schlaglöchern und vom Staub. Er zeigt mir lange Hallen, die am Wegrand stehen. »Das sind Hühnermastfarmen«, sagt er. Ich stelle mir vor, wie Tiertransporte über diese Straßen hoppeln, und mir wird kurz schlecht.

Ich weiß nicht genau, warum sich Ryan überhaupt die Zeit nimmt, mich über diese gottverlassenen Straßen zu fahren. Wir haben uns auf der Internet-Plattform *Couchsurfing* kennengelernt. Ich hatte am ersten Abend in Balikpapan nichts zu tun, saß am Strand und schaute bei einem fantastischen Sonnenuntergang einer Minikrabbe beim Löcher-in-den-Sand-Buddeln zu. Bei *Couchsurfing* gibt es die Rubrik »Meet-Up«, über die man Leute aus der Stadt, in der man gerade ist, anschreiben und treffen kann. Ryan antwortete sofort. Es war Freitag, und er zeigte mir noch am gleichen Abend den indonesischen Club Embassy, nahe beim Hafen. Er kannte den Inhaber, und wir bekamen ein »Prost« umsonst. Leider ist ausgerechnet »Prost« die am wenigsten gut schmeckende Biermarke des Landes. Die anderen beiden sind »Anker« und »Bintang«. Eine nicht repräsentative Umfrage unter meinen Freunden wird übrigens gestützt von den Ergebnissen auf der Bierbewertungs-Webseite »bierbasis.de«: Wenn alle drei großen Marken zur Auswahl stehen, sollte man sich immer für »Anker« entscheiden, eventuell für »Bintang«. Niemals für »Prost«. Es schmeckt leider so, als könnte Ryan damit sein Auto betanken. Aber der Abend mit ihm war großartig. Wir tanzten zu sehr lauter indonesischer Dangdut-Musik, er fuhr mich anschließend mit seinem großen Hyundai bis zum Hotel, und wir verabredeten uns für den nächsten Tag.

Diese beschauliche Stadt auf einem Hügel direkt am Meer, gehört bald zum Metropolgebiet rund um die neue Hauptstadt. Für Ryan war es keine Überraschung, als die Nachricht am

Nationalfeiertag hier ankam, dass die Gegend um Balikpapan ausgewählt wurde. Er wusste um die Umweltverschmutzung um Palangka Raya, und er kennt seine Stadt gut, es ist eine der reichsten auf Borneo. Auf einem 27.000 Quadratkilometer großen Areal werden in den kommenden zehn Jahren sämtliche Ministerien neu gebaut, dazu Flughafen, Botschaften, Gerichte und Wohnviertel für die rund 700.000 geplanten Einwohner.

Als wir aussteigen, erzähle ich Ryan vom Flughafen BER, und er muss lachen. Davon hat er noch nie gehört und kann nicht glauben, dass Deutsche es nicht schaffen, einen Flughafen mit funktionierendem Belüftungssystem zu bauen. Er sagt, dass er hier draußen bisher ohnehin nicht viel mitbekomme von der Welt. Das ist eine der Hoffnungen, die er mit dem Umzug der Hauptstadt verbindet: dass der Austausch mit Menschen aus aller Welt wieder Teil seines Lebens wird. Er vermisst Jakarta manchmal, das Großstadtleben. Er wurde dort vor 35 Jahren geboren und führte das typische Leben eines Hauptstädters. Arbeiten, im Stau stehen, Fitnessclub, am Wochenende immer mal wieder nach Bali fliegen. »Balikpapan kann schnell langweilig werden«, sagt er, »dafür ist die Luft hier viel besser – und es gibt diesen Park.«

Wir stehen vor einem Erlebnispark, der »Wildlife Park« heißt. Der Eintritt kostet umgerechnet siebzig Cent, und hier bekomme ich eine Ahnung, wie Indonesier ihre Freizeit verbringen: gern draußen und gern mit Tieren. Leider ist Tierschutz noch kein großes Thema im Land. Schon im Zoo von Jakarta taten mir viele Tiere leid, die in sehr kleinen Käfigen gehalten werden, und das ist hier nicht anders. Dazu frage ich mich: Was muss man einem Wildvogel wie einem Tukan angetan haben, dass er sich bereitwillig von Kindern streicheln lässt? Oder einem Adler, einem Pfau, einem Papagei oder einer Eule? Auf einem Baum liegt ein angeketteter Leguan. »Fassen Sie ihn an«, fordert mich ein Indonesier auf, aber ich kann das nicht. Die Vögel sitzen verschüchtert auf einem quietschbunten Geländer und warten auf die Touristen, die sie tätscheln und Selfies machen. Von einer nahe gelegenen Bühne dröhnt Livemusik. Keine leichte Hintergrundmusik, sondern ähnliche Musik wie gestern im Club: Dangdut.

Dangdut ist am ehesten wohl vergleichbar mit dem deutschen Schlager. Er wird meist von der Generation Ü50 gesungen, gehört und auf Partys gespielt. Diese Musik ist in Malaysia, Singapur und Indonesien populär und vermischt Einflüsse aus arabischer und indischer Musik mit lokalen Instrumenten. Die indische Trommel macht ein Geräusch, das ein Musikmagazin in den 1970er-Jahren als »Dang« und »Ndut« beschrieben hat, eine lautmalerische Umschreibung. Seitdem wird das ganze Genre danach benannt. Es ist die Partymusik der älteren Generation, die sich mit Techno-Beats unterlegt auch in die Discos der jungen Menschen eingeschlichen hat. Wer einen Eindruck bekommen will, wie das klingt, sollte am besten mit dem Song *Ini Rindu* (»Das ist Vermissen«) von Farid Hardja beginnen. Der Refrain wird gefühlt fünfzehnmal wiederholt: *Oh burung nyanyikanlah, katakan padanya aku rindu*. Auf Deutsch: »Oh Vogel, sing und sage ihr/ihm, dass ich sie/ihn vermisse.« In Indonesien kennt das Lied jeder, und es ist verdammt schwierig, keinen Ohrwurm davon zu bekommen.

Die Frau auf der Livemusikbühne singt zum Glück nicht *Ini Rindu*, das wäre angesichts der traurigen Vögel auf der Stange auch wirklich absurd. Ryan bemerkt meine Skepsis. Er schlägt vor, nur eine kurze Tour durch den Park zu machen und dann zu einem weiteren Highlight in der Umgebung zu fahren. Auf dem Weg zum Auto lassen wir unsere Füße in einem kleinen Teich von gelbschwänzigen Putzerfischen sauber fressen, machen Selfies vor Dinosauriern, die uns den Kopf abbeißen (wir stehen vor einer mit 3D-Bildern bemalten Wand), und balancieren über einem Loch im Boden, in dem ein Wasserfall kilometertief hinabfällt (3D-Bild auf dem Fußweg).

Im Auto fällt mir auf, dass ich mein Telefon schon wieder aufladen muss, und erzähle Ryan, dass mein Handy gerade ständig an

Strom verliert. Inzwischen kann ich es auch nur noch bis auf achtzig Prozent aufladen, mehr geht nicht. Mein iPhone 8 ist ein Jahr alt und der Akku offenbar nicht mehr leistungsfähig. »Warum hast du das nicht früher gesagt«, sagt Ryan. In der nächsten kleinen Stadt hält er an einem kleinen Laden, vor der Tür steht ein großes aufgeblasenes Handy, das zwar wie eins aus den frühen Nullerjahren aussieht, aber drinnen haben sie sämtliches aktuellstes Zubehör. Die original Apple-Batterie kostet mit Einbauen (»Bitte warten Sie fünf Minuten«) weniger als zehn Euro. Ich erzähle Ryan von meinem letzten Besuch im Apple-Store in Berlin: Ich wollte ein Kabel tauschen, und eine Frau sprach in ein Mikro: »Katja, hier ist ein Sören, hast du Zeit für einen Kabeltausch?« Unnötig zu sagen, dass Katja keine Zeit hatte. Ich hätte online vorbuchen sollen. Für zwei Euro mehr lasse ich mir noch Panzerglas auf das Telefon kleben und bin bestens gelaunt.

Kurz darauf halten wir an einer Krokodilfarm an. »Hast du schon Krokodil-Saté-Spieße probiert?«, fragt Ryan. Ich weiß, dass sie in Indonesien im Prinzip alles auf Holz-Spieße stecken und so lange über dem Feuer rösten, bis man es in Erdnusssoße tunken kann. In Palangka Raya habe ich einen Stand mit »Hühnerfuß«-Spießen gesehen. Auch Hühnerherzen gab es da aufgespießt zu kaufen und gekochte Wachteleier. Aber Krokodil? Als wir auf das Gelände fahren, kommt uns ein Elefant entgegen, er ist Teil der Attraktion des Krokodilparks. Das ist schon spannend, aber die Farm erinnert mich leider eher an die gefesselten Vögel im Wildlife Park. Ein brackiger Teich ist mit mindestens fünfzehn Krokodilen ziemlich vollgestopft. Natürlich ist es sehr beeindruckend, wie sich so ein Tier durchs Wasser schiebt. Nur die Augen schauen heraus, die Nasenspitze und ein paar Schuppen. Die Mauer um das Areal ist ziemlich hoch, aber auch … an vielen Stellen brüchig. Und mit einem Mal kommt meine Herkunft durch, das Bedürfnis nach sicheren Abläufen, nach Standards, nach Tierschutz. Ich habe irgendwo gelesen, dass Krokodile zu den schlauesten Reptilien zählen. Zum Beispiel balancieren sie manchmal stundenlang einen Zweig auf der Nase, um einen Reiher anzulocken. Wenn sich einer draufsetzt – zack! Ich überlege: Wenn dieses Krokodil da auf diesen Baumstamm dort klettert, von dort auf diesen Vorsprung, dann muss es nur noch sechzig Zentimeter überwinden und könnte sich direkt neben uns fallen lassen. Krokodile erreichen eine Geschwindigkeit von bis zu dreißig Stundenkilometern, und der Mensch, zumal ich, ist nur wenig schneller.

Ich sage Ryan, dass ich genug traurige Tiere für heute gesehen habe – zudem sind der Saté-Stand und die Bude mit Gürteln und Handtaschen (vielleicht ebenfalls aus Protest) geschlossen –, aber er will unbedingt noch einen Park mit mir besuchen, den für das Maskottchen von Borneo – den Sonnen- oder Malaienbären. Er sei »ganz neu« und nach internationalen Standards gebaut. In der Tat ist dieses »Gehege« eher ein Wald, durch den ein Hochweg führt. Vier Meter über dem Erdboden laufen wir durch die Bäume, und auf jedem Schild steht, dass es sein kann, dass wir den Bären nicht sehen. Wir sehen ihn dann doch. Er sitzt unter einem Baum und frisst Ananas. Obwohl es diese Tiere auch in Indien (seit Jahren wahrscheinlich ausgerottet), in China (stark bejagt und wahrscheinlich kurz vor der Ausrottung) und auf Sumatra (keine Angaben über die Populationsgröße) gibt beziehungsweise gab, wurde die kleine Bärenart das Symbol für Borneo. Die Tiere werden allerdings auch hier gejagt, weil sie gern in Palmölplantagen nach Nahrung suchen. In diesem Park gibt es drei Exemplare.

Am Ausgang wartet eine junge Frau und notiert auf einem Zettel jedes Wort von mir. Wie fand ich den Park? Wie fand ich die Beschreibung? Wie war mein »Gesamteindruck«? Dann zückt sie ihr Mobiltelefon und bittet mich, einen Kommentar für die Internetseite des Parks abzugeben. Vielleicht wäre das der Zeitpunkt, die Krokodilfarm und die traurigen Vögel zu erwähnen?

Ich entscheide mich dagegen. Ich bin hier nur Gast und kann zwar natürlich bestimmte Dinge schlimm finden und Zustände auch kritisieren, wenn es Umweltbelange betrifft, die letztlich die ganze Menschheit angehen. Aber bei einem Krokodilpark, der in Deutschland aus Tierschutz- und Sicherheitsgründen sofort geschlossen würde, ist das etwas anderes, da halte ich mich besser zurück. Ich muss an die Britin denken, die kürzlich Schlagzeilen machte, weil sie in Peking mit ihrem Fahrrad unterwegs war und einen Autofahrer, der auf der breiten Radspur den Stau überholen wollte, zurechtwies. Es machte Schlagzeilen, nur weil sie eine Nicht-Chinesin war. Wieder eine Europäerin, die den Asiaten zeigt, dass sie ihre eigenen Regeln einhalten sollen. Ich sage stattdessen, dass ich dieses Projekt gut finde, vor allem weil es den Tieren ein mehr oder weniger artgerechtes Leben ermöglicht.

Im Auto spreche ich mit Ryan über dieses Dilemma. Er war selbst länger in den USA und ist es müde, auf die indonesische Umweltzerstörung angesprochen zu werden. »Sogenannte ›patriotische‹ Indonesier sagen dann gern, dass die Kolonisten und Neokolonisten den Planeten mehr zerstört haben, als wir das je könnten.« Aber jetzt sei es bei ihnen plötzlich moralisch verwerflich. Ryan meint, dass viele Indonesier noch so denken und es erst langsam ein Umdenken gebe. »So ist das mit allem hier: dem Plastikmüll, der schlechten Luft, den Arbeitsbedingungen, der Tierhaltung.« Und er verstehe es auch, denn sein Land habe so lange um Unabhängigkeit gekämpft, dass es sich jetzt nicht ständig von außen diktieren lassen will, was es darf und was nicht. »Aber zumindest gibt es inzwischen Gesetze, die auch den Wald auf Borneo schützen sollen.« Nur ein paar Kilometer nördlich von hier gebe es eines der aufwendigsten Renaturierungsgebiete der ganzen Welt. 2000 Hektar Urwald wurden wiederaufgeforstet. »Aber der Gründer ist auch ein Weißer.«

Vielleicht ist das einer der weiteren Vorteile daran, die Hauptstadt zu verlegen. Jokowi hatte mehrere gute Gründe, die für die Insel Borneo sprechen: Die Wahl einer Außeninsel soll das Gefühl des Zusammenhalts unter den Tausenden Inseln stärken. Außerdem liegt Borneo als eine der wenigen Inseln nicht auf dem »Feuerring«. Und vielleicht ist eben ein dritter Grund, dass Indonesiens Bewusstsein für Umweltprobleme steigen könnte. Denn gerade auf dieser Insel sind die Folgen des Klimawandels unmittelbar zu spüren.

Am späten Nachmittag fahren wir auf das Helipad – das ist der bekannteste Platz in Balikpapan für Jugendliche, ein Landeplatz für Hubschrauber, auf dem viele Grüppchen beisammensitzen, Eistee trinken und den Sonnenuntergang abwarten. Nebenan ist eine Strandbar mit dem Namen »Bali-kpapan«, am Eingang stehen balinesische Statuen. Ein Gefühl wie auf Bali will sich trotzdem nicht einstellen. Ryan trifft ein paar Freundinnen, und nach zehn Minuten sitzen wir zu sechst am Rand des Landeplatzes und reden über die Zukunft: Zwei Frauen tragen ein Kopftuch, zwei tragen keins. Sie alle machen Instagram-Videos, vor allem als sie merken, dass ich mitsingen kann bei *Mungkin nanti* und bei *Putus* von der Band Dewa, einem weiteren Ohrwurm, den wirklich jeder in Indonesien mitsingen kann. (Auch wenn – oder gerade weil – der Refrain zu den traurigsten der indonesischen Pop-Geschichte gehört: »Ich habe gerade realisiert, dass meine Liebe wie Klatschen mit einer Hand ist.« Gibt es eine schönere Formulierung für einseitiges Verliebtsein?)

Die Gruppe ist sich einig, dass Balikpapan zu Recht als eine der angenehmsten Städte Indonesiens gilt. Mit derzeit rund 850.000 Einwohnern, mit den vielen Hügeln und kleinen Gassen und der besten Hühnersuppe des Landes – zumindest wenn man Elisabeth glaubt, einer der beiden jungen Frauen ohne Kopftuch. Sie sagt auch, dass sie hofft, dass mit dem Umzug der Hauptstadt Christen mehr Rechte im Land bekommen. Selbst die Frauen mit Kopftuch stimmen ihr dabei zu. Auf Borneo ist der Anteil der Christen etwas höher als im Rest des Landes. »Das könnte auch einen Ausschlag gegeben haben«, sagt Ryan, der ebenfalls Muslim ist, aber seit er nicht mehr in Jakarta wohnt, geht er nicht so häufig in die Moschee. Ähnlich wie in der Noch-Hauptstadt fallen ihm auch in Balikpapan inzwischen mehr Musliminnen mit Vollverschleierung auf. »Das war vor zwanzig Jahren noch anders«, meint Elisabeth sorgenvoll.

Am Abend verabschieden wir uns, aber ich will noch nicht in mein Hotel zurück. Ich laufe am Strand in Richtung einer Bar, die Ryan mir empfohlen hat. Unterwegs bekomme ich eine SMS, die mir Sorgen macht und meine gesamte Reise verändern wird. »Hey Sören, ich bin im Gefängnis in Medan, es ist furchtbar. Meldest du dich? Bernd.« Kurz darauf, während ich in der Bar Seventh Street im Hinterhaus eines Hotels sitze und ein Bintang-Radler für den Preis von drei Taxifahrten durch die Innenstadt von Balikpapan trinke, erfahre ich mehr. Bernd »sitzt« schon länger als eine Woche. Er konnte sich ohne Telefon nicht früher melden. Eine Katastrophe: Offenbar hat er sich zehn Gramm Marihuana bestellt, der Dealer brachte ihm hundert Gramm. Als der Typ weg war, stand sofort die Polizei vor Bernds Zimmertür im Hostel. »Es war alles abgekartet«, schreibt Bernd, »ich wurde in eine Falle gelockt.« Sein Leben auf der Insel sei erst einmal vorbei. Er hocke in einer Zelle mit fünfzig anderen Indonesiern, Schlafen sei unmöglich. Er schreibt: »Das Schlimmste sind nicht die Ratten, die sind scheu, aber Kakerlaken kriechen auch unter das Hemd.«

Kapitel 14

Rückkehr nach Medan

Rutan Kelas II B, Labuhan Deli Gefängnis
Größe: zugelassen für 2000 Insassen
Einwohner: ca. 4000 Insassen
Danke: *terima kasih* (selten verwendet)

Panisch stehe ich am Flughafen von Pontianak, der Hauptstadt von West-Kalimantan, und zweifle an meiner Fähigkeit, allein zu reisen. Ich habe extra noch einmal geschaut, als ich das Hotelzimmer verlassen habe: Da lag nichts mehr ... Aber als ich am Flughafen erfahre, dass mein Flug um eine Stunde verschoben wird, will ich einen Podcast hören – und merke, dass ich meine Kopfhörer vergessen habe. Over-Ear und Noise-Cancelling, perfektes Hilfsmittel für jede Indonesienreise. So richtig teuer waren sie nicht, aber bereits die dritten schnurlosen, die ich mir gekauft habe. Ich will auf keinen Fall noch einmal welche verlieren.

Freunde, die schon mit mir gereist sind, kennen diesen Modus, in den ich in solchen Situationen verfalle. Ich hatte ihn während dieser Reise noch ein weiteres Mal: als ich am falschen Flughafen in Jakarta stand. Wie Berlin hat Jakarta zwei Flughäfen, und die Ansage »Sie müssen jetzt einmal durch die Innenstadt fahren« ist zur Rushhour ein Todesurteil. Ich erreichte meinen Flug trotzdem, weil er vier Stunden Verspätung hatte. In Momenten großen Stresses schalte ich jedenfalls auf eine Art emotionalen Tunnelblick um.

So auch jetzt in Pontianak. Hektisch tippe ich Nummern ins Telefon. Im Hotel versprechen sie mir, nachzuschauen. Dann rufe ich Edy an, der ähnlich wie Banu spontan mein Taxifahrer für einen Tag durch die Stadt wurde. Er schafft es nicht nur, mich zu beruhigen, sondern verspricht mir, sie per Post nach Bali zu schicken. Mit dem Schiff dürfte die Reise des Kopfhörers »nicht lange« dauern. Höchstens vier Wochen, sagt er, wahrscheinlich schneller. In genau vier Wochen will ich in Bali sein, und irgendwie bin ich auch gespannt auf diesen unfreiwilligen Test der indonesischen Post. Innerhalb der nächsten 90 Minuten sind meine Kopfhörer verpackt und auf dem Weg nach Bali. Da meine Eltern mich dort treffen wollen, ist die Unterkunft schon seit mehreren Wochen gebucht, und so gibt es auch eine Zieladresse für das Päckchen.

Ich habe nun sogar noch Zeit, meinen indonesischen Lieblings-Flughafen-Lunch zu bestellen: »Internet«. Da Indonesier Abkürzungen lieben, ist es ein Akronym aus »INdomie« (von allen Fertignudelsuppen-Marken leider wirklich die beste, ich kenne sie alle) plus »TElor« (indonesisch für »Ei«) und »coRNED beef« (gepökeltes Rindfleisch) – das ergibt etwas angepasst »Internet«. Es ist günstig, und die Zubereitung dauert ungefähr so lange wie das Lesen dieses Absatzes.

Pontianak war leider nur ein Zwischenstopp, ich reise schon nach zwei Tagen weiter in Richtung Medan zu Bernd. Aber West-

Kalimantan ist einer der Orte, die ich gern noch einmal länger besuchen würde. Die Hauptstadt ist ähnlich wie Balikpapan sehr aufgeräumt, die Ornamentik der Dayak ist in viele Gebäude integriert, denn wie in Zentral-Kalimantan stellen die Dayak einen Großteil der Bevölkerung. Erst hier in der Stadt fällt mir auf: Manche Tattoos an deutschen Oberarmen, die gern *Tribals* genannt werden, gehen offensichtlich auf die Dayak zurück. Genau diese dornigen Spiralen finden sich hier an jeder zweiten Hauswand oder auf dem Dach, besonders an den vielen Langhäusern der Stadt. Es gibt mehrere dieser *Rumah Bateng*, und sie sind zum Teil hundert Meter lang oder sogar länger. Sie bieten Platz für mehrere Familien, die sich entsprechend gut verstehen müssen.

Der berühmteste Punkt Pontianaks ist das Äquator-Denkmal. Pontianak gehört zu den wenigen Städten auf der Welt, die genau auf dem Äquator liegen, der Bauchbinde unseres Planeten. Wer das Denkmal für einen Sprung von der Nord- auf die Südhalbkugel besucht, bekommt gleich zwei Monumente zum Preis von einem: das Original-Denkmal, gebaut von einem Niederländer in den 1930ern, und eine große Kopie, die auf das Dach gebaut wurde und das kleinere Original beschützt. Auf beiden steht das Wort »Äquator« auf Niederländisch: *Evenaar*.

Schon am Flughafen halte ich Ausschau nach Büchern für Bernd. Ich finde immerhin ein Wörterbuch und jeweils ein Comic von *Donal Bebek* und *Miki Tikus*. Donald Duck und Mickey Maus hatten schließlich einen großen Anteil daran, dass ich am Anfang mein Indonesisch schnell verbessern konnte. Die Comics sind im ganzen Land zu bekommen, und ihre einfache Sprache ist perfekt für Anfänger. Komisch ist, dass ich nirgendwo ein Indonesisch-Lehrbuch finde. Obwohl es auf den ersten Blick wenig Grammatik im Indonesischen zu geben scheint, merkt man beim intensiveren Lernen schnell, dass es ohne Regeln eben doch nicht geht.

Bernd hat mir geschrieben, schlimmer als Gestank, Schmutz und Ungeziefer sei, dass er sich mit nichts von dem ablenken kann, was um ihn herum geschieht. Ständig spricht jemand, auch nachts, seine Sprachkenntnisse aber seien zu schlecht, um etwas zu verstehen. Manchmal denkt er, das sei auch ein Segen, sonst würden sie ihn ständig um etwas bitten. Aber keine Ablenkung, kein Handy und nichts zu lesen, das sei das Schlimmste. Manchmal, wenn es ihm zu viel werde, würde er einfach nur dasitzen und schreien.

Ich kann mir gut vorstellen, dass Indonesier das nicht nachvollziehen können – das ist wie mit dem »Gern-Alleinsein«, das sie bei Bernd nicht verstehen. Auch ich hatte schon bei früheren Besuchen das Gefühl, dass in Indonesien im Alltag weniger Distanz zwischen Menschen üblich ist. Sie rücken nicht nur in den Bussen dicht aneinander, sondern auch sonst im öffentlichen Raum. Hinzu kommt, dass Indonesier – vor allem Javaner – eine schier grenzenlose Geduld an den Tag legen. Eine Ethnologin beschrieb einmal eine Szene, die sie bei einem Fußballspiel in Jakarta erlebt hatte: Sie habe eine halbe Stunde unbemerkt auf dem Fuß des Mannes neben ihr gestanden. Irgendwann in dem Lärm und Getümmel des Spiels habe sich der Mann zu ihr gebeugt und leise lächelnd gesagt: »Falls Sie auf meinem Fuß stehen, tut das weh.« Er baute in seine Formulierung mit dem »falls« sogar noch die Möglichkeit ein, sie stünde nicht auf seinem Fuß, und verdoppelte somit noch seine Höflichkeit. In diesem Zusammenhang ist es kein Wunder, dass sich die Bezeichnung für das Gegenteil von Höflichkeit weltweit verbreitet hat. Wenn jemand in Indonesien doch mal die Nerven verliert, dann rastet er komplett aus: Er läuft »Amok«. Das Wort stammt aus dem Malaiischen – dessen Wortschatz mit dem Indonesischen zu 80 bis 90 Prozent gleich ist. *Amok* oder *amuk* bedeutet »wüten« oder »toben«.

Um ihn zu beruhigen und abzulenken, will ich Bernd also eine große Tüte mit Büchern mitbringen. Als ich in Medan ankomme, habe ich das Gefühl, nie zuvor in dieser Stadt gewesen zu sein. Dabei war ich erst vor zwei Monaten hier. Mit der Hotelsuchmaschine *Traveloka* finde ich diesmal eine Unterkunft im Zentrum, die Aufenthaltsräume im Erdgeschoss sind groß und sämtliche Gebäude in der Nähe des ehemaligen Königspalastes Istana Medan atmen ein Kolonialflair, das ich bisher nur aus Jakarta kannte. Ich finde auch einen Buchladen, der ein großes Angebot an englischen Büchern führt. *Crazy Rich Asians* (ein fröhliches Buch über das Leben superreicher Singapurianer), *Homo Deus* (ein Bestseller über die Geschichte der Menschheit) und *American Gods* (Neil Gaimans Vorlage für eine aktuelle Serie) lege ich zu diversen Fantasy-Romanen und hoffe, dass es Bernds Buchgeschmack entspricht. Dazu Zigaretten und Zink-Tabletten, die hat er sich auch gewünscht.

Pünktlich um halb zehn am nächsten Morgen steht das dicke Auto von Bernds Anwalt vor der Tür. Als ich seinen Namen höre, kann ich ein Lächeln nicht unterdrücken: Charles Silalahi. Zum ersten Mal geht es mir wie einem Indonesier, wenn er einen Namen hört: Ich erkenne sofort den Herkunftsort und die Ethnie meines Gegenübers, ich sehe sogar den See vor mir, der seinen Nachnamen trägt. Außerdem weiß ich, dass dieser Batak sicherlich ein erfolgreicher Anwalt sein wird. Ich bin also guten Mutes, dass Bernd zumindest an dieser Stelle Glück gehabt hat.

Wir fahren zum Gefängnis, gehen durch eine Sicherheitsschleuse und laufen kurz darauf schon an dem ersten kleinen Käfig vorbei, in dem vielleicht zehn Indonesier auf einer Bank oder auf dem Fußboden hocken. Der Raum ist wirklich sehr klein, maximal fünfzehn Quadratmeter. Nur die Seite mit dem Gitter ist offen, die anderen drei Wände sind aus Beton. Der Gestank, der uns im Vorbeigehen in die Nase weht, ist furchtbar, einer der Gefangenen wirft mir einen Blick zu, den ich bis heute noch im Kopf habe und mit diesem Gestank verbinde.

Bernd ist noch immer im Polizeigefängnis, wo Straftäter zuerst untergebracht werden, und nicht ins reguläre Gefängnis überführt werden. Seit vier Wochen ist er bereits hier. Sein Anwalt sagt, solange er nicht in ein staatliches Gefängnis überwiesen wird, sei es leichter, ihn herauszubekommen. Aber Charles sagt auch: »Ich glaube, Bernd würde gerade alles tun, um auch hier nicht eine Sekunde länger sein zu müssen. Die Bedingungen sind so schlecht.«

Für die Zusammenkunft hat uns die Polizei ihr Gemeinschaftsbüro zur Verfügung gestellt. Eine Polizistin bringt Kaffee und stellt uns einen Aschenbecher hin. An sechs anderen Tischen sitzen derweil Beamte und interviewen Insassen des Gefängnisses.

Als Bernd hereinkommt, verstehe ich, was Charles meint. Vor mir steht nicht mehr der lustige Inselbesitzer, den ich zu Beginn meiner Reise kennenlernen durfte, sondern ein sehr dünner Mann, dem mehrere Zähne fehlen. Er sagt, sie seien herausgebrochen und er dürfe nicht zum Zahnarzt. Ich erzähle ihm von der Zelle, an der ich gerade vorbeigelaufen bin. »Dort war ich die ersten zwei Wochen«, sagt er, »da saßen meist zwanzig Männer gleichzeitig drin, im Moment ist sie ja relativ leer.« Jetzt sei er in einer viel größeren, mit rund fünfzig Männern.

Ich gebe ihm die Bücher und die Zigaretten. Normalerweise, hat Charles gesagt, darf er seine Mandanten nur in einem kleinen Raum neben der Zelle treffen, aber weil er den Polizeihauptmann kennt, dürfen wir hier im Büro sitzen. Die Szene entbehrt nicht einer Tragikomik: Am Nebentisch bekomme ich einen Dialog zwischen einem Beamten und einer Indonesierin mit.

»Sie haben Haschisch verkauft?«

»Ja, ich musste Geld verdienen für meine Familie.«

»Wie geht es Ihnen jetzt?«

»Ich will nur noch raus!« Sie beginnt zu weinen.

Der Polizist schaut peinlich berührt auf ihre Akte. Dann sagt er plötzlich: »Oh, hier steht, Sie hatten gestern Geburtstag!« Er steht auf und singt für alle im Raum hörbar: »*Happy Birthday to You!!!!*«

Währenddessen zeigt mir Bernd, dass er angefangen hat, in seinem Notizheft ein Buch über seine Verhaftung zu schreiben. Ich fotografiere die Seiten, um sie später zu lesen. Er sagt, er habe das Gefühl, dass alle nur Geld von ihm wollen. Das Gefängnisessen bestehe aus etwas Reis mit Gemüse. Am Wochenende gebe es hin und wieder Fleisch. Wenn man etwas anderes möchte, müsse man es kaufen. Für eine Million Rupiah (siebzig Euro) könne er zudem sein Mobiltelefon haben. Aber das sei ihm zu unsicher, weil es wahrscheinlich sofort gestohlen würde. Er habe sein Handy seit Tagen nicht mehr in der Hand gehabt. Als er vor zwei Wochen die Gelegenheit bekam, postete er einen Beitrag über das Gefängnis auf Deutsch und forderte seine Freunde auf, für ihn zu spenden. Die Gefängnisleitung hat das gesehen und mit kompletter Telefonsperre gedroht, wenn er das noch einmal mache.

Bernd ist während der zwei Stunden, die wir miteinander verbringen, überfordert. Das liegt vor allem daran, dass er erstmals wieder sein Handy ausgehändigt bekommt. Es haben sich viele Nachrichten für ihn angesammelt. Seine Schwester ist dabei, ihre Hochzeit vorzubereiten, die jetzt ohne ihn stattfinden wird. Seine Eltern versuchen zu helfen, aber merken, dass sie nicht viel tun können. Selbst wenn sie nach Indonesien fliegen würden, verbessert sich dadurch seine Situation nicht. Außerdem ist da noch die Insel: Pulau Maila, das kleine Paradies, das sich Bernd geschaffen hat. Am Tag meines Besuchs wird die letzte Rate für die Insel fällig. Wenn er sie nicht an den Besitzer überweist, verliert er das Mietrecht, und die Insel geht an den Besitzer zurück. Mir schwant: Diese ganze Situation könnte wirklich eine geschickt eingefädelte Falle gewesen sein. Es klingt verrückt, aber die indonesische Mafia ist gerade auf Sumatra so gut vernetzt wie nirgends sonst im Land. Trotzdem hält Bernd weiter an der Idee fest, auf seine Insel zurückzukehren. Er weiß nicht, wie es dort aussieht und was dort überhaupt noch übrig geblieben ist. Angela und Wladimir, die Katzen, seien zumindest in Sicherheit auf einer Nachbarinsel, sagt er.

Ich erzähle Bernd auf Deutsch von meinem Gespräch mit Charles auf dem Weg hierher: wie sein Anwalt dafür kämpfe, dass Bernd das Land verlassen könne. Dann wäre er zumindest wieder frei, dürfe das Land aber für eine gewisse Zeit nicht mehr betreten. Doch Bernd drückt hektisch auf dem Telefon herum und versucht, online das Geld zu überweisen. Es ist, als erreiche ich ihn nicht wirklich mit dem, was ich sagen möchte.

Dann ruft seine Mutter an, der er eine Nachricht geschrieben hat. Es ist ihr erstes Telefonat, seitdem er im Gefängnis ist. Er erklärt ihr, wie es ihm geht, doch schnell wird er aufbrausend. »Ja, ich konnte doch nicht wissen ...!«, »Ja, ich kenne die Gesetze in Indonesien!« und »Das war ja klar, dass du jetzt wieder mit Vorwürfen kommst!« Er redet sich richtig in Rage. Man merkt ihm an, dass er physisch und psychisch am Ende seiner Kräfte ist. Er hat gesagt, dass er kaum schlafe, weil auch nachts ständig etwas in der Zelle passiere. Den meisten seiner Mitgefangenen wird ein Drogendelikt irgendeiner Art vorgeworfen. Indonesien unterscheidet bei Drogenkriminalität nicht zwischen Haschisch und Heroin. Schon seit Jahren werden Schmuggler, Dealer und Nutzer gleichermaßen hart bestraft. Doch an der Verbreitung von Drogen hat das nichts geändert. Die Gefängnisse sind chronisch überfüllt, im berüchtigten Kerobokan auf Bali sitzen 1300 Männer ein, obwohl es offiziell gerade einmal Platz für 325 Gefangene bietet. Auch die Einführung der Todesstrafe hat nichts bewirkt. Im Jahr 2015 wurden fünf Nicht-Indonesier öffentlichkeitswirksam getötet, darunter ein Franzose, aber Crystal Meth wird auf den Inseln weiterhin gehandelt. Die Anti-Drogen-Kampagnen erinnern mit ihren Totenköpfen an die Anti-Raucher-Plakate der 1980er-Jahre in Deutschland. An der Realität der armen Bevölkerung gehen sie gänzlich vorbei.

Mittendrin in diesem Chaos aus verfehlter Politik, korrupten Beamten und entsetzlicher Rechtslage sitzt Bernd. So wie ihm geht es mindestens zehn weiteren Deutschen, die derzeit in indonesischen Gefängnissen sitzen. Die deutsche Botschaft will keine genauen Angaben machen. Im Gegenteil: Sie rufen mich sogar persönlich zurück und bitten mich um Zurückhaltung in der Berichterstattung. Ich hatte überlegt, über Bernds Situation einen Artikel in einer deutschen Zeitung zu veröffentlichen. Indonesier, so der Mitarbeiter der Botschaft, reagieren erfahrungsgemäß schlecht auf ausländische Presse, die über ihre Rechtssituation berichtet. Ich solle selbst entscheiden, ob ich das Risiko eingehen wolle, verbieten können sie mir eine Veröffentlichung nicht.

Das mag alles so stimmen, aber gleichzeitig tut die Botschaft auch wenig, um diese Situation zu ändern. Bernd sagt, dass sich das Konsulat in Medan einmal gemeldet habe, aber nichts für ihn tun könne. Auch Bücher hätten sie keine für ihn. Natürlich ist es leicht zu sagen, dass er hätte aufpassen können, dass er keine Drogen hätte kaufen müssen, dass er sich an die Regeln des Gastlandes hätte halten sollen. Aber wenn in der Nähe von Stuttgart eine Frau am Telefon verzweifelt um ihren Sohn weint, weil er in einem Gefängnis sitzt, aus dem regelmäßig Menschen im Sarg getragen werden – weil sie Medikamente nicht bekommen, weil eine Krankheit ignoriert wurde, weil sie sich umbringen oder weil sie eine Überdosis Meth zu sich genommen haben –, dann sind das Zustände, über die man sich so aufregen kann, dass Amok nicht mehr weit entfernt ist.

Als ich das Gefängnis verlasse, muss ich noch einmal an der kleinen, stinkenden Minizelle vorbei. Ich hole meinen Reisepass ab, den ich am Eingang abgeben musste. Und als ich in Charles' Auto einsteige, kommen mir zum ersten Mal auf dieser Reise die Tränen.

Kapitel 15

Die Insel der bedrohten Drachen

Komodo
Größe: 390 km^2
Einwohner: 2000
Danke: *tiba teing*

Niels macht den Pioniergruß (für westdeutsch groß Gewordenen: er legt die flache Hand wie ein Segel an den Kopf, so war es beim Fahnenappell in der Schule zu DDR-Zeiten üblich) und zeigt danach hinter mich. Sprechen kann er nicht, weil unsere Münder an Atemflaschen hängen. Ich drehe mich um und mache große Augen. Ein Riffhai schwimmt aus einiger Entfernung auf uns zu und dann mit einigen Metern Abstand, ohne Interesse zu zeigen, an uns vorbei. Mein Herz schlägt stärker als sonst, was Sander, unser Tauchlehrer, daran bemerkt, dass ich deutlich mehr Luftbläschen beim Atmen ausstoße. Er schwimmt zu mir und macht eine Handbewegung, die mich beruhigen soll. Einatmen, ausatmen. Ich beruhige mich langsam. Dann fragt er mit einem Handzeichen, ob alles okay sei, und ich will mit meiner Hand genau das signalisieren, »Alles okay«, merke aber zu spät, dass ich »Daumen hoch« zeige. Das bedeutet, dass ich auftauchen will. Das Taucherzeichen für »Alles okay« ist ein O, geformt aus Daumen und Zeigefinger. Sander versteht mich trotzdem – aber ich spüre, wie sich Niels hinter meinem Rücken stumm kaputtlacht.

Vielleicht ist Tauchen am ehesten damit vergleichbar, im Weltraum zu sein. Sich in einem Element zu bewegen, das nicht für den Menschen gemacht ist, komplett abhängig von der Technik zu sein und sehr verwundbar. Ich habe gemerkt, dass ich ruhig bin, solange ich nicht immer wieder nach oben zur Oberfläche schaue, die unendlich weit weg zu sein scheint. Und deshalb bin ich froh, nicht nur einen großartigen Tauchlehrer dabeizuhaben, der selbst unter Wasser noch Witze reißt und entspannt ringförmige Blasen auspustet, sondern vor allem, diese Expedition in die Unterwasserwelt mit jemandem anzutreten, der meinen Humor teilt, die Begeisterung für das Reisen – und mich notfalls warnt, wenn ich mal wieder eine Gefahr nicht erkenne.

Niels ist ein Freund, den ich vor Jahren in einer Bar kennengelernt habe. »Der ist auch Journalist«, wurden wir einander vorgestellt, und damit teilten wir zumindest die Grundeigenschaften der Neugier und des Drangs, ständig Fragen zu stellen. Er bewarb sich nach mir für das gleiche Stipendium, das es mir einst ermöglichte, für mehrere Monate nach Korea zu ziehen, und er erlebte in seiner Zeit in Seoul ganz ähnliche Dinge wie ich, wohnte sogar im gleichen Stadtteil. Als er hörte, dass ich wieder für ein Buch auf Reisen war, beschloss er, mir dabei eine Weile Gesellschaft zu leisten, und so sind wir jetzt in Labuan Bajo auf der Insel Flores – der Nachbarinsel von Komodo, der berühmten Insel der Drachen –, und ich mache mit ihm endlich meinen Tauchkurs.

Tauchen ist einer der Hauptgründe für Touristen, nach Indonesien zu reisen. Rund fünfzehn Prozent aller Korallenriffe liegen auf indonesischem Gebiet. Etwa 3000 Fischarten sind hier anzutreffen (doppelt so viele wie im Great Barrier Reef), und weil einige Tauchregionen endlich als Naturschutzgebiete anerkannt werden, sind inzwischen auch mehr und mehr Großfische zu sehen. Außerdem ist das Wasser meist wärmer als 24 Grad, was längere Tauchgänge erträglich macht. Immer wieder hatte ich mich auf dieser Reise geärgert, dass ich noch keinen Tauchschein habe. In Lembeh hätte ich so seltsame Bodentiere wie den Froschfisch sehen können, der wirklich daherkommt wie eine Kreuzung aus Fisch und Frosch mit kleinen Augen und einem sehr dicken Körper, und auf den Togian-Inseln hätte ich die Quallen in einem See nicht nur von der Wasseroberfläche aus beobachtet. Ganz zu Beginn meiner Reise auf der Insel Weh hatte ich schon einmal die Chance, Tauchen zu lernen. Aber Tauchen ist allein ohnehin verboten, und erst zusammen mit Freunden schafft es Erinnerungen, die jenseits von kleinen orange-weiß gestreiften Fischen in Anemonen liegen.

Während der zwei Wochen mit Niels wird mir wieder bewusst, wie angenehm das Reisen durch Indonesien zu zweit ist. Natürlich hatte es Vorteile, dass ich bis jetzt meist allein war: Ich musste nichts absprechen, keine Kompromisse machen. Wenn ich einen Tag länger auf einer Insel bleiben wollte, dann tat ich das einfach. Und ich kam schnell mit Einheimischen in Kontakt. Aber Indonesier sprechen den Alleinreisenden auch gern und immer wieder darauf an, fragen, ob man denn keine Freunde habe – und irgendwann begann ich selbst, mich zu fragen, wo sie denn eigentlich seien, meine Freunde. Und es gab natürlich Momente, die ich gern geteilt hätte: der Blick auf den majestätischen See Toba, die Reise im Seelenverkäufer nach Ternate oder die Erlebnisse im Park mit den Orang-Utans auf Borneo. Ich kann sie hier im Buch festhalten und davon erzählen, aber der Moment bleibt auch ...

ein einsamer. Für viele Indonesier war ich der komische Typ mit dem Notizbuch in der Hand.

Niels und ich haben beide keinerlei Taucherfahrung. Schon deshalb bin ich froh, in Labuan Bajo eine Tauchschule gefunden zu haben, die einen »deutschen Tauchkurs« anbietet. Der Komodo-Nationalpark ist eines der schönsten Tauchgebiete der Welt und am besten von Labuan Bajo aus zu erreichen. Und es ist mir wichtig, wenn ich schon mein Leben für ein paar bunte Fische aufs Spiel setze, dass jemand dabei ist, der das auch zum ersten Mal macht. Außerdem wollen wir den »Drachen« von Komodo, den Waran, anschauen. Vielleicht ist es die letzte Gelegenheit, denn die Insel – so steht es in indonesischen Zeitungen – soll demnächst mittels hoher »Eintrittsgebühr« nur noch für zahlungskräftige Touristen besuchbar sein.

Am ersten Tag im »Coconut Beach Resort« haben Niels und ich einen fünfstündigen Film über das Tauchen gesehen. Wir erfuhren, dass wir sterben, wenn wir 1.) zu plötzlich auftauchen, 2.) zu tief tauchen, 3.) vergessen, ein- und auszuatmen, 4.) die falschen Tiere antreffen oder 5.) nach dem Tauchen direkt in ein Flugzeug steigen. Anschließend hat uns Frank, der deutsche Inhaber der Tauchschule und erfahrene Taucher, wieder beruhigt. Bei einem Bintang-Bier hat er uns erklärt, warum diese Region die beste sei, um Tauchen zu lernen, und wie es ihn hierher verschlagen hat. Der gebürtige Dresdner zog kurz nach der deutschen Wiedervereinigung zusammen mit seiner Frau Anke nach Indonesien und eröffnete bereits 1991 die erste Tauchschule hier. Er schimpft gern und viel, spricht aber ein herrliches Indonesisch mit sächsischem Einschlag und ist am Abend oft in seiner eigenen Bar mit dem deutschen Namen »Hafenblick« anzutreffen.

Auch für Niels ist es gut, mit Frank ein Stück DIN-Sicherheit im Ausland zu haben. Er kennt zwar Asien, aber die Inseln Südostasiens sind mit Seouls Hochhausschluchten kaum vergleichbar. Ich musste schon vor seiner Anreise all meine Überredungskünste darauf verwenden, ihn davon abzuhalten, mit einem Rollkoffer loszufahren. »Du willst doch keinen Koffer über Sand und durch den Regenwald schleifen und dann in ein kleines Boot werfen«, schrieb ich fast schon verzweifelt. Irgendwann ließ er sich dann glücklicherweise darauf ein, sich einen Rucksack zu leihen. Er ist es aber auch, der eine kleine Unterwasserkamera zum Tauchen dabeihat und jetzt in Bildern festhalten kann, wie eine Schildkröte von unten aussieht, wenn sie fünf Meter über uns schwimmt.

Auf unseren Tauchgängen können wir miterleben, dass auch wir Teil des Umweltproblems in Indonesien sind. Am Strand vor unseren Hütten müssen die Mitarbeiter von Frank bis zu dreimal pro Tag den angeschwemmten Müll entfernen, und allein die schiere Anzahl an Booten wird ihre Rückstände hinterlassen. Die Besucherzahlen im Komodo-Nationalpark steigen seit Jahren, von 44.000 im Jahr 2008 auf 176.000 Besucher 2018. Die Anker beschädigen die Korallen – und wenn ich ehrlich bin, habe auch ich mindestens eine kleine Koralle abgebrochen, weil ich mich als Anfänger eben noch zu ungeschickt angestellt habe beim »Schweben«.

Auf einem der Tauchboote lernen wir Susanne, eine Österreicherin, kennen. Sie lebt seit 13 Jahren in Indonesien und ist oft in dieser Gegend. Die meisten Tauchspots liegen weit entfernt voneinander, sodass viel Zeit auf den Bootsfahrten bleibt, um miteinander ins Gespräch zu kommen. Susanne rät uns von der Viertagestour ab, die von sämtlichen Reiseanbietern angeboten wird: von Labuan Bajo nach Bali und zurück. Ich finde ja, die Vorstellung, drei Nächte auf einem Boot zu verbringen und zwischendurch die Strände kleiner Inseln zu erkunden, klingt zunächst nach einem wohldosierten Abenteuer. Aber Susanne sagt, sie spreche aus leidvoller Erfahrung, auf dem Boot führen vor allem zwanzigjährige Spring-Breaker aus den USA und junge Europäer mit schlechtem Musikgeschmack mit. »Für Menschen jenseits der 25 ist das nichts.« Sie empfiehlt uns stattdessen eine Tagestour nach Komodo: »Das ist schon touristisch genug, ihr werdet sehen.«

Mit ihr rede ich auch erstmals wieder über Bernd und sein Schicksal auf Sumatra. Ich habe regelmäßig Kontakt mit ihm, weil er mittlerweile sein Mobiltelefon mit in seine Zelle nehmen darf – wenn er dafür regelmäßig bezahlt. Er bekommt auch besseres Essen und hat sämtliche Bücher, die ich ihm gebracht habe, durchgelesen. Im Gespräch mit Susanne wird deutlich, dass es immer wieder zu solchen Fällen kommt. »Erst neulich ist ein Franzose hier in Labuan Bajo festgenommen worden, weil er eine Marihuana-Pflanze auf dem Balkon hatte.« Als er versuchte, auszubrechen, schaffte er es bis zur Insel Lombok. »Doch dann haben sie ihn gefasst, und nach allem, was ich gehört habe, sitzt er erst einmal für mehrere Jahre im Gefängnis.«

Unterbrochen werden diese Gespräche von Tauchgängen in eine Unterwasserwelt, die nichts mit dem zu tun hat, was mir beim Schnorcheln zwischen den Togian-Inseln zum Teil begegnete. Wir sehen Fischschwärme, die an uns vorbei durch Korallenriffe schwimmen, einmal macht unser Tauchlehrer das Zeichen für Hammerhai, aber vor lauter Luftblasen, die ich vor Schreck produziere, kann ich nur eine Flosse von hinten erkennen. Überhaupt bin ich bei aller Faszination noch immer damit beschäftigt, nicht zu sterben. Einmal verschlucke ich mich, als ich nach oben blicke und kurzzeitig von dem Gefühl überwältigt werde, mehrere Meter unterhalb der Wasseroberfläche inmitten des Ozeans zu sein. Ich beneide Niels, der nebenbei ehrenamtlicher Trainer einer Schwimmmannschaft ist und für den Tauchen nur eine Erweiterung seiner Kenntnisse darstellt. Wirklich Angst hat er nie, sagt er, und ich glaube ihm das sofort. Aber es gibt auch diese Momente, in denen ich einfach dahingleite, langsam ein- und ausatme und von der sanften Strömung mitgezogen werde, vorbei an Seeanemonen, die von bunten Clownfischen bevölkert werden, und selbst die Murane, die aus einem Loch herausschaut, scheint zu lächeln.

Am letzten Tag vor unserer Abreise weiter in Richtung Osten ins Inland von Flores sind wir schon um fünf Uhr morgens am Hafen von Labuan Bajo. Auf dem Schiff Richtung Komodo-Insel sind wir mit Schweizern, Ungarn, US-Amerikanern und Koreanern zusammen. Eine kurze Umfrage zeigt, dass einige das Dreifache unseres Preises für die gleiche Tour bezahlt haben – und einer von ihnen etwas weniger. Offenbar lohnt sich das Handeln mit den Reiseveranstaltern entlang der Küste.

Der Kapitän hat einen kleinen Waran neben dem Lenkrad festgekettet. Aus Holz natürlich. »Mein Glücksbringer«, sagt er.

»Kann denn viel passieren?«, frage ich.

»Hier auf dem Schiff nicht, aber sagen wir so, ich bleibe nachher lieber an Bord und warte auf euch.«

Der erste Stopp ist Padar: eine Insel, auf der niemand lebt, deren Form an eine im Meer liegende Krake erinnert und die als perfekter Selfie-Spot auf der Strecke liegt. Leider ist es inzwischen fast zwölf Uhr mittags, und die Sonne brennt derart stark, dass ich es doch bereue, keinen dieser hässlichen Sonnenhüte dabeizuhaben, den fast alle tragen. Ein paar Franzosen bitten Niels, ein Foto von ihnen zu machen. Als sie »merci« sagen, antwortet er »fromage«. Und noch auf dem in der Hitze erklommenen Gipfel des Inselbergs bin ich mir nicht sicher, ob er sie nicht doch einfach ärgern wollte, statt dass der Versprecher – wie er schwört – eine Auswirkung der Sonne war. Auf jeden Fall wird angesichts der Menge an Touristen deutlich, dass diese Gegend um Labuan Bajo im Westen von Flores wirklich bald das neue Bali sein könnte. Es gehört zumindest zu den zehn »New Balis«, die von der Regierung direkt so benannt wurden, um Auslandsinvestitionen anzuziehen. Das passt zwar nicht zur Reisebeschränkung, die für die Insel Komodo ausgerufen wurde, aber da ist, wie wir erfahren werden, das letzte Wort offenbar auch noch nicht gesprochen.

Auf Komodo angekommen treten wir durch ein Tor, das nicht unabsichtlich an den Film *Jurassic Park* erinnert. Niels und ich folgen einem Guide, der sich als Ishak Ata Modo vorstellt. Der 43-Jährige wurde hier auf der Insel geboren und redet über die Riesenechsen so, dass wirklich jeder in der Reisegruppe aufhorcht: »Die weiblichen Komodowarane sind um ein Vielfaches aggressiver als die männlichen.« Und auch dieser Satz verfehlt sicher nie seine Schockwirkung: »Frisch geschlüpfte Warane rennen instinktiv auf einen Baum, sonst frisst sie das Muttertier.« Ishak ist seit fast zwanzig Jahren Guide auf der Insel, inzwischen Vorsitzender der Naturführer, und genießt es, sein Publikum mit Fakten zu erschrecken. Nerven tut ihn hingegen ein Satz, der neuerdings auch zu seinem Standardrepertoire gehört: »Nein, Komodo wird 2020 nicht schließen!« Ishak sagt, dass er während seiner Touren seit Monaten immer wieder gefragt werde, was denn nun dran sei an den Behauptungen, Komodo sei bald komplett für Besucher gesperrt. Nicht nur in indonesischen Zeitungen wurde von der Schließung der Insel berichtet. »Das sind unausgegorene Gedankenspiele lokaler Politiker«, sagt er, »entschieden ist noch gar nichts.« Aber die Folgen könne er jetzt schon spüren. Mehrere große Reiseveranstalter hätten für das kommende Jahr ihre Buchungen abgesagt, der Schaden gehe in die Millionenhöhe.

Die urzeitlichen Echsen sind weltberühmt. Sie werden bis zu drei Meter lang, fressen Hirsche, Affen und Wildschweine und leben eben nur auf Komodo und der Nachbarinsel Rinca. Ihr Bestand ist bedroht, sie stehen auf der Liste der gefährdeten Arten. Doch weil die Riesenwarane so selten und so Furcht einflößend sind, sind sie eben auch eine Attraktion. Die steigenden Besucherzahlen bedeuten wiederum immer mehr Müll, den niemand entsorgt, mehr Boote – und eine zunehmende Störung der Warane in ihrem natürlichen Lebensraum. Dazu flog Ende

März 2019 noch ein Schmugglerring auf: Tierhändler hatten versucht, fünf Baby-Drachen auf Facebook zu verkaufen, zuvor hatten sie laut Polizeiangaben bereits insgesamt 41 Komodowarane für bis zu 32.000 Euro pro Stück verkaufen können. Der neu eingesetzte Gouverneur nutzte den Skandal, um ein Exempel zu statuieren. Er sagte öffentlich, dass die Insel unter diesen Umständen geschlossen werden müsse – ohne auch nur anzudeuten, dass es sich dabei eher um ein Gedankenspiel handle. Und die UNESCO hatte bereits zuvor gedroht, dem Komodo-Nationalpark den Status als Weltnaturerbe zu entziehen. Die komplette Schließung Komodos ist mittlerweile vom Tisch, aber die lokale Regierung hat inzwischen die Idee, eine Eintrittsgebühr von 1000 US-Dollar zu verlangen. Auch gegen diese Idee ist Ishak, denn von ein paar Premiumkunden könne er auch nicht leben. Seit einem halben Jahr ist Ishak Ata Modo deshalb damit beschäftigt, die Folgen dieser Meldung einzudämmen und dafür zu kämpfen, dass die Insel ein Besuchsziel für jeden bleibt.

Und nebenbei hält er die Warane auf Abstand. »Ohne Stock gehe ich nie aus dem Haus«, sagt er und erklärt, dass der Speichel der Tiere ein Bakterium enthält, das die Heilung von Bisswunden verhindert. »Erst voriges Jahr ist wieder ein Mensch gestorben, der hier gebissen wurde.«

Ishak ist mit Waranen aufgewachsen, trotzdem erkenne ich in seinen Augen während der Tour immer mal wieder Angst. Selbst als wir am Ende der Tour alle um den »Hauswaran« Herkules herumstehen, ist er nervös und bittet mit Nachdruck, Abstand zu halten. Niels und ich machen Fotos mit der Echse, die ziemlich regungslos im Sand liegt und uns anschaut. Oder fixiert sie uns, um bei einer falschen Bewegung zuzuschlagen?

Aber ich will ein faires Bild zeichnen: Ich habe bei unserem Besuch nicht das Gefühl, dass Touristen und Warane sich allzu häufig wirklich nahe kommen. Die Besucher halten sich nur in einem kleinen Gebiet an der Küste auf. Sie schauen auf ein ehemaliges Nest und sehen ab und zu in der Ferne einen Waran durch die Büsche laufen. Länger als zwei Stunden bleiben die wenigsten auf der Insel. Umweltorganisationen berichten hingegen, dass einige Touristen Warane füttern oder eben das abgesteckte Gebiet verlassen würden. Rund zweitausend Exemplare soll es auf Komodo geben, ihre Zahl gilt seit Jahren als stabil. Auf Rinca leben noch einmal gut dreitausend Tiere. »Die Biester lassen sich aber schwer zählen«, sagt Ishak, schließlich könnten sie zwischen den Inseln hin- und herschwimmen.

Neben den Tourguides spüren auch die Einheimischen, die am Hafen von Komodo Tag für Tag ihre Stände mit Drachen-T-Shirts und Waran-Souvenirs aufbauen, den Besucherrückgang. Sobald sich ein Touristenboot nähert, preisen sie mit lauten Rufen ihre Ware an und unterbieten sich gegenseitig. Der Preis für einen Aschenbecher mit Mini-Waran fällt mitunter in wenigen Sekunden von umgerechnet vier auf zwei Euro. »Es kommen einfach zu wenig Boote«, klagt einer der Händler, die Einnahmen hätten sich schon jetzt halbiert, obwohl die Schließung nur ein Gerücht gewesen sei. »Wir sind weiterhin hier, auch im kommenden Jahr«, sagt er und geht ungefragt mit dem Preis auf 1,50 Euro runter.

Nach dem Komodo-Trip und einem Ausflug in die Berge im Osten von Flores reisen Niels und ich schließlich auf die fantastische Insel Sumba. Dass sich Rollkoffer-Niels auf dieses Abenteuer eingelassen hat, eine wirklich sehr untouristische Insel zu besuchen, zeigt, wie sehr er angekommen ist. Damit diese Insel nicht zum nächsten Selfie-Spot wird, sollte ich aber vielleicht nicht allzu viel schwärmen von den menschenleeren Tälern und den freundlichen Einheimischen, die eine sehr eigene Dachform entwickelt haben – und noch dazu einem Sport frönen, den man sonst selten auf indonesischen Inseln findet: Pferderennen.

Skeptisch läuft Niels quer über die staubige Rennbahn. Er ist außer mir nicht nur der einzige Weiße hier auf dem Platz, sondern auch der einzige Mensch mit einem bunten Hemd und einem Sonnenschirm. Sein Blick sagt: »Bist du sicher, dass ich da hochsteigen soll?« Ich stehe mit einigen Fotografen und den Veranstaltern des Pferderennens auf einem rostigen Metallturm und habe ihn hergewunken, weil ich soeben einen Indonesier kennengelernt habe, der das Lied *Du* von Peter Maffay auswendig und textsicher vortragen kann. »Du musst unbedingt hier hochkommen«, rufe ich ihm zu, und kurz darauf singen wir zu dritt noch einmal: »Du-hu-hu allein kannst mich versteh'n!« Der rumäniendeutsche Rockmusiker hat also auch hier auf der indonesischen Insel Sumba eine Fangemeinde. Als wir das Lied beendet haben, murmelt Niels mir durch die lächelnden Zähne zu: »Dir ist schon aufgefallen, dass dieser Turm völlig verrostet und das Stockwerk unter uns nicht mehr betretbar ist, du Wahnsinniger?«

Und wir haben noch etwas geteilt auf dieser Reise: Wir haben eine neue Drogenerfahrung gemacht. Wir haben auf der Betelnuss herumgekaut. Das ist allerdings eher keine Erfahrung. In Indonesien, besonders auf den kleinen Inseln hinter Bali, kauen die Menschen eine seltsame Masse aus Betelnuss, einem Betelblatt und Löschkalk. Diese Masse schieben sich besonders ältere Damen immer zwischen den Mundwinkeln hin und her, wenn man mit ihnen spricht. Zwischendurch spucken sie eine rote Flüssigkeit aus. Das alles sieht furchtbar ungesund aus. Ich hatte bisher immer nur davon gelesen, davon, dass die Frucht der Betelnuss ein kurzes High macht und eine gewisse Zufriedenheit über die Konsumenten bringt.

Und tatsächlich: Als ich mit Niels in einem Dorf mit sehr alten Damen scherze, überlassen sie uns einen Beutel Betelnüsse mit Betelblättern und Löschkalk umsonst, füttern uns damit wie richtige Dealer. Doch als wir anschließend zusammensitzen und unsere erste Betelnuss-Session haben wollen, werden wir sehr schnell geerdet, was die Wirkung dieser Pflanze angeht. Nachdem ich die Betelnuss in meiner Wangentasche platziert habe, wird mir plötzlich ganz warm im gesamten Oberkörper. Das hält leider nur wenige Sekunden an. Ansonsten kann ich dem Effekt dieser seltsamen kleinen Frucht nicht viel abgewinnen. Das Gemisch soll noch dazu sehr abhängig machen – und auf lange Sicht Mund- und Kehlkopfkrebs begünstigen. Vor allem aber bringt es Gemeinschaft: Alle, die Betelnüsse essen, haben rote Zähne. Und wenn Indonesier merken, dass man sich gerade – wenn auch nur temporär – auf ein sehr lokales Laster einlässt, freuen sie sich einfach.

Nach einer Woche schmeckt die Beteltasche in meinem Mund ganz gut, aber ich würde nichts vermissen, wenn ich dieses sehr kurze warme Gefühl im ganzen Körper einfach nicht mehr hätte. Überhaupt merke ich während der gemeinsamen Tage mit Niels, wie »indonesisiert« mein Alltag hier schon ist. Ich bin wieder froh, mit ihm morgens deutsche Nachrichten zu hören und nicht nur indonesischen Pop.

Unser letztes gemeinsames Abendessen nehmen wir in einer kleinen, schmuddeligen Garküche am Straßenrand zu uns – und es ist mir im Nachhinein immer noch eine große Freude, dass wir nicht einen Moment gezögert haben, dort zu essen. Wenn ich Niels heute nach dieser Garküche auf Sumba frage, sagt er, dass es das beste Hühnchen war, dass er in Indonesien gegessen hat – noch besser als das beim Italiener in Labuan Bajo, und das war wirklich gut. Aber ich bin mir sicher, wenn ich ihn am Anfang unserer Reise auch nur in die Nähe eines derartigen Ortes geführt hätte, wäre er mit dem nächsten Flieger abgereist.

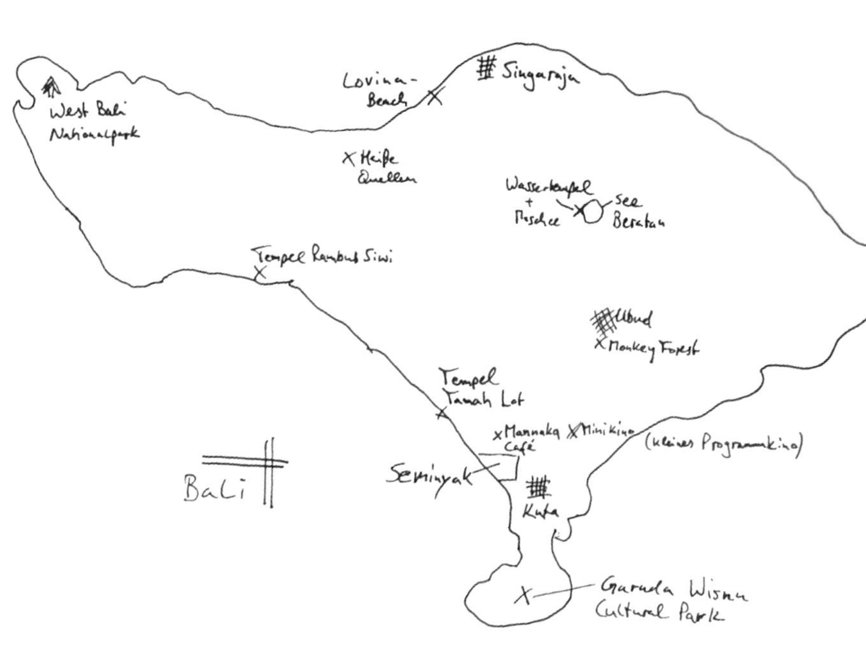
Lovina-
Beach
Singaraja
West Bali
Nationalpark
Heiße
Quellen
Wassertempel
+
Moschee
See
Beratan
Tempel Rambut Siwi
Ubud
Monkey Forest
Tempel
Tanah Lot
Mannaka
Café
Minikino
(kleines Programmkino)
Seminyak
Kuta
Garuda Wisnu
Cultural Park
BaLi

Kapitel 16

Das Aufladen der Tempelbatterie

Bali
Größe: 5780 km²
Einwohner: 4,3 Mio.
Danke: *matur suksma*

Bali! Die »Insel der Götter« wird entweder geliebt oder gehasst. Fast jeder hat ein Bild von ihr im Kopf, auch ohne je da gewesen zu sein. Die schönsten Orte zum Tauchen, stille Tempel und ausgedehnte Reisfelder treffen hier auf Ballermann-Ambiente, Bananenboote und sogenannte Massagesalons. Etienne und Julia zum Beispiel, die ich auf ihrer Hochzeitsreise auf Sulawesi getroffen habe, haben Bali extra nicht in ihren Reiseplan aufgenommen, weil es ihnen »zu touristisch« sei. Der Ruf der Insel mag ruiniert sein – für mich bleibt Bali aber ein fast magischer Ort, aufgeladen durch die Energie der dort lebenden

Menschen. Sie schmücken »ihre« Insel so wie andere nur ihr Wohnzimmer. Sie ist für sie mehr als ein Ort, an dem sie wohnen. Hier passt der Spruch der Berliner Stadtreinigung, die ja auch auf ihre Art versucht, die Stadt lebens- und liebenswert zu machen: »Wie zu Hause, nur größer.«

Dieses Bild in meinem Kopf ist wahrscheinlich bereits während meines Studiums in Leipzig durch meine Dozentin Anette Rein entstanden. Sie hat vielfach zu Bali publiziert und uns die Insel schon damals als einen Ort beschrieben, unter dessen Oberfläche man schauen müsse. Manchmal stand sie im balinesischen Tanzkleid vor uns und machte vor, was sie Neues in ihrem balinesischen Tanzkurs gelernt hatte. Später kam dann einmal der große US-Ethnologe Clifford Geertz an das Institut in Berlin, an das ich zwischenzeitlich gewechselt hatte, und erzählte, warum ihn der balinesische Hahnenkampf so fasziniere und dass er von diesem eher marginalen Kulturereignis seine Theorie der »dichten Beschreibung« abgeleitet habe. Die Theorie besagt, dass ein Ethnologe, der ein Ritual in einem fremden Land miterlebt, es möglichst in allen Details beschreiben solle. Denn in jeder kulturellen Handlung, so Geertz, drücke sich im Kleinen das Verhältnis zu Mitmenschen, zur Umwelt, zu den Ahnen und zur eigenen Zukunft aus.

Das Exotische, das Unverständliche und Fremde, das Rein und Geertz beschrieben, ihre jahrelangen fast schon verzweifelten Versuche, zu verstehen, was da in Bali tagtäglich passiert, hatte ich auch im Hinterkopf, als ich 1999 zum ersten Mal die Insel betrat. Schon damals merkte ich schnell, dass die dort zwischen Touristen und Einheimischen herrschenden Unterschiede Harmonie erschweren. Balinesen verstanden beispielsweise nicht, warum sich Menschen mit wenig Kleidung an den Strand legen. Sie verstanden auch nicht, warum man sich über Dinge wie einen schlecht gemixten Gin-Tonic ärgern kann. Und im Grunde verstehen sie bis heute das Prinzip »Tourismus« nicht. Ein Satz, der mir seit damals in Erinnerung geblieben ist, war der eines jungen Balinesen, der seine Insel nie verlassen hatte. Er sagte zu mir: »Warum nehmt ihr solch einen langen Weg auf euch, nur um euch zu erholen? Ist es bei euch zu Hause nicht schön?«

In den Jahren danach war ich immer nur für kürzere Aufenthalte von Jakarta aus auf Bali. Einmal direkt nach dem Attentat auf einen Club und eine Bar im Süden der Insel im Oktober 2002. Damals starben mehr als 200 Menschen, die meisten davon Touristen aus Australien. Drei der Täter wurden ein paar Jahre später durch Erschießung hingerichtet. Der Tourismus brauchte Jahre, um sich davon zu erholen. Als ich 2006 für mehrere Wochen in Jakarta arbeitete, besuchte mich wiederum ein Studienkollege, der sich bei der Feldforschung in eine Balinesin verliebt hatte und die 22-Jährige in die Hauptstadt mitbrachte. Er erzählte, sie verdiene auf Bali umgerechnet 13 Euro im Monat und komme aus einem kleinen Dorf rund zwanzig Kilometer von der Stadt Ubud entfernt, wo sie aber noch nie war. Im Hochhausdschungel von Jakarta schien sie sich nie wirklich wohlzufühlen.

Im Jahr 2019 ist von diesem »touristenfremdelnden« Bali nur noch wenig zu sehen. Es gibt eine Gedenktafel an der Stelle, wo einst der Irish Pub Paddy's stand, auf den das Attentat verübt wurde. Ausgerechnet unter dem Namen »Paddy's Reloaded« ist es an anderer Stelle wiedereröffnet worden. Ich entdecke es auf meinem ersten Rundgang über die Insel, in Kuta, dem wohl bekanntesten Strandort von Bali. Vor allem Australier trifft man hier. Der Flug von Perth nach Bali dauert weniger als vier Stunden, und im Jahr 2019 waren mehr als 1,2 Millionen Australier auf der Insel. Ich laufe an Shopping Malls und hübschen Frühstückscafés vorbei, die Smoothie Bowls und Eggs Benedict anbieten. Schon morgens um neun Uhr ist hier Marktstimmung, überall das sachte Hupen und die ersten (oder letzten?) Betrunkenen, die mir aus ihren Autofenstern laut »AUSSIE!!!« zurufen. Dabei bin ich weder Australier noch in Partystimmung. Ich bin auf der Suche nach einem Moped, mit dem ich eigenständig die Insel erkunden kann. Seit meinem Besuch auf Lembeh habe ich wieder Vertrauen in diese Art der Fortbewegung gewonnen – und verhandele schließlich eisern mit einem Vermieter. Er will 300.000 Rupiah (zwanzig Euro) für die ganze Woche, aber ich kann ihn auf 180.000 Rupiah herunterhandeln. Später treffe ich einen Italiener, der den gleichen Preis für einen ganzen Monat bezahlt hat.

Mit dem Moped ausgerüstet kann ich mich auf die Suche nach dem Start-up machen, von dem ich in Deutschland gehört habe und das ich mir unbedingt ansehen will. Es ist eine Organisation, die aus Müll Geld machen, damit ein wichtiges Umweltproblem lösen und gleichzeitig der armen Landbevölkerung ein zusätzliches Einkommen verschaffen will. »Gringgo« hat mehrere Preise gewonnen, noch Anfang 2019 erschienen lobende Artikel über die junge Firma im Internet. Doch bisher haben sie weder eine meiner E-Mail-Anfragen beantwortet, noch sind sie ans Telefon gegangen, wenn ich anrief. Also schwinge ich mich auf meinen fahrbaren Untersatz und düse zu der angegebenen Adresse in der Stadt Seminyak. Die Sunset Road ist sehr lang und die Hausnummern sind in einer abenteuerlichen Reihenfolge vergeben. Ich finde die Nummer 22 und kurz danach die 116. Aber dazwischen? Ich frage in mehreren Geschäften, aber niemand kann mir helfen. Frustriert gebe ich auf.

Dass die Webseite des Start-ups ein paar Monate später aus dem Netz genommen sein wird, kann ich noch nicht wissen, als ich mich frustriert an den Staus vorbeischlängele, die in den Einbahnstraßen von Seminyak herrschen. Ein Stück weit vor mir beobachte ich weiß gekleidete Balinesen, die auf ihren Mopeds den gleichen »Sport« wie ich zwischen den Autos betreiben. Hinter mir sehe ich zwei weitere. An der nächsten Querstraße kreuzt dann ein Lastwagen meinen Weg, auf dessen Ladefläche Balinesen stehen, die auf ihren Köpfen goldenen Schmuck tragen. Dahinter aufgereiht noch mehr festlich gekleidete Einheimische. Ich halte kurz am Straßenrand an und erkundige mich bei einem Passanten, was es damit auf sich hat. Er sagt, es finde ein Fest am Strand von Seminyak statt. »Aber kein Puputan, oder?«, frage ich. Er lacht.

Puputan – ich habe das Wort im Studium gelernt und immer Schwierigkeiten gehabt, es in mein Bild von Bali zu integrieren. Es beschreibt das balinesische Ritual des Selbstmords mittels eines magischen Dolchs, dem *Kris*. Weltweit bekannt wurde das Ritual, als 1906 eine Gruppe von niederländischen Militärs am Strand des heutigen Denpasar, der Hauptstadt Balis, anlangte. Sie hatten bis dahin erfolglos versucht, Bali einzunehmen, keine andere indonesische Insel verteidigte sich so hartnäckig und so lange gegen die Kolonialherren. Doch an diesem Tag im Jahr 1906 wurden die Soldaten von einer Prozession von rund dreihundert weiß gekleideten Balinesen begrüßt. Der lokale König wurde in einer Sänfte auf den Platz getragen, der Priester beugte sich über ihn – und stach ihm vor den Augen der Niederländer den Dolch ins Herz. Anschließend tötete er sich selbst. Was in den folgenden Minuten geschah, war ein Blutbad, das die europäischen Augenzeugen derart schockierte, dass sie in den kommenden Jahren ihre Art der Kolonisierung komplett überdenken sollten. 1400 Balinesen, so die Schätzungen, verloren an diesem Tag ihr Leben, die meisten durch den eigenen Dolch. Neben den dreihundert Menschen in der Prozession starben vor allem Familien, die unter den Zuschauern waren.

Bis heute zeugt ein Monument im Zentrum der Insel von diesem historisch brutalen Vorfall, der aber auch vom Stolz der Inselbewohner erzählt. Sie hatten zu diesem Zeitpunkt erkannt, dass ihre Waffen gegen die Übermacht der Niederländer nichts mehr ausrichten konnten.

Doch die weiß gekleideten Balinesen, die ich an diesem Tag sehe, sind gut gelaunt und winken in meine Kamera. Ich folge ihnen zum Strand und tatsächlich: Inmitten der Touristen auf ihren Liegen und Handtüchern ist ein großes Festzelt aufgebaut, das in der Nachmittagssonne orange leuchtet. Große handgefertigte Sänften mit Geschenken für die Götter werden aufgebaut, weitere Festzelte zusammengesteckt und mit gelb leuchtenden flatternden Markisen versehen.

Am Rand des Platzes steht ein Mann und dirigiert die Arbeiten. Er stellt sich als I Made Suarnata vor – die Namensgebung auf Bali erfolgt nach einem komplizierten ausgeklügelten System, das in Reiseführern gut zusammengefasst wird. Allein durch seinen Namen weiß ich nun, dass er männlich (»I«) und das zweite Kind seiner Eltern (»Made«) ist.

Er schiebt das Headset, das um seinen Kopf hängt, kurz zur Seite und erklärt mir, was hier gerade passiert. »Jeder Tempel auf Bali zieht seine Energie aus Steinen, die im Boden vergraben sind.« Die fünf Elemente (Feuer, Wasser, Wind, Erde und das Unendliche) seien symbolisch durch Rubin, Eisen, Silber, Sandstein und Gold vertreten, von ihnen geht die Energie aus, die aber über die Jahre nachlasse. Suarnate nennt die Steine »die Batterie«. Und die müsse wieder »aufgeladen« werden. »Deshalb veranstalten wir morgen ein Ritual, damit der Tempel seine Kraft nicht verliert.« Er sagt, dass zu diesem Ritual nicht nur die Gemeinde des Tempels eingeladen sei, sondern Gemeinden von der ganzen Insel. »Morgen wird es hier in Seminyak sehr voll sein.« Ein Mann stellt ein paar Meter neben uns ein Schild auf, das zwei Menschen in Badekleidung zeigt – es ist durchgestrichen. Ich frage Suarnate, ob er denkt, dass das Schild helfen werde, und er antwortet: »Ehrlich gesagt, nein. Das ist das Problem auf Bali, aber komm morgen wieder, dann sprechen wir darüber.« Er sagt, er werde an der gleichen Stelle stehen. »Am besten trägst du auch ein weißes Hemd und einen Sarong, dann fällst du nicht so auf.« Bevor ich gehe, frage ich noch, wie oft dieses Fest stattfindet. Er ruft mir zu: »Alle dreißig Jahre.«

Ich laufe noch etwas am Festgelände entlang und überlege, ob ich mich verhört habe. Wenn nein, dann war Seminyak das letzte Mal, als dieses Fest gefeiert wurde … noch nicht Seminyak. Das heißt, den Ort und den Tempel gab es bereits, aber keines der Restaurants, Hotels oder auch nur einen der Massagesalons. Es ist also morgen das erste Mal, dass diese beiden Welten hier zusammentreffen werden: die lauten Strandbars mit Aperol Spritz für zwei Euro und die betenden Hindus, die einen Tempel nach dreißig Jahren energetisch wieder »aufladen«. Bali ist mit 83 Prozent Hindus eine echte Ausnahme in Indonesien. Die Religion fasste kurz nach Christi Geburt erstmals in der Region nachweislich Fuß und setzte sich in den folgenden Jahrhunderten erfolgreich gegen muslimische Begehrlichkeiten zur Wehr. Bis zum 15. Jahrhundert war auch noch ein Teil Javas von Hindus bewohnt. Die Überreste dieser Kultur konnte ich zum Beispiel beim Besuch des Vulkans Bromo in Ost-Java sehen.

Am folgenden Tag fahre ich gegen Mittag wieder nach Seminyak. Dort ist inzwischen alles voller Mopeds, und ein Empfangskomitee führt mich zu einem freien Abstellplatz. Ich frage die jungen Leute, ob dieses Ritual wirklich nur alle dreißig Jahre durchgeführt werde. Zu meiner Überraschung sagt einer: »Nein, nicht alle dreißig Jahre, das wird alle zehn Jahre gefeiert, oder?« Ein weiterer sagt: »Nein, alle siebzehn Jahre.« Ich bin verwirrt und fühle mich an die Gespräche über Abfahrtszeiten von Fähren und Bussen erinnert.

Kurz darauf treffe ich Suarnata wieder. Er freut sich, dass ich ein weißes Hemd trage und einen Sarong, so wie er es mir gestern geraten hat. »Aber das Muster ist von den Dayak aus Borneo«, sagt er, und ich merke, dass er es besser gefunden hätte, wenn ich einen balinesischen Wickelrock angezogen hätte. Aber er lächelt milde. Ich frage ihn, ob ich es gestern richtig verstanden hätte, dass das Festival wirklich nur alle dreißig Jahre stattfinde. Ich hätte inzwischen unterschiedliche Jahreszahlen gehört. Suarnata erklärt, dass es oft zu Verwirrung komme, weil Bali einen eigenen Kalender hat. Der »Insel«-Kalender zähle nur 210 Tage im Jahr, und die Feste werden nach diesem Kalender gefeiert. »Bei rund hundert regelmäßigen Festen im Jahr kannst du dir vorstellen, dass wir Priester viel zu tun haben.« Jedenfalls entsprächen dreißig Bali-Jahre rund siebzehn Jahren in unserem gregorianischen Kalender.

Leider verpasse ich bei dieser Reise das größte Fest des Jahres, Hari Nyepi, das balinesische Neujahr. Ich habe es zufällig im Jahr 1999 miterlebt und kann mich noch genau daran erinnern, dass auf der ganzen Insel dafür der Strom abgestellt wurde. Bis heute ist der internationale Flughafen auf Bali der einzige weltweit, der aufgrund eines Feiertages für 24 Stunden komplett lahmgelegt wird. Am Abend davor werden selbst gebastelte Statuen von Fantasie-Monstern durch die Straßen getragen und in der Nacht verbrannt. Am Neujahrstag bleiben die Balinesen dann zu Hause und sind angehalten, den Tag in Kontemplation über ihr Leben zu verbringen. Touristen wird empfohlen, es ihnen gleichzutun – und da Geschäfte und Restaurants geschlossen sind, bleibt ihnen meist auch gar nichts anderes übrig.

Suarnata kommt auf unser Gespräch von gestern zurück und sagt, dass der Ansturm der Touristen auf die Insel seine Arbeit oft erschwere. Zu den vier Millionen Einwohnern der Insel kommen mindestens noch einmal vier Millionen Touristen pro Jahr. »Sie kommen zwar, um unsere einzigartige Kultur zu erleben«, sagt er, »aber dass das Aufrechterhalten dieser Kultur viel Zeit braucht, wollen sie nicht anerkennen.« Es komme oft zu Diskussionen, wenn Balinesen als Angestellte im Hotel arbeiten und fünfmal am Tag die Opfergaben für den Hausschrein vorbereiten müssen. »Natürlich sehen die Gaben für die Götter immer schön bunt auf den Bildern aus, aber trotzdem wollen die Gäste am nächsten Tag ihre frische Wäsche vor der Zimmertür haben.« Der steigende Personalbedarf habe dazu geführt, dass immer mehr Indonesier aus anderen Teilen des Landes sich auf Bali angesiedelt hätten. »Und weil das in der Mehrheit Muslime sind, hören wir jetzt auch oft den Muezzin hier auf der Insel.« Was wiederum zu sozialen Schwierigkeiten führe.

Das merke ich, als ich einige Tage später mit meinen Eltern, die ich auf Bali für ein paar gemeinsame Urlaubstage treffe, ein Taxi nehme, und für eine Strecke von eineinhalb Kilometern 60.000 Rupiah gefordert werden – das Dreifache des Preises, den ich in Jakarta für diese Strecke bezahlt hätte. Der Taxifahrer besteht darauf, das Taxameter nicht anzustellen, und bittet mich, das Taxi zu verlassen, wenn ich nicht einverstanden bin. Als ich auf Konfrontation gehe – in Indonesien selten eine gute Idee –, eskaliert die Situation, und der Taxifahrer und ich schreien einander für mehrere Minuten an. Schließlich sagt er: »Dann fahren wir eben zur Polizei!«, und ich antworte: »Na dann fahren wir zur Polizei!« Aber als wir wirklich losfahren, lenke ich ein, gebe ihm das Geld, und zehn Sekunden später erzählt er mir lachend, dass er ja aus Westtimor stamme und wir froh sein sollten, ihn als Fahrer zu haben, da alle balinesischen Taxifahrer Betrüger seien. Meine Eltern erzählen noch heute von dieser traumatischen Taxifahrt.

Mir macht das Erlebnis klar, dass in diesem Tourismus-Hotspot ein *Clash of Cultures* zwischen Indonesiern unterschiedlicher Inseln, Regionen und Religionen riskiert wird. Balinesen werden im Gegensatz zur restlichen Bevölkerung des Landes so erzogen, dass die Hinwendung zu Göttern und die Einhaltung der Opferriten an vorderster Stelle stehen. Immer wieder haben sich Soziologen mit den Auswirkungen der zeitraubenden religiösen Tätigkeiten beschäftigt und herausgefunden, dass die sprichwörtliche balinesische Freundlichkeit auch damit zu tun hat, dass die Menschen für erlittenes Unglück immer eine Instanz wie »das Schicksal« verantwortlich machen – selten bis nie einen anderen Menschen. Schon von klein auf wird den Balinesen beigebracht, dass jede soziale Handlung Einfluss auf das Wohlergehen der ganzen Insel hat. Dies führt – verschiedenen Erziehungswissenschaftlern zufolge – dazu, dass dieses Verhalten der Balinesen häufig als Beispiel für aggressionsfreies Handeln herangezogen wird.

Inzwischen hat das Fest begonnen. Über den Strand verteilt befinden sich verschiedene Festzelte, in denen Opfergaben vorbereitet werden, getanzt wird oder Priester einige weit gereiste Gäste segnen. Manche dieser Zeremonien finden gleichzeitig, andere nacheinander statt. Dazwischen können sich die Feiernden zurückziehen, um zu essen oder zu trinken. Über allem liegen die sanften Klänge eines balinesischen Gamelan-Orchesters, dessen Musik immer wieder zwischen verschiedenen Geschwindigkeiten und Lautstärken hin- und herwechselt. Ich stelle mich neben die Musiker und versuche, wie so oft schon, die Logik eines Gamelans zu verstehen. Im Gegensatz zum europäischen Orchester spielt hier nicht eine bestimmte Instrumentengruppe eine Melodie, die die anderen begleiten, die Melodie ergibt sich vielmehr erst durch das Zusammenspiel verschiedener Gongs. So kann es sein, dass ein Musiker nur den ersten, fünften und achten Ton einer Melodie spielt und erst im Zusammenspiel mit den zwei anderen Musikern alles einen Sinn ergibt. Angeführt wird das Orchester nicht von einem Dirigenten, sondern von einem Trommler in der Mitte der Spielenden.

Während des Konzerts findet sich in der Mitte des Platzes eine Menschenmenge zusammen. Aus dieser Gruppe heraus sind immer wieder Schreie zu vernehmen. Als ich genauer hinschaue, sehe ich, wie einzelne Frauen und Männer einen Dolch – den Kris – in die Hand nehmen und so tun, als würden sie sich damit selbst töten. Ihre Gesichter sind dabei entrückt, schmerzverzerrt, manche stoßen laute Schreie aus. Sie richten die Spitze des Dolches genau auf ihr Herz, und es wirkt tatsächlich, als könnten sie sich gerade noch so davon abhalten, den Selbstmord wirklich zu begehen. Begleitet werden sie von immer lauter werdender Musik und dem Johlen der Umstehenden.

Dieser Tanz geht auf eine Sage zurück, die vermutlich zu der Zeit entstand, als die Balinesen sich vor den Niederländern zu Hunderten selbst töteten. Es heißt, Barong – einer der mythischen Götter der Insel – habe daraufhin sämtliche Dolche der Insel verflucht, damit mit ihnen nie wieder Selbsttötungen vollzogen werden können. Bei großen Ritualen führen also Männer und Frauen vor, dass sie zwar einen Kris gegen sich selbst richten können, aber, egal welche Kraft sie aufwenden, die Spitze des Dolches ihrer Haut nichts anhaben kann.

Auch wenn ich es hier wie eine Theaterinszenierung beschreibe, erweckt das Ritual eher den Eindruck einer chaotischen Bürgerkriegsszene. Obwohl einige Ordner versuchen, den Menschen in Trance nach und nach den Dolch zu reichen und nach mehreren »Versuchen« wieder wegzunehmen, gibt es immer wieder Balinesen, die – obwohl noch nicht an der Reihe – plötzlich wütend den Dolch an sich reißen und gegen sich richten. Die »Ordner« haben dann mächtig damit zu tun, unter dem Geschrei der dicht umherstehenden Zuschauer niemanden der Trance-Tänzer ins Publikum laufen zu lassen, den Kris zurückzuerobern und dem Nächsten in der Reihe seine Chance zum Beinahe-Selbst-Töten zu bieten.

Das aufwendige Ritual des »Aufladens der Tempelbatterie« am Strand von Seminyak endet schließlich mit einem Tanz von Barong und der Hexe Rangda. Während zwei Schauspieler mit aufwendig gestalteten Masken zu hektischer Gamelan-Musik den ewigen Kampf zwischen Gut und Böse aufführen, teilt sich die Menge und macht den Blick frei auf fünf Tiere, die nicht weit entfernt von den Wellen nebeneinander im Sand liegen: ein Huhn, eine Ente, eine Ziege und zwei junge Rinder. Als ich näher herangehe, sehe ich, dass die Tiere alle an den Füßen festgebunden sind und völlig apathisch daliegen.

Ich gehe zu Suarnata, der noch immer am Rand des Festzeltes steht. Er sagt, diese Tiere kämen beim eigentlichen Höhepunkt des Festivals zum Einsatz, und bestätigt damit meine

Befürchtungen. Als der Barong Rangda tänzerisch »besiegt« hat, wird ein Schlauchboot an den Strand getragen. Die Tiere wehren sich kaum, als sie auf das Boot gehievt werden. Suarnata murmelt, dass sie vermutlich betäubt seien. Drei Männer mit Sicherheitswesten steigen dazu. Die Brandung ist stark an diesem Abend. Das Schiff mit den acht Lebewesen an Boot braucht lange, um über die ersten hohen Wellen hinweg aufs offene Meer zu gelangen. Als sie es endlich geschafft haben, applaudiert die Menge. Wenige Minuten später werden die Tiere dem Meer geopfert.

Suarnata erklärt mir die Prozedur routiniert, wie er es wohl schon vielen Ausländern gegenüber getan hat. »Das Mekelam wird häufig kritisiert«, sagt er, »weil diese Art des Opferns eben mit westlichem Tierschutz nicht vereinbar ist.« Er sagt, dass westliche Touristen schon dagegen protestiert hätten. Vielleicht ist auch deshalb dieser Teil des Strandes für Ausländer weitestgehend gesperrt. Die wenigen Touristen, die gesehen haben, wie die Tiere auf das Boot getragen wurden, wunderten sich zwar, aber gingen schnell weiter – auch weil sie sich in ihrer Badebekleidung unter den feiernden Hindus sicherlich unpassend gekleidet fühlten.

Als das Boot etwa zwanzig Minuten später ohne die Tiere zurückkommt, sagt Suarnata zu mir: »Ihre Geister sind jetzt mit uns.« Er erzählt, dass Hindus an Reinkarnation glauben und dass jedes Wesen auf der Erde das Göttliche in sich trage. »Wir werden geboren, und wir kehren zur Erde zurück.« Ein Tier, das während einer solchen Zeremonie geopfert werde, habe die besten Chancen, im nächsten Leben unter besseren Umständen geboren zu werden. Dann zieht er sich mit den Feiernden in den Tempel zurück. Die Musik wird von dort noch bis spät in die Nacht über den Strand schallen. Ich darf leider trotz meines weißen Hemds und des Sarongs den Tempel heute nicht betreten. »Nur Balinesen« steht am Eingang.

Deshalb mache ich mich auf den Weg zu meiner Unterkunft. Dort wartet ein Paket auf mich. Meine Kopfhörer, die ich 1500

Kilometer entfernt auf einer anderen Insel vergessen habe, sind in einem kleinen unauffälligen Päckchen angekommen. Doch im Moment brauche ich sie gar nicht, auf Balis Straßen kann man keine Musik über Kopfhörer hören. Man braucht alle seine Sinne, um kein Hupen und kein Blinklicht zu verpassen. Aber ich verlasse jetzt die große Straße, die Gasse wird enger, die Mauern hier sind hoch, und mit einem Mal erlischt der Lärm. Noch eine weitere Ecke, und ich höre die Bäume wieder rauschen. Der Urlaub kann beginnen.

Urlaub, das habe ich begriffen während des Rituals, bedeutet auf Bali eben, dass man mit ein bisschen Glück mehr bekommt als einen perfekt gemixten Cocktail mit Tempelmusik im Hintergrund. Im Grunde versuchen die Einheimischen, seit die Insel für den Tourismus entdeckt wurde, auf ziemlich erfolgreiche Art, das, was Bali ausmacht, weiterhin zu erhalten. In den letzten Jahren hat sich die Insel darüber hinaus erfolgreich einen Namen in der Start-up-Welt gemacht. Immer mehr Freiberufler mieten sich in eine der günstigen Wohnungen ein, bezahlen umgerechnet hundert Euro für einen Platz in einem Co-Working-Space (inklusive Pool und Kaffee) und beginnen den Tag mit ihrer Jogging- oder Yoga-Einheit am Strand. Im Osten der Insel gibt es eine lebendige Underground-Techno-Szene, deren DJs auch schon im Berliner Berghain aufgetreten sind. Gleiches gilt für Programmkinos und die balinesische Literaturszene. Gerade Menschen, die von überall aus arbeiten können, kann diese Insel für einige Jahre das Beste aus zwei Welten bieten. Und obwohl die Staus und die Partytouristen in der Tat der Insel geschadet haben, ist es trotzdem ein Ort, der mich immer anziehen wird.

Kapitel 17

Probleme im Paradies

Arborek
Größe: 0,09 km^2
Einwohner: 200
Danke: *injo naboer*

Ausgerechnet Genesis 11. Die Pfarrerin steht vorn auf der Kanzel und liest aus der Bibel. Ich verstehe genug von ihrem Indonesisch, um zu erkennen, dass sie über den Turmbau zu Babel redet. »Dann sagten sie: Auf, bauen wir uns eine Stadt und einen Turm mit einer Spitze bis zum Himmel und machen wir uns damit einen Namen, dann werden wir uns nicht über die ganze Erde zerstreuen.« Als Gott das sieht, steigt er hinab, um die Sprache der Menschen zu verwirren. Die Menschen hören daraufhin auf, einander zu verstehen – und zerstreuen sich auf der ganzen Welt. Der Turm wird nie vollendet.

Aus irgendeinem Grund bin ich bisher auf dieser Reise nie in einen Gottesdienst gegangen. Ich bin katholisch erzogen worden und habe auf früheren Reisen die Messen hier gemocht. Aber dieses Mal ergibt es sich erst auf Arborek, kurz vor Ende meiner Zeit auf den Inseln, dass ich morgens um neun in die blau angestrichene Kirche im Zentrum des einzigen kleinen Dorfes gehe. Das Meer rauscht auf allen Seiten. Die Insel ist nur zweihundert Meter breit, sechshundert Meter lang – sie zu umrunden, dauert vielleicht zwanzig Minuten – und komplett flach. Sollte der Wasserspiegel der Weltmeere wirklich weiter steigen, wird diese Insel eines der ersten Opfer sein. Arborek ist einer dieser Türkises-Wasser-weißer-Sand-Orte, die man im Grunde nie wieder verlassen möchte. Die Palmen werfen diesen Schatten auf die Wege, den wirklich nur Palmen werfen können.

In der Kirche trifft sich am Sonntag das ganze Dorf. Und weil ich mich nach vier Tagen auf der Insel fast schon zugehörig fühle, gehe ich hin. Ich erkenne ein paar Einheimische, mit denen ich bereits persönlich gesprochen habe, und einige Mitarbeiter vom Tauchresort Barefoot. Von den Gästen des Resorts – dort wohnen auch mehrere Weiße, die Tauchkurse besuchen – ist keiner gekommen, ich bin der einzige Europäer. Dass ich ausgerechnet in einem Land, in dem mindestens 700 Sprachen gesprochen werden – 270 davon allein in dieser Provinz West-Papua – die Geschichte vom Turmbau zu Babel höre, kann kein Zufall sein.

Wir singen gemeinsam die Lieder aus einem Gesangbuch, die Melodien kommen mir bekannt vor, doch für die Texte muss ich genau mitlesen. Ich habe schon lange nicht mehr das »Vaterunser« auf Indonesisch gebetet. Es heißt *Baba Kami.* Im Indonesischen gibt es zwei Wörter für »wir«: *kami* und *kita. Kami* schließt den Angesprochenen aus, ein Beispiel: Ich weiß nicht, was du machst, aber wir – *kami* – gehen ins Kino. *Kita* wiederum meint »wir alle«. Dieses *Baba Kami* macht subtil klar, dass es nicht der Vater aller Menschen ist, die das Gebet hören.

Nach dem Gottesdienst spricht die Pfarrerin über die Pläne für die Weihnachtsfeier und das Neujahrsfest. Es sind noch mehrere Monate hin bis zum Jahresende, aber es soll auch besonders festlich werden, hier, ein paar Kilometer südlich vom Äquator mitten im Meer. Schon jetzt soll geplant werden, wer was zur Feier beitragen möchte. Schnell wird klar, dass es ein Haus im Dorf gibt, das nicht dazugehört, weil dessen Bewohner ihren Arm nicht heben, als es um den Baumschmuck geht oder um die Vorbereitungen der Neujahrsfeier. Die Mitarbeiter des Barefoot bleiben an diesem Morgen stumm. Vielleicht wollen sie nichts beitragen, weil sie ohnehin selten in der Kirche zu sehen sind?

Gleich neben der Kirche hängt ein Plan der Insel von oben betrachtet. Man sieht, dass die Häuser rings um die Kirche angeordnet stehen, etwas abseits sind noch ein Fußballplatz und ein 4G-Turm für das mobile Internet. Sonst gibt es auf der Insel nur: Strand in allen Richtungen. Keine Straßen, kein Auto, nicht mal ein Moped. Nicht weit von der Kirche führt ein Steg auf das Meer hinaus. Und schon auf diesem Plan fällt etwas auf: Die meisten Häuser haben die Dachfarbe Blau. Nur eine kleine Häusergruppe im Westteil hat auf der Übersichtskarte hier gelbe Dächer.

Arborek liegt im Herzen von Raja Ampat, einem Gebiet, das wie kein Zweites innerhalb Indonesiens berühmt ist für Luxusresorts und kleine Inseln mit perfekten Stränden. Jeder meiner Freunde fragte irgendwann: »Fährst du auch nach Raja Ampat?« Ich habe lange gezögert, weil mich die Preise abschreckten. Selbst Kenny, der mir schon eine Postkarte von so entlegenen Orten wie der Osterinsel geschickt hat, war bisher nie auf Raja Ampat. Pauschal organisierte Reisen dorthin werden kaum unter mehreren Tausend Euro angeboten. Dabei postet jeder Besucher von Raja Ampat nur die immer gleichen Bilder, eine kleine Gruppe Inseln in leuchtend türkisfarbenem Wasser. Ich habe mich gefragt, ob es

Tausende von Euro wert ist, einen weiteren Selfie-Spot zu sehen. Was macht die Faszination dieser Inselgruppe aus?

Ich beschloss, selbst zu buchen, ohne ein Reiseunternehmen oder einen Guide. Ich bezahlte die zugegeben teure »Kurtaxe« von einer Million Rupiah (75 Euro) und noch einmal genauso viel für die Fahrt von Sorong auf dem Festland West-Papuas nach Arborek – also ziemlich genau das Zehnfache von dem, was ich auf der Reise zu Bernd bezahlt habe für die gleiche Entfernung. Hier auf der Insel entsprechen die Preise jetzt aber wieder dem sonst landesüblichen Durchschnitt: Meine Unterkunft – eine einfache Holzhütte auf Stelzen direkt am Meer – kostet zwanzig Euro pro Nacht. Der Inhaber ist freundlich und schnitzt in seiner Freizeit Delfine aus Muscheln.

Schon bei ihm merke ich, dass er nicht positiv zu sprechen ist auf die Leute vom Barefoot-Resort. »Wenn wir einen Stromausfall haben«, sagt er, »dann leuchtet nur in ihrem Teil der Insel noch Licht.« (Stromausfall heißt auf Indonesisch passenderweise *lampu mati* – »tote Lampe«.) Er sagt, sie haben dort Stromgeneratoren, die aber nur dem Resort zugutekommen. Als ich sage, es sei ja auch nicht die Aufgabe einer gemeinnützigen Umweltorganisation, das ganze Dorf mit Strom zu versorgen, entgegnet er schnaubend, dass sie aufhören sollten, sich als die »Wohltäter der Insel« darzustellen. »Sie sind keine Umweltorganisation, sie wollen nur ihre Tauchkurse vermarkten wie alle anderen auch.«

Mir wird klar, dass auf der Insel Arborek etwas nicht stimmt. Nach ein paar Tagen hier habe ich zwar nicht das Gefühl, dass ich komplett verstanden habe, wer Schuld an der unsichtbaren Grenze auf dieser kleinen Insel trägt, aber ich habe zumindest mit genug Menschen geredet, dass ich denke, darüber hier schreiben zu können. Der Konflikt äußert sich vordergründig dadurch, dass die Menschen nicht mehr miteinander sprechen. Als ich die Insel besuche, ist der Kontakt zwischen den Betreibern des Barefoot und den übrigen Dorfbewohnern beinahe abgebrochen.

Dabei sind die Voraussetzungen dafür, dass sich alle hier auf der Insel gut miteinander verstehen, eigentlich ideal. Das Dorf ist von einem Mobilfunkanbieter restauriert worden, der neue Hafensteg ist ebenfalls gesponsert. Das gibt es alles, weil der indonesische Staat Raja Ampat zu einem Touristenzentrum ausbauen will – und Arborek soll das leuchtende Beispiel sein. Es ist ein »Poster-Projekt« der Regierung. Aber: Indonesische Touristen sieht man kaum auf diesen Inseln, die meisten meiner Freunde in Jakarta gehen davon aus, dass es für sie schlicht zu teuer ist hier. Und nun beginnt es, interessant zu werden.

Die Anlage von Barefoot ist eine Art Ökozentrum am westlichen Rand der Insel. Laut Internetseite wollen die Mitarbeiter »mit den Einheimischen zusammen die Korallen bewahren« und zudem »wissenschaftliche Daten sammeln«. Weil wohl alle meist barfuß durch den feinen Sand laufen, heißt es »Barefoot«. Die Häuser sind mit einer hohen Mauer gegen Eindringlinge geschützt – wer auch immer das auf dieser Insel, auf der es nur ein Dorf gibt und auf der alle zusammen täglich einmal Fußball oder Volleyball spielen, sein soll. Das sendet in der Tat schon ein seltsames Signal, genau wie der eigene Steg, den das Resort als Zugang zum Meer gebaut hat.

Zum Glück lerne ich die Einwohner von Barefoot kennen, bevor ich von den ganzen Problemen weiß. Ich sitze an meinem ersten Tag auf der Insel vor meiner Hütte, als einige Europäer mit einheimischen Kindern vorbeikommen. Sie sammeln gemeinsam singend Müll am Strand ein. Auf den ersten Blick ist das eine gute Initiative – zumal sie die Kinder des Ortes mit einbezieht. Die Erwachsenen laden mich noch am gleichen Abend zum Essen auf das Barefoot-Gelände ein, und ich muss sagen, dass ich es dort sehr angenehm finde und mich wohlfühle. Endlich Europäer, die sich für länger in Indonesien eingerichtet haben. Nur einmal werde ich stutzig, als sie beschreiben, wie viel sie bezahlen müssen für ihren »Freiwilligendienst« im Resort: Es kostet zwischen zwei- und dreitausend Euro pro Monat, um hier zu leben und zu arbeiten. Dafür sind zwölf Tauchgänge pro Woche inklusive sowie drei Mahlzeiten am Tag, Kinoabende mit Einheimischen und ein Barefoot-T-Shirt. Die Unterkunft in Acht-Bett-Zimmern sei sehr »basic«, sagt ein Franzose, und dass vor allem nachts die Ratten anstrengend seien. Er zeigt mir seine völlig kaputte Handyhülle aus Stoff. »Die haben sie zerbissen, die Biester.« Ich selbst begegne an meinem Ende der Insel kein einziges Mal irgendwelchen Ratten.

Als ich anschließend mit Einheimischen rede, erzählen diese, wie die Barefoot-Leute sich abkapseln, was bei einer kleinen Insel wie dieser kaum möglich scheint. »Sie sammeln zwar Müll einmal pro Woche«, sagt eine Frau, »aber wir laufen ohnehin zweimal am Tag den Strand entlang, um der Müllmenge Herr zu werden.« Diese Aktion wirke eher wie eine Beschäftigungsmaßnahme für die Freiwilligen, die sonst nicht wissen, was sie mit ihrer Zeit machen sollen. »Von den Kursen«, sagt diese Frau, »die sie den Kindern versprochen haben, sehen wir zumindest nicht viel.« Außerdem, so der Vorwurf, engagieren sie sich auch sonst kaum für die Gemeinschaft im Dorf, nehmen nie an Festen teil.

Was ich hier erfahre, habe ich so oder so ähnlich immer wieder in Indonesien gehört: Unmut über Menschen, die von außen kommen und Indonesiern zeigen wollen, »wie es geht«: die Umwelt retten, ein richtiges Resort bauen, eine gute Cocktailbar führen und so weiter. Gleichzeitig wollen sich diese »Expats« ein sehr angenehmes Leben unter Palmen einrichten. Der »Umweltschutz« spielt dann manchmal schnell eine untergeordnete Rolle, und Indonesier tauchen in ihrem Leben als gering bezahlte Angestellte auf. Ich kann mich selbst nicht ganz davon ausnehmen – schließlich habe auch ich eine von Deutschen betriebene Tauchschule auf Komodo besucht. Dort aber hat Frank zumindest erzählt, dass viele seiner Mitarbeiter inzwischen eigene Unternehmen gegründet hätten, und seine

Hütten sind weit davon entfernt, ein Exklusivresort für die internationale Elite zu sein. In Raja Ampat werden allerdings viele solcher Luxusanlagen von Ausländern betrieben – mit dem Stempel »nachhaltig« versehen, damit die Korallen, die sie ihren tauchenden Gästen bieten wollen, erhalten bleiben – und damit sich ihre Klientel bei ihrem Aufenthalt besser fühlt.

Wer einen Blick in die Geschichte des Kolonialismus und des Postkolonialismus wirft, versteht vielleicht ein bisschen besser, wie derartiges Verhalten sich von indonesischer Seite aus anfühlt: Nachdem die niederländischen Kolonialherren 350 Jahre lang die ökonomischen Ressourcen Indonesiens für sich genutzt hatten, entließen sie die Inseln widerwillig und nach mehreren Kämpfen im Jahr 1949 in die Unabhängigkeit – aber nur mit einem speziellen Gesetz, durch das sie die Macht über die Großindustrie wie Banken, Ölförderung und Plantagen behielten. Als Indonesiens Präsident Sukarno das ändern wollte und Ende der 1950er und Anfang der 1960er britische, niederländische und US-amerikanische Firmen »nationalisierte« – nach dem Vorbild Russlands und Chinas –, passierte das auf dem Höhepunkt des Kalten Krieges. Unterstützt von den US-Amerikanern konnte im Gegenzug Suharto die Macht ergreifen und sicherte den Wirtschaftseliten aus dem westlichen Ausland weiterhin ihre Privilegien. Bis in die 2000er hinein waren es deshalb nach wie vor ausländische Firmen, die stark profitierten von Indonesiens Bodenschätzen wie Kupfer, Erdgas, Öl, Gold und Nickel. Erst unter den letzten Präsidenten wurden diese Kooperationen, von denen vor allem der Westen profitierte, zunehmend eingeschränkt.

In diesen Zusammenhang ist es einzubetten, wenn sich auf der kleinen Insel Arborek ein Europäer, in diesem Fall ein Brite, ein kleines Stück Land sichert, es ummauert und anschließend mit zahlungskräftigen »Freiwilligen« am Laufen hält.

Nach diesen ersten Begegnungen mit »beiden Seiten« befrage ich noch einmal andere Barefoot-Bewohner zu der Situation. Sie sind in der Regel freundlich, und interessanterweise erzählen sie, dass sie manchmal gar nicht so recht wissen, warum sie diese kostspielige Variante des Urlaubs gewählt haben. Die Insel sei natürlich schön, aber die »Daten«, die sie bei ihren Tauchgängen sammeln, würde zwar aufgeschrieben, aber keinem sei klar, welches Institut oder welche Forschungsanstalt sich dafür eigentlich interessiere. Sie zählen die Korallen der umliegenden Riffe und fragen sich am Ende, ob sie nicht vielleicht doch einem Schwindel aufgesessen sind.

Natürlich gibt es – gerade in wunderschönen Gegenden wie diesen – immer wieder Weiße, die wirklich großartige Dinge tun. Während meiner Zeit dort kommt Jonas Müller auf Arborek vorbei, ein junger Schweizer, der sich mit seiner Stiftung Child Aid Papua für Kinder aus der Region einsetzt. Er ist bei Einheimischen beliebt, spricht fließend Indonesisch und hat die Idee, der jungen Bevölkerung der Inseln vor Papua mittels Bildung besseren Zugang zu Schulen auf dem Festland zu ermöglichen.

Aber was der Brite, der inzwischen kaum noch auf Arborek auftaucht, mit seinem Projekt Barefoot im Sinn hat, wird mir bis zum Ende meiner Reise – und auch bis zum Schreiben dieses Buches – nicht klar. Eine E-Mail, in der ich ihm einige Fragen stellte, blieb unbeantwortet. Dabei wäre es wichtig, dass sich gerade auf Inseln wie Arborek sämtliche Bewohner zusammentun. Denn die Feinde, gegen die sie alle gleichermaßen kämpfen, sind viel größer: der Müll, der steigende Meeresspiegel, die stetig wachsende Zahl von Touristen – und nicht zuletzt der Dornenkronenseestern, der sich auch gerade in den Gewässern von Raja Ampat stark vermehrt und die Korallenriffe wegfrisst.

Am Schluss meiner Zeit in Raja Ampat mache ich mich dann doch noch auf den Weg nach Piaynemo, ich muss einfach jene Inselgruppe sehen, die Hintergrund all der Pauschalreisen-Selfies ist. Acel, ein junger Indonesier, verlangt für das Hinbringen die für die Region übliche Zahlung von einer Million Rupiah (75 Euro),

Handeln zwecklos. Als ich sein Boot besteige, sehe ich einige Riffhaie, die unter uns entlanggleiten, so klar ist das Wasser.

Etwas mehr als eine Stunde später tuckern wir durch die Szenerie, die mir von Tausenden Fotos schon so vertraut ist, dass ich fast denke, ich war schon mal hier. Tatsächlich gibt es nicht mehr als eine Treppe und einen Aussichtspunkt, um Selfies zu machen. Acel ist Papuaner und kennt die Menschen, die davor am Eingang sitzen und Armbänder und andere Souvenirs verkaufen. Als ich drei Armbänder gekauft habe und wir langsam die Treppe nach oben laufen, frage ich ihn, warum die Händler so schlecht gelaunt sind. Er sagt, dass die Papuaner eben stolz seien und dass Indonesien ihnen im Laufe der Geschichte übel mitgespielt habe.

Oben erzählt er mir dann die Geschichte von den sechs Eiern. Einst ging ein Liebespaar auf einer der Inseln in den Wald, um Nahrung zu suchen. Es fand sechs Eier, die seltsam groß waren. Zu Hause bewahrten sie die Eier auf, bis fünf von ihnen aufbrachen: Vier Könige und eine Königin schlüpften– erwachsen, mit Kleidung. Die Könige teilten die 610 Inseln von Raja Ampat unter sich auf, die Königin bekam eine einzige kleine Insel am Rande der Region.

»So kam es zum Namen«, sagt Acel. (*empat* bedeutet »vier« und *raja* »Könige«.)

»Und was war mit dem sechsten Ei?«

»Das wurde zu Stein und steht auf einer der Inseln als Beweis.«

Wir schauen auf diese Landschaft aus kleinen Inseln in türkisfarbenem Wasser. Viel ist nicht los an diesem Tag. Ich erzähle ihm, dass ich am nächsten Tag weiterziehen will nach Jayapura.

»Hast du dir das gut überlegt?«, fragt er. »Dort ist gerade das Militär auf den Straßen. Die haben keine Lust auf Fragen.«

»Ich weiß«, sage ich. Ich habe die Meldungen auch gelesen. »Aber ich will unbedingt nach Merauke.«

»Warst du in Sabang?«, fragt er lächelnd.

»Genau, deshalb.«

Er pfeift das Lied *Von Sabang nach Merauke,* und dann kommt eine indonesische Reisegruppe auf den Aussichtspunkt. Ich mache noch ein Selfie, und wir brechen auf.

Kapitel 18

Das Ende von Indonesien

West-Papua
Fläche: 420.000 km^2
Einwohner: 4,36 Millionen
Danke: *tenk yu*

Als ich in Jayapura ankomme, bin ich doch unsicher, ob es eine gute Idee war, gerade jetzt nach Papua zu fahren. Es ist der erste Flughafen in Indonesien, an dem sich keine Taxifahrer um mich als Kunden streiten. Stattdessen muss ich einen von ihnen fragen, ob er mich in die Innenstadt zu meinem Hotel fahren würde. Er erklärt mir, dass er dazu einen Umweg nehmen müsse, weil das Militär aufgrund der Unruhen einige Straßen gesperrt habe. Die Geschäfte auf dem Weg ins Zentrum sind allesamt mit Holzlatten verrammelt. Immer wieder patrouillieren gepanzerte Wagen des indonesischen Heers in den

Straßen. Es ist, als ob sich dieser Teil Indonesiens auf einen Krieg vorbereite.

Ich habe in lokalen Zeitungen gelesen, dass seit Wochen in West-Papua Unruhen herrschen. Auslöser war eine zerstörte indonesische Flagge in Surabaya auf Java – die ausgerechnet vor einem Wohnheim hing, in dem überwiegend Studenten aus Papua leben. Das Beschädigen der Landesflagge ist eine Straftat – und daher wurden 43 Studenten des Wohnheims in Haft genommen. Außerhalb des Wohnheims soll laut Zeitungsberichten eine Gruppe von Nationalisten gestanden haben, die in Richtung der Papua-Studenten rief: »Macht, dass ihr fortkommt, ihr Affen.«

»Affen« ist ein Schimpfwort, mit dem Papuaner leben müssen, seit ihr Land im Jahr 1967 Teil von Indonesien wurde. Mit ihrem krausen Haar, der dunkleren Haut und der ihnen eigenen Kopfform ähneln die Einwohner Papuas eher den Aborigines Australiens als den Indonesiern der übrigen Inseln. Weil das Bildungsangebot in den beiden Provinzen auf West-Papua für Einheimische beschränkt ist, zieht es viele junge Papuaner zum Studieren in die großen Städte Javas. Die Ausstattung und das Angebot ihrer Heimatuniversitäten liegt weit hinter denen der Hochschulen auf Java zurück. Doch dort wiederum haben Papuaner es aufgrund von Diskriminierung schwer, später gut bezahlte Arbeit zu finden.

Als wir das Stadtzentrum von Jayapura erreichen, sind dort alle großen Straßen gesperrt. Mein Taxifahrer sagt mir noch, ich solle das Hotel besser nicht verlassen. »Als Weißer machst du dich hier grundsätzlich verdächtig, du könntest ja ein Journalist sein.« Erst vergangene Woche wurde ein französischer Journalist des Landes verwiesen, weil er ohne entsprechendes Visum in Jayapura recherchiert hatte. Und so gehe ich wirklich nur einmal abends zum Saté-Stand auf der anderen Straßenseite. Die wenigen Menschen, die ich treffe, weichen mir aus. An diesem Abend werden nicht weit von hier drei Papuaner bei Protesten vom Militär getötet. Sie hatten die Unabhängigkeit Papuas von Indonesien gefordert. Der Konflikt eskaliert gerade. Was mache ich hier?

Die Wurzel des Problems liegt in dem ungeklärten Status, in den die Niederlande Papua nach der Unabhängigkeit Indonesiens entließen. Während der Rest der Kolonie im Jahr 1949 frei wurde, behielten die Niederländer auf Papua die Hoheit. Im Jahr 1962 erzielte Indonesien eine Einigung in der UN, dass ihnen West-Papua zugesprochen werde, wenn sie dort zuvor ein Referendum über die Unabhängigkeit der Provinz zuließen. Dieser »Act of Free Choice« fand im Jahr 1969 statt, jedoch nicht unter fairen Bedingungen, wie Historiker übereinstimmend feststellen. Nicht die gesamte Einwohnerschaft Papuas konnte abstimmen, sondern 1000 ausgewählte Vertreter – und diese waren von Indonesiens militärischen Drohgebärden eingeschüchtert.

Auch nach dem Anschluss an Indonesien verbesserte sich die Situation der Region nicht: Die Gewinne aus dem Abbau der Bodenschätze kamen nicht der lokalen Bevölkerung zugute, und bis heute ist West-Papua eine der ärmsten Gegenden Indonesiens. Gleichzeitig wurde in den Folgejahren das Umsiedlungsprogramm für Javaner weiter fortgesetzt, auch in diese neue Provinz. Das führte dazu, dass einige Städte Papuas heute eine muslimische Mehrheit haben, obwohl Papuaner traditionell Christen sind. Insgesamt ist rund jeder dritte Einwohner Papuas ein Zugezogener. Ein weiteres Referendum, das seit 2019 – fünfzig Jahre nach dem ersten Referendum – wieder viele fordern, wird es schon allein deshalb so bald nicht geben.

Ich habe auf meiner Reise mehrfach mit Papuanern gesprochen, die mir hinter vorgehaltener Hand erzählt haben, dass sie auf der Straße immer wieder Schimpfwörter hörten. Sie tun dann so, als wäre nichts gewesen. Auf Arborek habe ich Diskriminierung selbst erlebt. Sämtliche kleine Lebensmittelläden auf der Insel werden von Muslimen betrieben. Als ich fragte, warum nicht Einheimische die Geschäfte betreiben, sagte eine Javanerin knapp: »Papuaner können mit Geld nicht umgehen, und sie verschenken den Kaffee und die Cola lieber an Verwandte, als ihn zu verkaufen.«

Ich bin froh, nach nur einer Nacht in Jayapura weiterzufliegen. In Merauke, dem letzten Ziel meiner Reise, werde ich von Ronaldo am Flughafen abgeholt. Er ist vor zwanzig Jahren mit seiner Frau aus Java hierher eingewandert und arbeitet als Journalist für die lokale Zeitung Papua Selatan Pos – »Die Süd-Papua Post«. Mit sechs festen Mitarbeitern stemmt er die sechs Ausgaben pro Woche, und in Zeiten wie diesen hat er viel zu tun. Ich habe ihn über eine Freundin kennengelernt, und schon vor meiner Anreise hat er sowohl einen Schlafplatz als auch eine Tour zum Monument »Kilometer Nol« für mich organisiert. Denn genau wie auf der Insel Sabang steht auch hier ein Denkmal, das die Grenze des Landes markiert, hier die südöstliche.

Als ich Ronaldo treffe, habe ich gerade erfahren, dass mein großer Rucksack auf dem falschen Gepäckband gelandet ist und ich noch zwei Stunden warten muss, bis er mit dem nächsten Flieger eintrifft. Wir setzen uns in ein Flughafencafé, und es dauert keine zwei Minuten, bis sich ein freundlicher Mann in einer mir unbekannten Uniform zu uns setzt. Die Art, wie er mit Ronaldo redet, klingt für mich, als seien sie alte Freunde, und so erzähle ich ihm, wer ich bin und warum es mich in diese Stadt verschlagen hat. Auch als Ronaldo mir einen Blick zuwirft, der fast verzweifelt aussieht, verstehe ich den Hinweis nicht und erzähle bis ins Detail, an was für einem Buch ich arbeite. Der Mann bedankt sich und verlässt das Café. Ronaldo sagt: »Das war der indonesische Geheimdienst, die stehen hier neuerdings am Flughafen und befragen jeden, der einreist.«

Merauke ist zwar weit ab von den Zentren der politischen Proteste, aber die Regierung ist wegen der aktuellen Unabhängigkeitsbewegung so nervös, dass zeitweise sogar hier sämtliche sozialen Netzwerke abgestellt werden. Die Integrität des Staatsgebietes Indonesiens ist seit der Unabhängigkeit immer wieder angegriffen worden, und nachdem 2002 Osttimor als eigener Staat von den Vereinten Nationen anerkannt wurde, hat auch die Unabhängigkeitsbewegung in West-Papua neuen Aufschwung bekommen.

Ronaldo macht mit mir zunächst eine kleine Stadtrundfahrt durch die staubigen Straßen. Dabei sehen wir immer wieder Papuaner, die am Wegesrand sitzen. Ronaldo sagt, dass viele Einheimische nur wenige Jahre Schulbildung bekämen und, wenn sie keinen Job im Hafen oder als Fischer fänden, häufig arbeitslos würden. »Ich habe es selbst probiert«, sagt er, »ich habe Papuaner eingestellt, damit sie Artikel schreiben lernen und Journalisten werden.« Aber sie seien oft zu spät gekommen, könnten nicht fehlerfrei schreiben, trugen schmutzige Kleidung, und letztlich habe er keinen von ihnen übernommen. Beide Zeitungen, die in Merauke erscheinen, werden komplett von Javanern geschrieben.

Gegründet wurde Merauke von Niederländern, um einen Hafen an dieser strategisch wichtigen Position im Süden der Insel nicht weit von Australien zu haben. Der Name bedeutet »Fluss« in der Sprache der Einheimischen. Es heißt, Niederländer hätten bei ihrer Ankunft immer wieder auf das Tal gezeigt und nach dem Namen gefragt. Die Einheimischen, die ihre Siedlung eigentlich *Ermasoe* nannten, dachten, die Fremden meinten den Wasserlauf, und antworteten entsprechend: *maro ke.* Der Hafen sollte den Güterverkehr nach Europa über den Seeweg sichern, da die niederländischen Händler an Land häufig von lokalen Stämmen überfallen wurden. Die andere Hälfte der Insel Neuguinea hatten zu dem Zeitpunkt vor rund 120 Jahren Deutschland und Großbritannien unter sich aufgeteilt.

Der Hafen, so präsentiert es mir Ronaldo, sei auch heute noch der Stolz der Stadt. In einer großen Werft werden beeindruckende

Jachten und Lastschiffe gebaut. Gleich neben der Werft steht eine Moschee, nicht weit davon entfernt befindet sich eine Kirche. Es ist, als würde Indonesien in dieser Stadt, die als Erste des Landes jeden Tag die Sonne begrüßt, das Nationalmotto noch einmal in Stein meißeln: »Einheit in der Vielfalt«. So steht es auf dem Staatswappen, und so habe ich es immer wieder auf meiner Reise erlebt. Manchmal funktioniert das Miteinander der unterschiedlichen Sprachen, Kulturen und Religionen, manchmal ist dieses Toleranzgebot nicht mehr als ein hehrer Wunsch.

Zum Abendessen gehen wir in ein balinesisches Restaurant. Wie viele Städte auf Papua, sagt Ronaldo, böte auch Merauke Gelegenheit, die Küche der meisten indonesischen Provinzen zu entdecken. Es gebe Gerichte aus Sulawesi, Java, Sumatra und von den Molukken. »Schon allein deswegen vermisse ich Java hier kaum«, sagt er, »ich vermisse nur meine Frau, die in einer Stadt dreihundert Kilometer nördlich von hier arbeitet.« Sie besuchen einander alle paar Wochen – wenn nicht gerade ein Monsun oder ein Buschfeuer ihre Pläne durchkreuzt. Buschfeuer seien an der Tagesordnung. Ähnlich wie auf Borneo weiß man auch hier selten, wer sie legt und wem sie nützen.

Am nächsten Morgen nimmt Ronaldo mich kurz mit in die Redaktion, um nach dem Rechten zu sehen, obwohl er am Abend fast bis Mitternacht im Büro war. Das Zeitungsgebäude besteht aus zwei Schreibbüros und einem großen Versammlungsraum. Die Wandfarbe war irgendwann einmal Rot, ist aber an den meisten Stellen verblichen. In einer Ecke steht ein halb gefülltes Aquarium, in dem das Wasser zu dunkel ist, um Fische darin zu erkennen. Als ich Ronaldo nach der Pressefreiheit frage, da die Organisation Reporter Ohne Grenzen Papua immer wieder als Negativbeispiel anführt, wird er einsilbig. Er sagt lediglich, dass der Polizeichef jede Ausgabe kontrolliere, aber bisher hätten sie nie Ärger bekommen. Ärger könne es dann geben, wenn sie Artikel publizierten, die zu »sozialen Unruhen« anstiften würden.

Über die »Affen«-Rufe habe er trotzdem berichtet, da es schließlich ein Handyvideo gab, das sie belegte.

Ronaldo sagt auch, dass er nicht daran glaube, dass Papua jemals Unabhängigkeit erlange. »Hier werden 270 Sprachen gesprochen«, erzählt er, »welches der Völker sollte im Falle einer Unabhängigkeit den Präsidenten stellen – und wie soll dann sichergestellt werden, dass er nicht nur sein Volk bevorteilt?« Er ergänzt, dass die jetzige Regierung außerdem erkannt habe, dass sie den Papuanern etwas anbieten müsse, damit sie gern Teil von Indonesien sind.

In der Tat war Präsident Jokowi während seiner Amtszeit schon neunmal in dieser Region und hat bei jedem Besuch weitere Zugeständnisse angekündigt. Mehrere Stipendienprogramme sind angelaufen, sodass Papuaner jetzt leichter an den großen Universitäten auf Java studieren können. Auch in der Wahrnehmung und Darstellung von Papuanern verändert sich langsam etwas: Waren sie jahrelang nie Thema für Filme oder Serien, gibt es seit einigen Jahren die Sitcom *Minus Family*. Die Hauptfigur wird von einem Papuaner gespielt, der in Jakarta eine Frau aus Sumatra heiratet und mit ihr ein Restaurant eröffnet.

Den Rest des Tages nimmt Ronaldo sich frei, weil er mir den »Kilometer Nol« zeigen will, jenes Pendant zum Monument auf Sabang. Auf dem Weg Richtung Grenze zu Papua-Neuguinea überlässt Ronaldo mir die Musikauswahl. Ein letztes Mal höre ich meine Indonesien-Playlist, die ich über die vier Monate auf den Inseln zusammengestellt habe. Indonesische Popsongs, Balladen und sogar ein paar Dangdut-Songs. Ronaldo kennt die meisten der Lieder und singt mit. Wenn man vom Straßenrand aus ein Buschfeuer sehen kann, fährt er jedes Mal langsamer – so etwas habe ich vorher noch nie so nah gesehen. »Mit zunehmender Häufigkeit der Feuer gelangen wir näher an Papua-Neuguinea«, sagt er knapp. Er will damit wohl andeuten, dass solche illegalen Feuer hier am »Ende von Indonesien« weniger geahndet werden.

Wir sind jetzt rund 5000 Kilometer von Jakarta entfernt, weiter als jede andere Stadt des Inselreiches.

Kurz vor der Grenze halten wir an einem Denkmal. Es ist Benny Moerdani gewidmet, einem der bekanntesten Offiziere des indonesischen Heeres. Er leitete in den 1960er-Jahren die Truppen, die gegen die Niederländer jene Nadelstichangriffe planten und ausführten, die schließlich den Rückzug der Niederländer bewirkten. Er war in den letzten Jahren unter Suharto auch Verteidigungsminister, was ihn zumindest suspekt erscheinen lässt. Vielleicht haben sie sein Denkmal deshalb mehrere Kilometer vor der Stadt in einen Kreisverkehr gestellt?

Überhaupt erinnert hier plötzlich wieder viel an Suharto und die Zeit der »Neuen Ordnung«. Ronaldo sagt, dass auch das Lied *Dari Sabang sampai Merauke*, jenes Lied, wegen dem ich auf die Idee kam, hierherzufahren, ein Marschlied aus der Zeit der Diktatur ist. Wie so vieles ist es populär geblieben, einfach weil es das Gemeinschaftsgefühl stärkt. Noch heute hat Indonesien eine Art »Fahnenappell« in der Schule und mit 17 Millionen Mitgliedern die größte Pfadfinder-Organisation der Welt.

Als wir die Grenze zu Papua-Neuguinea erreichen, müssen wir plötzlich auf eine Schotterpiste ausweichen. Die letzten Meter in das benachbarte Land müssen wir sogar laufen. Unsere Pässe geben wir ab, weitere Kontrollen sind nicht vonnöten, da wir nur für einige Minuten das Nachbarland betreten wollen. Die Grenzstation ist keine gesicherte Anlage, sie wirkt eher wie ein improvisierter Posten im Urwald. Auf der anderen Seite stehen schwer bewaffnete dunkelhäutige Männer und begrüßen uns grimmig auf Englisch. Ronaldo ärgert sich, dass die indonesischen Beamten Karten gespielt haben, als wir vorbeiliefen. »Sie tun noch nicht einmal so, als würden sie arbeiten«, sagt er, »was das auf dich wieder für einen Eindruck machen muss.«

Das kleine Gebiet, das ich von Papua-Neuguinea sehe, ist eine Lichtung im Urwald. Mehrere Termitenhügel befinden sich auf diesem Areal, zum Teil drei Meter hoch. Wenn ich länger bliebe, hätten wir noch einen Ausflug in den Nationalpark machen können, der sich in dieser Grenzregion über viertausend Quadratkilometer erstreckt. Aber ich habe mal wieder zu knapp geplant.

Kurz bevor wir wieder ins Auto steigen, frage ich Ronaldo nach dem großen Monument für den »Kilometer Null«. Ich habe im Internet gesehen, dass es genauso aussieht wie jenes in Sabang, also in 5300 Kilometern Entfernung. Er sagt, dass es gerade abgerissen worden sei. »Es war wohl baufällig geworden.« Wenn ich an die verrosteten Ecken am Monument in Sabang denke, wundert mich das nicht. »Aber sie haben dafür ein Minimonument aufgestellt«, sagt er, »da fahren wir jetzt hin.« Ein paar Minuten später stehen wir vor einem Marmorstein, in den die Karte Indonesiens eingraviert ist.

Wenn ich mich strecke, kann ich Ronaldo auf der kleinen Karte zeigen, wo ich überall gewesen bin in den vergangenen Monaten. Ich könnte von den kleinen Inseln erzählen, wo Fischer nicht verstehen, warum sie nicht mehr mit Dynamit fischen dürfen, von einem weißen Krokodil, das Indonesisch versteht, von einer Meeresgöttin, die durch Tieropfer beruhigt werden muss, von einem Gebetshaus in der Form eines Vogels und von einem Deutschen, der in Medan im Gefängnis eingesperrt ist. Gerade kann ich mir nicht vorstellen, dass ich in fünf Tagen schon wieder in einer Berliner U-Bahn sitzen soll.

Und als ob Ronaldo meine sentimentale Stimmung noch verstärken will, hat er für den Sonnenuntergang einen ganz besonderen Ort ausgesucht. In der Nähe des Flughafens von Merauke hat die Regierung vor einigen Jahren eine Zeitkapsel errichten lassen. Es ist ein sehr modern anmutendes begehbares Monument innerhalb eines Parks, und auf der Spitze des Betondachs ist die Zeitkapsel aufgebaut. In dieser befinden sich die gesammelten Wünsche von Kindern für die Zukunft Indonesiens. Präsident Jokowi hat sie im Jahr 2018 dort eingeschlossen. Erst nach 77 Jahren, also im Jahr 2085, solle sie geöffnet werden. Dann werde man sehen, wie viele Wünsche sich das Volk habe erfüllen können. Das Monument sieht von oben aus wie das Hauptquartier der *Avengers* von Marvel. »Dies ist kein normales Denkmal«, sagte Jokowi bei der Eröffnung, »dies ist das Denkmal unserer Träume.«

Und was soll ich sagen: Es gab nach der Eröffnung Bedenken wegen der Statik, und seitdem ist das Denkmal offiziell geschlossen. Aber weil das hier nicht Deutschland, sondern Indonesien ist, sitzen in dem Park trotz des Verbots rund um das Bauwerk viele junge Papuaner bei einem Bier und schauen der Sonne beim Untergehen zu. Sie winken uns, als wir außen am Zaun vorbeilaufen.

Um durch den Zaun zu gelangen, müssen wir die Stelle finden, an der ein siebenjähriger Junge sitzt und frech umgerechnet zwanzig Cent Eintritt verlangt. Ronaldo gibt sie ihm grinsend, und wir kriechen durch das Loch. Als ich die Treppe zur Zeitkapsel nach oben gehe, erstrahlt alles in Orange. Die Zeitkapsel ist vielleicht nur ein Trick, um überhaupt so etwas wie Träume und Hoffnungen zu bündeln, hier am turbulenten Ende von Indonesien.

Ein Buch über Indonesien zu schreiben, das Land, das ich seit zwanzig Jahren besuche, erschien mir lange auch wie ein Traum. Da habe ich als junger Student in einem kleinen Seminarraum in Leipzig gesessen und gelernt, dass »Sonne« auf Indonesisch *mata hari* heißt, »Auge des Tages«, und dass die Mehrzahl durch Verdoppelung gebildet wird: *mobil* – »das Auto«, *mobil-mobil* – »die Autos«. Und zwanzig Jahre später reise ich in vier Monaten über dreißig Inseln und soll anschließend dieses Land porträtieren. Ein Land, das zweifelsohne gezeichnet ist von seiner Geschichte und ein Beweis dafür, dass es so etwas wie eine »einsame Insel« nicht gibt. Einflüsse aus Europa, Asien, dem arabischen Raum sind auch auf den kleinsten Flecken spürbar gewesen. Und das Projekt »Einheit in der Vielfalt«, das sich dieses Land auf sein

Wappen geschrieben hat, wird sich täglich beweisen müssen, in Sabang, in Merauke und allem, was dazwischen liegt.

Als ich die kleine Treppe zur Zeitkapsel hinaufsteige, kann ich gar nicht anders, als direkt auf die Abendsonne zuzulaufen.

Epilog

Es gibt viele Momente meiner Reise, die in diesem Buch keinen Platz gefunden haben. Einer dieser Momente war, als ich mit Kenny in Jakarta ein Musikfestival besucht habe. Das Festival heißt »We The Fest«, und dass die Abkürzung »WTF« in sozialen Medien meist anders verwendet wird, war den Machern entweder nicht aufgefallen oder egal. Da trat der australische Sänger Troye Sivan vor 25.000 Menschen auf, er stand vor einer riesigen Regenbogenflagge und sang das Lied von seinem eigenen Outing: *Without losing a piece of me – how do I get to heaven*? Die Menge, darunter viele Frauen mit Kopftüchern, sang jede Zeile mit. So textsicher, dass Troye mitten in seinem Konzert verwundert rief: »Ich kann es kaum erwarten, nach Hause zu fahren und allen zu erzählen, wie wahnsinnig cool ihr alle seid!«

Natürlich war das nur ein Popsänger, der seinem Publikum ein besonderes Kompliment machen wollte. Doch was auch andere internationale Sänger dieses Festivals immer wiederholten, war, dass sie nicht geahnt haben, wie leidenschaftlich ihre Musik hier gehört wird. Indonesien ist bis heute bei vielen Menschen nicht auf dem Radar. In den Medien taucht es meist nur im Zusammenhang mit Katastrophen auf: Waldbränden, Überschwemmungen, gewaltsamen Protesten.

Als ich kurz vor meiner Abreise noch einmal für drei Tage in Jakarta zwischenlande, breche ich ein letztes Mal auf, zu einem Volk, das sich dem neuen Indonesien weitestgehend entzogen hat. Die Badui leben in einem Waldstück rund 150 Kilometer westlich der Hauptstadt – ohne Kontakt zur Außenwelt. Zumindest ein Teil des Volkes, die Inneren Badui, lebt ohne Ackerbau, ohne Elektrizität, ohne Geld. Ihre Regeln sind streng: kein Essen nach

Sonnenuntergang, keine Lügen, keine Fortbewegungsmittel außer den eigenen Beinen, keine Blumen als Schmuck, kein Parfüm, Kleidung darf nur weiß oder schwarz sein, und sie schneiden nie ihre Haare. Jamir, ein Badui, erklärt mir das Motto seines Volkes so: »Was lang ist, bleibt lang, was kurz ist, bleibt kurz.«

Pajas begleitet mich auf dieser Reise, einer der beiden Indonesier, die ich ganz zu Beginn meiner Reise im Hafen in Singkil kennengelernt habe. Inzwischen nenne ich ihn »Jas«, wie seine Freunde. Er wollte schon lange zu den Badui, kannte sie auch nur aus Erzählungen.

Es gibt ein paar kleine Reiseanbieter, die behutsamen Tourismus mit den Badui organisieren. Von dem Volk erzählt hat mir jemand auf der Insel Sumba, ebenfalls ein Ort, der sich sehr weit weg vom Hochhausdschungel Jakartas anfühlt. Kleine Besuchergruppen dürfen zu einem bestimmten Dorf vordringen und dort für einen Tag am Leben der Badui teilnehmen. Jamir ist einer der Badui, die mit Menschen von außen reden, aber auch zu den Inneren zurückkehren dürfen. Leben darf er mit ihnen nicht mehr. Er ist eine Art Vermittler. Auch sein Leben ist dadurch extrem abgeschieden, sowohl von der Welt seiner Vorfahren als auch von der modernen Welt. Er erklärt uns bis spät in die Nacht, dass er sich bewusst dafür entschieden habe, vieles im Leben nicht zu wissen. Er weiß nichts über Politik, nimmt an keiner Wahl teil, hat noch nie ein Lied von Madonna gehört. Weshalb auch? Er war schon oft in Jakarta, aber die Reise sei anstrengend, weil sie zu Fuß eben sehr lange dauert. »Warum will irgendjemand so leben?«, fragt er mich. »Vor allem der Gestank und der Lärm dort sind unerträglich.«

Jas sagt, dass er noch einmal zu den Badui zurückkehren will, vielleicht für eine Woche. Ohne Strom, ohne Mobiltelefon, dafür mit Morgendusche im Fluss und Frühstück, das er vom Baum pflückt. Jamir lächelt, als kenne er solche Stadtbewohner. Aber ich denke, ich verstehe, was Jas meint. Dieses Gefühl, sich wirklich einmal nicht darum kümmern zu müssen, dass alle Batterien aufgeladen sind, von Geräten, die man bei sich trägt, und dass man wirklich gezwungen ist, sich zu Fuß auf seine Umwelt einzulassen, das ist so überwältigend, dass man es wieder tun möchte.

Am letzten Tag bin ich schon auf dem Weg nach Medan. Ich habe Bernd versprochen, noch einmal bei ihm vorbeizuschauen. Er sei jetzt in einem besseren Gefängnis, schreibt er. Wieder holt mich Charles Silalahi ab und begleitet mich dorthin, dieses Mal allerdings darf ich keine Fotos machen von Bernd. Wir werden die ganze Zeit von Polizisten beobachtet. Ich bringe ihm Zigaretten und weitere Bücher, Science-Fiction, er liest gerade gern Literatur, die ihn weit wegbringt von allem. Die gute Nachricht bei diesem Besuch ist, dass er besser aussieht, gesünder irgendwie.

Er sagt, er habe inzwischen ein Bett, das er sich allerdings teilen muss mit einem Indonesier. Der schläft bis morgens um fünf darin, danach legt Bernd sich hin. »Ich kann nachts meistens sowieso nicht schlafen«, sagt er. Zumindest sind nicht mehr Ratten und Kakerlaken sein Hauptproblem. Viel schlimmer ist, dass er umgeben ist von Crystal-Meth-Abhängigen. Bei meiner Abreise ist er seit fast drei Monaten im Gefängnis, noch immer ist es zu keiner Verhandlung gekommen. Vielleicht schafft Charles es, Bernd nach einem Jahr aus dem Gefängnis zu bekommen – wenn es ihm gelingt, 11.000 Euro aufzutreiben.

Bernd denkt noch immer, dass er seine Insel behalten kann. Es wirkt, als müsse er sich an diesen Wunsch klammern, um alles zu überstehen. Er führt Tagebuch, erzählt darin, wie er sich mit Krankheiten ansteckt, was es mit einem macht, ständig vor den Augen aller auf eine komplett durchnässte Toilette zu gehen, die nicht vom Raum abgetrennt ist. Doch trotz der Flechten auf seiner Haut wirkt er zuversichtlich. Er sagt, wir sehen uns dann in Berlin wieder.

In der Tat werden wir Kontakt haben bis zu seiner tatsächlichen Entlassung im Sommer 2020. Er hat mittlerweile alle seine

Zähne verloren. Kurz vor seiner Abreise hat ihm Charles Silalahi noch versichert, dass sein Name auf keiner schwarzen Liste der Einwanderungsbehörde geführt wird. Das heißt, er kann sogar wieder zurück auf die Insel Maila. Er weiß auch nicht, was er in Deutschland tun soll, außer, seine Gedanken zu sortieren. Er plant ein eigenes Buch über seine Zeit im Gefängnis, mit Charakterstudien der Insassen. In seiner Zelle tauchte irgendwann ein Mann auf, der im Grunde mitten im Leben stand und sich einen Fehltritt wegen eines Joints geleistet hatte. Im Gefängnis wurde ihm so oft Crystal Meth angeboten, dass er es irgendwann nahm. Jetzt ist er abhängig. Abgesehen von dem Gedanken, ein Buch zu schreiben, will Bernd wieder zurück nach Indonesien. Schon allein, um endlich die Sprache ordentlich zu lernen. Er hat im Gefängnis kein fließendes Indonesisch gelernt, zumindest keines, was über Schimpfwörter hinausgeht.

Auch mich lässt Indonesien so schnell nicht los. Nicht nur, weil ich an diesem Text arbeite, sondern weil es Teil der indonesischen Freundlichkeit ist, immer wieder zu fragen, was es Neues gibt. Manchmal stehe ich in Berlin an der Ampel, mein Telefon klingelt, und die Jungs aus Ternate, Eka oder Ricko, melden sich. »*Apa kapar*«, fragen sie. »Was gibts Neues?« Sie winken zu zweit oder zu dritt in die Kamera und erzählen von einem Auftritt mit der Band oder von einem Erdbeben, das sie erlebt haben. Ich wundere mich dann, dass sie sich überhaupt noch an mich erinnern, ich war ja nur wenige Tage bei ihnen. Und ich merke, dass es immer wahrscheinlicher wird, dass ich bald wieder dorthin fahre. Ich will noch einmal zum Tauchen nach Arborek, noch einmal nach Manado und dieses Mal auf jeden Fall auf die Insel Bunaken, noch einmal nach Papua und dann in den Urwald – und eben noch einmal nach Ternate und von dort auf die nördlichen Inseln der Molukken.

Und vielleicht auch noch einmal auf den Teletubbies-Hügel in der Nähe des Vulkans Bromo. Dieser Teil meiner Reise findet leider jetzt nur hier am Ende des Buches einen kleinen Platz. Es war dort auf dem Berg, der seinen Namen trägt, weil er so aussieht, als könnten die kleinen bunten Wesen hier hinunterkullern wie im Trailer der Kindersendung. Ich hatte noch vielleicht vier Wochen meiner Reise vor mir und stellte mich gerade jemandem vor. Da realisierte ich durch die Frage eines Deutschen, der in meiner Nähe stand, dass ich schon ziemlich lange in Indonesien war. Er fragte, was ich da für eine Handbewegung mache – der ich mir selbst gar nicht mehr bewusst war: Indonesier geben zur Begrüßung gern die Hand, ähnlich wie in Deutschland. Nicht ganz so fest vielleicht, es ist eher eine Berührung der Handflächen. Und anschließend deuten sie kurz auf das eigene Herz. Eine kleine Bewegung, ohne großes Aufhebens. Aber dieses Zeigen aufs Herz wird selten vergessen. Besucher dürfen sich das gern angewöhnen. Dabei nicken und vor allem das Lächeln nicht vergessen.

Tipps zum Weiterlesen und Weiterhören

Zum Weiterlesen

Allgemeine Werke und klassische Reiseführer

Elizabeth Pisani: *Indonesien und so weiter – eine Erkundung* (Ostfildern 2015)

Roland Dusik: *DuMont Reise-Handbuch Indonesien* (Ostfildern 2017)

David Eimer u. a.: *Lonely Planet Indonesia* (Melbourne 2019)

Christina Schott: *Marco Polo Bali, Lombok, Gilis* (Ostfildern 2017)

Geschichte Indonesiens

Tim Hannigan: *A Brief History of Indonesia* (North Clarendon VT 2015)

Ingrid Wessel (Hrsg.): *Democratisation in Indonesia after the fall of Suharto* (Berlin 2005)

M. C. Ricklefs: *A History of Modern Indonesia Since c. 1200* (Basingstoke 2008)

Henk Schulte Nordholt u. Bärbel Jänike: *Südostasien.* Neue Fischer Weltgeschichte (Frankfurt a. M. 2018)

Fritz Schulze: *Kleine Geschichte Indonesiens. Von den Inselkönigreichen zum modernen Großstaat* (München 2015)

Pieter der Keus: *Indonesia – De Ontdekking van het Verleden* (Amsterdam 2006)
Benedict Anderson: *Imagined Communities* (New York 1991)
Versunkene Königreiche Indonesiens. Ausstellungskatalog, in Zusammenarbeit mit dem Museum Nasional (Hildesheim/ Mainz 1995)
Jean Gelman Taylor: *Indonesia – Peoples and Histories* (London 2003)
Zarmizi Rajab: *The Enormity of the Tsunami Aceh – History, Fact, Factor and Testimony* (Yogyakarta 2016)

Kunst und Kultur Indonesiens

Jutta Berninghausen: *Indonesien verstehen. Ein interkultureller Leitfaden* (Bremen 2015)
Bettina David: *Kulturschock Indonesien. Alltagskultur, Traditionen, Verhaltensregeln* (Bielefeld 2015)
Charles Esche u. a. (Hrsg.): *Power & Other Things. Indonesia & Art 1835–Today*. Ausstellungskatalog Brüssel (Gent 2019)
Hans Helfritz: *DuMont Kunst-Reiseführer Indonesien* (Köln 1996)
Mirjam Kunkler u. Alfred Stepan: *Democratization and Islam in Indonesia* (New York 2013)
Franz Magnis-Suseno: *Garuda im Aufwind. Das moderne Indonesien* (Bonn 2015)
Sri Owen: *Indonesian Food* (London 2015)
Tara Sosrowardoyo: *Indonesian Art – Museum Nasional Indonesia* (Hong Kong 1998)
Alfried Wieczorek (Hrsg.): *Java Gold. Pracht und Schönheit Indonesiens*. Ausstellungskatalog Mannheim (Mainz 2020)
Zulyani Hidayah: *Ensiklopedi Suku Bangsa di Indonesia* (Jakarta 1987)

Belletristische Werke

Vicki Baum: *Liebe und Tod auf Bali* (Köln 2008)

Kathryn Bonella: *Snowing in Bali. The Incredible Inside Account of Bali's Hidden Drug World* (London 2012)

Alice Ekert-Rotholz: *Strafende Sonne, lockender Mond* (Reinbek 2018)

Elizabeth Gilbert: *Eat, Pray, Love* (Berlin 2013)

Lucien Leitess: *Reise nach Indonesien. Geschichten fürs Handgepäck* (Zürich 2013)

Laksmi Pamuntjak: *Alle Farben Rot* (Berlin 2016)

Andrea Hirata: *Die Regenbogentruppe* (Berlin 2005)

Kathryn Bonell: *Hotel Kerobokan – The Shocking Inside Story of Balis Most Notorious Jail* (Sydney 2009)

Pramoedja Andante Toer: *Garten der Menschheit* (Hamburg 1984)

Venerdi Handoyo: *Pemetik Bintang* (Jakarta 2014)

Rizal Iwan: *Creepy Case Club* (Jakarta 2019)

Lew Djomin: *Wolken über dem Merapi* (Leipzig 1974)

Armijin Pane: *In Fesseln* (Unkel/Rhein 1993)

Zum Weiterhören

Meine Playlist für eine Indonesienreise:
PeterPan: *Mungkin Nanti*
Nosstress: *Semoga, Ya*
Celine & Nadya: *Kau Lagi*
Zivilia: *Aishiteru*
Sheila on 7: *Seberapa Pantas*
Tulus: *Bumerang*
Slank: *Terlalu Manis*
Dewa: *Pupus*
PeterPan: *Aku & Bintang*
Agnes Monica: *Karena Ku Sanggup*
Nidji: *Laskar Pelangi*
Melly Goeslaw: *Ingin Mencintai Dan Dicinta*
Iwan Fals: *Kupu-kupu Hitam Putih*
Ari Lasso: *Hampa*
Farid Hardja: *Ini Rindu*
PeterPan: *Mimpi Yang Sampurna*

Danksagung

Zunächst möchte ich Svenja Heinle danken, die das Projekt im DuMont Reiseverlag betreut hat und noch daran glaubte, als andere daran zweifelten. Jam Karet gibt es offenbar auch in Deutschland. Ihr ist es auch zu verdanken, dass Nina Schiefelbein an Bord blieb. Man kann nur jedem Reiseautor mit zu vielen Notizen eine Lektorin wie Nina wünschen, die das Manuskript so sorgfältig bearbeitete, dass es »fit to print« wurde. Sehr dankbar bin ich auch meiner ersten Leserin Theda Oldewurtel, die nicht nur die erste Version gründlich durchlas, sondern auch mit ihren Fragen nach den nächsten Kapiteln dafür sorgte, dass diese geschrieben wurden. Weiterhin möchte ich Kenny Santana und Ve Handojo danken, die mir über die Jahre bei jedem Indonesienbesuch ein Stück mehr ihrer Heimat zeigten und mehr ihrer Freunde vorstellten. Auch dank ihrer Tipps konnte ich eine Reiseroute zusammenstellen, die jetzt auf den Umschlagseiten eines Buches abgedruckt ist. Außerdem möchte ich John Badalu, Yaakov Baruch, Sofia Syarif, Inna Herlina, Alida Szabo und ihrem Mann Josef Berta danken, die mein Indonesien-Bild in den letzten Jahren sehr geprägt haben, sowie Erich-Dieter Krause, der mir nicht nur die Sprache in Leipzig beibrachte, sondern auch immer wieder das Land erklärte. Vincent van Houben und Ingrid Wessel haben später beim Studium in Berlin mein Wissen um die Geschichte des Landes weiter ausgebaut. Schließlich möchte ich den vielen Indonesierinnen und Indonesiern danken, die ich 2019 zwischen Sabang und Merauke kennenlernen durfte und die diese Reise unvergesslich machten: *Terima kasih banyak.*

DUMONT